JN410633

엄마 미안해

글 강학희 외 57명

북산책

(추천하는 말)

어머니의 사랑

권영민

어머니라는 말처럼 쉬운 말은 없다. 우리가 세상에 태어나 가장 먼저 입을 떼면서 배운 말이 어머니다. 어머니라는 말은 한평생 입에 달고 살아오면서도 언제나 즐겁고 가슴이 뛴다. 한편으로는 마음이 아프고 시리고 무겁고 아련한 것도 어머니라는 말이다.

어머니는 우리들의 땅이다. 우리 모두가 태어난 곳이 어머니다. 그러므로 누구에게나 어머니는 삶의 터전이다. 아니 땅보다도 더 높고 더 넓고 더 깊고 더 그윽한 것이 어머니다. 우리는 어머니한테서 태어나 각자 자기의 삶을 향하여 살아간다. 어머니는 우리들의 생명의 터전이고 호흡의 출발이고 맥박의 시작이다. 어머니의 어두운 뱃속에서 우리의 생명이 움트고 자라났던 것이다. 그러므로 어머니야말로 우리들의 몸과 마음의 고향이다.

어머니는 우리들의 하늘이다. 어머니는 하늘처럼 넓고 하늘처럼 높고 하늘처럼 아득하다. 그러므로 어머니는 누구에게나 숭고하다. 어머니의 사랑은 아름답고 순수하다. 어머니의 위대한 사랑의 힘이 바로 거기서 나온다. 흔히 어머니의 사랑은 본능적인 것이라고 말하기도 하지만 본능적인 것만으로는 부족하다. 의지의 힘이 마음 속 깊이에서 우러나오는 순수한 감정과 합쳐져서 어머니의 사랑이 된다. 어머니의 사랑은 그러므로 어디에도 비교할 수 없이 높고 넓고 강하다. 우리는 항상 어머니라는 커다란 울타리 안에서 어머니라는 아득한 사랑 속에서 살아간다.

세계 여러 나라 사람들이 어머니를 이야기한 대목들을 골라보니 어머니를 생각하는 마음이 비슷하다. 이런 구절들이 눈에 띈다. 어머니의 웃는 얼굴로 어린애는 자기 어머니를 분간한다. 어머니의 품속이 가장 편한 피난처다. 어머니는 알을 낳은 새가 아니라 알을 부화시킨 새다. 가장 가깝고, 가장 정답게 가장 사랑하면서도 가장 먼 것…. 어머니.

그리고 이런 말도 있다. 어머니의 사랑은 언제까지고 나이가 들지 않는다. 신과 어머니에 대해서는 비교할 수 없다. 어머니는 무엇을 원하느냐고 묻지 않고 그것을 준다. 태양이 있는 곳은 언제나 따뜻하고 어머니가 있는 곳은 행복하다. 어머니의 마음은 거짓을 말하지 못한다. 우는 자식을 데리고 다니는 것은 어머니뿐이다. 어머니는 자식의 결점을 감추는 베일이다. 하느님에게조차도 어머니는 있다. 이런 저런 말들을 찾아보면서 결국 어머니는 모든 인간들에게 똑같다는 것을 알 수 있다.

이 책은 우리네 가까운 이웃들이 한데 모여 어머니를 다시 불러본 사모곡(思母曲)이라고 할 수 있다. 모두가 서로 똑같이 어머니를 말하지만 그 목소리의 결이 사뭇 다르다. 너무나 밝고 즐겁고 환한 행복의 목소리도 있고, 무겁고 서글프고 쓸쓸하고 가슴 애린 이야기도 있다. 그러나 각기 다른 목소리로 들려주는 이야기 속에 깃들어 있는 어머니에 대한 영원한 사랑만은 똑같다. 어머니의 사랑이 그러했기에 어머니에 대한 사랑도 그렇게 닮아가는 것이다. 이 아름다운 이야기들이 어머니의 사랑을 배우고 어머니에 대한 사랑으로 키우고 어머니라는 말로 오랫동안 기억되길 기대한다.

캘리포니아 버클리 대학 한국문학 교수

엄니

이재무 시인

마흔여덟 옭매듭을 끊어버리고
다 떨어진 짚신 끌며
첩첩산중 긍각골을 떠나시는규
살아생전 친구 삼던 예수를 따라
돌아오리란 말 한 마디 없이
물 따라 바람 따라 떠나시는규 엄니
가기 전에 서운한 말
한 마디만 들려달라고 아부지는 피울음 쏟고
높은 성적 받아왔으니
보아달라고 철없는 막내는 몸부림치유
보시는규, 모두들 엄니에게 못 갚을 덕을
한꺼번에 풀고 있는 이웃들의 몸둘 바 모르는
몸짓들인데
친정집 빚 떼먹은 죄루다
이십 년 넘게 코빼기도 안 보이던
막내고모도 갚지 못한 가난
지 몸 물어뜯으며 저주하구유
시집오면서 청상과부 울케에게
피눈물로 맡겨놨다던 열 살짜리 막내삼촌도
어른 되어 돌아오셨슈
보시는규, 엄니만 일어나시면
사는 죄루다 못 만난 친척들의
그리움 꽃 활짝 필 흙빛 얼굴들을
보시구서도 내숭떠느라 안 일어나시는규
지축거리며 바람이 불고 캄캄한 진눈깨비 몰
려와
마루를 꿍꿍 울리는 동지 초이틀
성성하던 엄니의 기침소리는
아직 살아 문풍지를 흔드는데
다섯 마지기 자갈논 가쟁이 모래밭 다 거둬들이던
그 뜨겁던 맨발 맨손 왜 자꾸 식어가는규
가뭄 탄 잡초 같은 엄니의 입술을 보며
크고 작은 동생들 올망졸망 함께 모여서
지청구 한마디가 듣고 싶은디
왜 시종 말이 없는규
궂은 날 지나 갠 날이 오면
아들 딸네 집 두루 돌아댕기며
손자손녀들 재롱 시중드는 게 소원이라시더니
그 갠날 지척에 놔두시고선
끝끝내 아까워 못 꺼내시던
한복 곱게 차려입고서

(머리말)

사랑과 헌신, 고통과 눈물의 어머니를 기리며

김영란 대표

이민의 기록을 남겨 이민 역사를 보존하고, 출판을 통해 고국에서의 이민 위상을 높여 이민의 자존감을 높이겠다는 각오로 2006년「북산책」출판사를 시작했다. 나는 지난 12년 동안 척박한 환경에서 초심을 지키며, 초기 이민 독립운동가들의 책, 가족사인 동시에 이민사인 자서전, 이민 교회의 현주소를 알 수 있는 교회사, 간증집, 소설집, 수필집, 시집 등 문학으로 이민의 이야기를 담은 책 60여 권을 출간했다.

그 외에 특별히 미주 출판인의 의무처럼 공적으로 만들고 싶은 책이 있었다. 가난한 나라, 잘못된 시간에 태어난 이유로 그 짐을 오롯이 져야 했던 국제결혼 하신 분들과 입양아들, 6.25 전쟁에서 목숨 걸고 나라를 지키셨던 분들의 이야기를 들어드리는 책이다. 자꾸 돌아가시는 것을 안타까워만 하고 있다가 다행히 참전용사와 경험자 27분의 생사의 갈림길을 담은 『역사는 말한다』 1집을 내며 부족하나마 목적을 이루었다. 『엄마 미안해!』를 기획한 이유도 바쁘게 사느라 미처 깨닫지 못했던 어머니, 기다려주지 않은 어머니들에게 못 다한 고마움과 감사, 그리고 그리움을 담아 어머니를 기리고 이민으로 지친 자녀들을 위로하고 싶었다.

이 책을 준비하면서 다양한 어머니를 만나고 싶어 여러 명 인터뷰도 하고 글을 쓰도록 권유도 하면서 나는 어머니에 대한 정의를 어렵지 않게 내릴 수 있다. '어머니'라고 운만 떼도 눈시울이 뜨거워지고 이내 눈물이 고였다. 보통 누군가를 추억한다는 것은 웃고, 울고, 미소 짓게 만드는 일이나 유독 어머니와의 추억은 '울고'이며 어머니의 다른 말은 '눈물'이라는 것을.

우리는 모두 어머니의 빈자리와 허기를 안고 살아간다. 우리의 첫사랑이요 첫 언어였던 어머니에 대한 미주 이민의 못다 한 감사와 그리움의 공개 고백이, 어머니의 아들딸들의 마음을 대신하고 기다려 주지 않는 어머니에 대한 죄송함을 속죄하고 위로받는 책이 되길 바란다.

나는 이 책을 마치며 김원일 작가의 자전적 소설 『마당 깊은 집』의 한 구절이 떠올랐다.
"나는 마당 깊은 집의 그 깊은 안마당을 다른 흙으로 돋구어 올리는 것을 목격했다.(중략) 곧 이층 양옥집이 초라한 내 삶의 족적을 딛듯 그 땅에 우뚝 서게 될 것이다."

『엄마 미안해!』를 출판하도록 응원해 주신 버클리 문학협회 문우들과, 시 『엄니』로 어머니를 기리도록 지지해 주신 한국의 이재무 시인님 감사합니다. 이민의 글쓰기를 장려하고 기록으로 남기는 일을 가상히 여기시며 추천의 글을 주신 버클리 대학 한국문학 권영민 교수님 고맙습니다.

북산책 출판사 대표

Contents

1부. 어머니의 오솔길

2부. 어머니는 눈물이다.

3부. 그리워라 울 엄니!

4부. 어머니는 강하다!

5부. 믿음으로 사신 어머니

6부. 엄마 미안해!

유봉희 어머니가 그린 그림

1부. 어머니의 오솔길

엄마의 골무 이야기

강학희

내 엄마의 골무 / 강학희

반짇고리에서 또록 굴러 떨어진
가죽골무
바짝 마르고 뻣뻣해도
여전히 엄마의 검지

엄마가 가리키는 곳을 따라가면
고즈넉한 풍경 속 슬픔은
먼지처럼 흩어져 사라지고
검지 뒤쪽으로 난 엄마의 길
비밀 부호처럼 희미하게 떠오른다

아이처럼 뒤뚱뒤뚱
한 걸음씩 걸음을 떼다 멈추어서면
실핏줄처럼 퍼져 가는 섬세한 손놀림,

아직도 늙지 않은 엄마는
새파란 시간의 그물을 곱게 짜
물려 입을 배냇저고리 하나 깁고 있다

엄마의 가죽골무
나의 태궁은 오늘도 따뜻하다.

『오늘도 나는 알맞게 떠있다』 중 「엄마의 골무」 전문

서랍장을 정리하다 또르르 굴러떨어진 가죽 골무 하나. 이젠 말라 검게 변했어도, 이것이 없으면 무엇 하나 제대로 집을 수 없는 검지, 분명 엄마의 검지다. 뒤집어 보니 나달한 바닥, 날카로운 삶에 찔리고 베힌 엄마의 세월, 한 여자 일생의 길이 마치 난해한 해적도처럼 그려져 있다. 여자가 혼인하면 더는 공부 할 수 없던 시절, 책 대신 십자수로 베갯모에서 옷걸이 덮개까지 땀땀이 여자라는 한을 새겨 넣으시고, 그 딸의 배냇저고리에서 신행 치마저고리까지 또 똑같을 딸의 일생을 손끝으로 지으시며 엄만 무슨 생각을 하셨을까?

유복한 외동딸로 명문 고녀를 나오시고, 이화여전에 들어갔어도 기혼자는 강제로 자퇴할 수밖에 없던 엄마가 만났던 세월은 살아남아야만 했던 시절이었다. 그 육이오 동란 중 두 오라버니를 잃고 병약한 몸으로 결핵까지 앓고 난 166센티의 가늘었던 엄마, 바늘처럼 긴 손가락으로 할 수 있었던 건 시름을 지울 수 있는 바느질뿐. 늘 집안일은 할머님, 고모님이 도맡아 하시고, 막일 한번 해본 적 없는 여린 손가락 찔리고 찔리며 신여성의 꿈을 땀땀이 묻었을 엄마의 검지, 엄마의 까만 골무 살에 묻힌 수많은 혈땀의 한을 쓰다듬어 본다.

"여자도 공부해야 한다, 공부만큼 재미있는 것도 없더라." 끝내 마칠 수 없었던 공부의 한을, 그 세월 살아보지 않은 딸인 내가 어찌 다 이해할까마는….

사람의 재능에도 다 다른 몫이 있어, 엄마는 몸으로 해야 하는 일은 늘 남의 옷같이 어눌해도, 작고 섬세한 종류의 꽃꽂이, 뜨개질, 수놓기나 붓글씨, 묵화치기 등을 즐기셨다, 또 틈틈이 영문서를 번역하실 만큼 외국어에도 유독 재주가 많으셨다. (놀라운 건 지인의 권유로 훗날 배우신 사격에는 정말 비상한 재능을 보이셨다.)

꿈을 이룰 순 없었지만, 엄마의 허물 같은 손때 묻은 반짇고리를 볼 때면, "에그, 구중중해요. 이런 옛날 것, 궁상스러운 것들 좀 치우고 살면 안 되나." 퉁박 놓던 그 딸의 집으로 자리만 옮겨 앉은 엄마의 색경, 바늘쌈, 실패, 붓통들이 할머니의 백동 비녀, 은장도, 자만옥 노리개, 호박 단추들에 기대어, 엄마와 엄마의 엄마는 지금도 변함없이 똑같은 엄마들의 딸의 세월을 바라보신다. 비록 같은 하늘 아래 숨결은 아니더라도 서랍장 한 곳, 답답한 반짇고리이긴 해도 늘 들여다보시곤 하던 그 자리이므로 편하실 것도 같은 엄마의 흔적들. 오래 조몰락거려 말랑해진 골무에 내 검지를 넣고 손끝을 맞대니 꼭 제 집으로 돌아가는 ET처럼 "ET go home!!"

소리가 절로 난다. 엄마를 보듬고 싶어 울먹해진다.

따지고 보면, 엄마가 사셨던 세월에서 벌써 한 세기가 닫히고 열린 지금, 이 머나먼 미국 땅까지 와서 현대를 살아도 몸 편한 것 말고는 별로 달라진 것도 없을 우리 여자들의 일생, 검지를 세우고 바라본 여자들의 삶은 예나 지금이나 눅눅한 골무 속처럼 눅진하다. 아직은 이 미국에서도 여자 대통령이 나오지 못 했고, 우리 세대 여자들은 아직도 의식주 일상의 쳇바퀴에서 벗어나기 힘들어 24시간을 빽빽하게 나누어 쓰고 있다.

문득, "내 죽은 다음에 가슴 한번 헤집어 봐라 숯검뎅이 같을 게다!" 하시던 할머니 말씀에 그 시절의 인내심에 혀를 두르게도 된다. 그러나 한편으론 시부모 공양도, 남편 수발도, 애들 치다꺼리도 사뭇 편해진 이 세상에서 우리는 몸이나 손끝 닳도록 누구에게 보시한 공덕도 없으니 무슨 빌미로 엄마의 검지가 가리키는 곳으로 갈 수 있으려나..., 두렵고 죄송스러워 황망해진다.

그 많던 기회마저 다 차버린 딸을 바라보실 내 엄마의 애잔한 눈길에 "지금 뭘 하냐구요? 맞아요, 기회 잡을 용기 없는 건 유전인가 봐요. 근데, 나도 엄마처럼 그저 글 속에서 사는 게 제일 행복하다우."

결코 엄마만 하지도 못한 엄마 닮은 딸의 변명이라니, 허나 늦었다 생각하는 그 때가 바로 시작할 때인 것을, "그럼, 엄마 이제라도 나 좀 밀어주구려! 그나저나 매일 보내는 메시지를 받기는 하우?"

아, 늘 난해한 엄마의 길, 멀기만 하다. 엄마의 길 해독조차 어렵다.

강학희 1976년 도미, 시인. 미주 한국 문인협회 회원. 버클리 문학협회 편집위원.
시집 『오늘도 나는 알맞게 떠있다』 외 다수. 제15회 가산 문학상, 제2회 미주동포문학상 입상.

아름답고 따뜻한 어머니

김옥교

새벽에 잠이 깨었다.

꿈속에서 어머니를 만났다. 꿈속에서 만나는 어머니는 늘 젊고 나는 나이 어린 계집애다. 나는 단발머리를 나풀대며 엄마의 손을 잡고 어디론가 가고 있다. 아마 추석 때쯤 아버지의 산소가 있던 선산에 가고 있는지도 모른다.

작은 선산이지만 산이 울퉁불퉁해서 나는 곧 엄마의 손을 놓치고 뒤떨어져 있다가 앞에 가고 있는 엄마의 모습이 멀리 보이면 놓칠세라 "엄마!" 하고 부르며 산길을 달려가곤 했다.

어머니는 예전이나 지금이나 언제나 내겐 슬픈 존재다. 배꽃이 만발한 과수원 등성이에 흰옷을 입고 계시던 어머니, 긴긴 겨울날 등잔 밑에서 내 설빔을 만들고 계셨던 어머니, 새벽녘 한밤중에 내가 문득 잠이 깼을 때 긴 한숨을 쉬시던 어머니, 그리고 내가 대학을 다니던 무렵 언제나 고향 집 버스 정거장에 나와 나를 기다리시던 어머니, 또 내가 첫 직장을 잡았을 때 이제는 반대로 내가 용돈을 드리면 씁쓸하게 웃으시던 어머니, 그 어머니의 모습이 지금도 선명하게 내 기억 속에 살아있다.

내 어머니는 아직 초경도 치르지 않은 나이에 나이가 거의 삼십 살이나 차이가 나던 우리 아버지의 재취로 시집을 가셨다. 당시 아버지는 부천 군수로 계시던 부자이셨기 때문에 인근에 미인으로 소문이 났던 어머니를 거의 돈으로 쌓아 오다시피 데려가신 것이다.

어머니는 딸 셋과 아들 한 명을 두셨고 내가 막내로 태어났을 때 아버지는 거의 육십이 가까운 노인이셨다. 내가 유치원을 다니던 다섯 살 때 아버지가 돌아가셨기 때문에 어머니는 삼십 대 초에 청상과부가 되셨다. 그러나 어머니는 아버지가 남긴 유산으로 우리들을 거느리고 씩씩하게 사셨다.

사실 어머니는 국민학교 삼학년까지 밖에 다니지 못했지만, 영리하고 똑똑해서 슬하에 부리던 머슴들을 휘어잡고 그 큰 과수원을 잘 운영해 나가셨다. 육이오가 나고 일사후퇴 후 나는 언니들과 함께 그 당시 외할머니가 계시던 완도라는 섬으로 피난을 갔다. 그때 부산으로 이모와 함께 피난가셨던 어머니와 나는 처음 몇 달을 떨어져 있어서 늘 바닷가에 나와 어머니를 그리며 기다렸다. 그 시절 나는 처음으로 어머니와 떨어져 정말 어머니가 목마르게 보고 싶어서 망망한 바다에 대고 "엄마!" 하며 부르곤 했다.

어머니는 싹싹하고 정이 많으신 분이었으나 한번 경우에 어긋나는 일을 당하시면 남자라도 거침없이 따귀를 올려 부치시는 불같은 성격의 소유자이시기도 했다. 우리 식구가 일제 말기 잠깐 황해도의 한 시골에 많은 땅을 사가지고 그곳에서 해방이 될 때까지 약 이 년 간 산적이 있다. 그 당시 열아홉 살의 큰 언니는 인천에서 고등학교를 졸업하고 그곳 시골 학교에서 교편을 잡은 적이 있다. 그 한적한 시골에서 인천의 큰 도시에 살던 부자 과부와 신식 공부를 한 큰 언니는 항상 사람들의 관심거리였다. 큰 언니가 정신대를 피하기 위해 황해도의 큰 지주의 아들과 혼인을 하던 날, 언니가 탄 가마가 언덕길을 넘을 때 엄마와 나는 함께 울었다. 뒷산에서 뜸북새가 슬피 울던 오월의 어느 아름다운 날이었다.

이 세상엔 많은 훌륭한 어머니들이 있겠지만 내겐 국민학교도 제대로 못 나온 우리 어머니가 가장 아름답고 따뜻하고 훌륭한 어머니다. 이제 나는 고국에 돌아가도 찾아갈 선산조차 없다. 지난번 모국을 찾았을 때 나는 우리 과수원이 있던 부평읍이며 이제는 계산동이라는 이름으로 바뀐 그곳을 오래도록 바라보았다. 그리고 속으로 불러보았다.

어머니! 당신의 딸이 지구의 반 바퀴를 돌아 이렇게 돌아왔습니다. 그 옛날 어머니처럼 흰 머리칼을 날리면서….

나는 늘 어머니가 자랑스럽습니다. 그런 어머니를 둔 덕분에 제 유년 시절은 행복했습니다. 내가 이 세상에 살아 있는 동안 어머니는 늘 내 가슴속에서 늘 나와 함께 살아계신다는 것을. 고국과 멀리 떨어진 이 미국 땅에서까지….

김옥교 1970년 도미. 시인. 수필가. 저서『재미없는 천국, 재미있는 지옥』『웨스트 버지니아의 숲』외 다수.

공 세운 아들의 변(辨)

김용철

저를 낳아주신 어머니한테
도리어 공을 세웠다고 내세우는
이 엉뚱한 아들의 이야기를 들어 보시겠나이까

고을에서 유세께나 부린다던 우리 집안의
웃지 못 할 이야기의 한 토막으로나 들어주시면 합니다.

딸 셋을 연거푸 낳고
이제 네 번째 아기를 가지신 어머니는
날이면 날마다
밤이면 밤마다
근심 걱정을 떼고 살 수가 없었습니다

사랑채에 긴 담뱃대를 물고 앉아
종일 마당 쪽을 향해 잔소리를 해대시던
우리 할머니는
어머니가 이번에도 딸을 낳으면
그 날로 소박감이라고 으름장을 놓고 계셨답니다

만삭이 된 어느 날
어머니에게 드디어 진통이 왔습니다
어머니는 옆에서 시중드는 시누를 보고
이대로는 죽어도 아이를 못 낳는다고 하소하였습니다

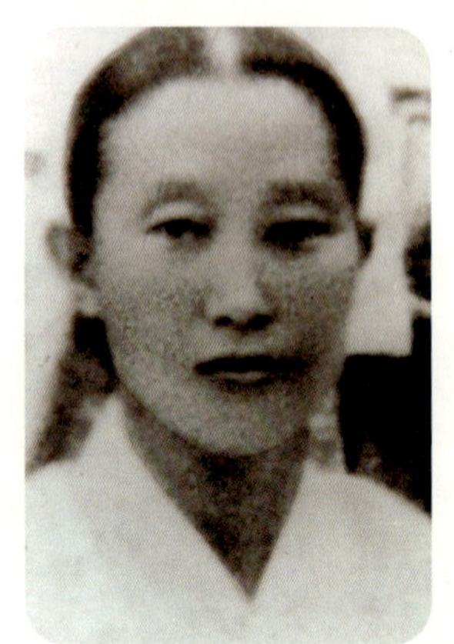

딸아기를 낳으면
그게 어머니에게 무엇을 의미하였는지는
짐작이 가고도 남는 일입니다

버티고 버티던 끝에 거진 혼수상태에 빠진 어머니가
마침내 낳으신 아기가
바로 그의 첫 아들인 나였습니다

두말할 나위도 없이
아들의 탄생은 온 집안의 경사였습니다
어머니에겐 갑절의 경사였을 게 분명합니다

생각만 해도 머리끝이 곤두서는 위기일발의 상황에서
세상 모르는 어린 아기인 내가
이 세상에 나옴으로써 할머니의 횡포를 무색케 하고
내려 닫힌 어머니의 눈시울에서
뜨거운 눈물이 여울처럼 쏟게 만든 이 사건은
나에게도 갑절의 자랑이었습니다

첫째 자랑은 공치사(功致辭)란 걸 모르시고
대가족 뒷바라지에만 충실하시던
후덕하신 어머니의 아들로서
내가 이 세상에 태어났다는 것이오,

둘째 자랑은 위기일발에서 어머니를 구해낸 일은 물론
우리 집 가보(家譜)에 유공자 후손으로
오래오래 남게 되었다는 것입니다.

김용철 1971년 도미. 시인. 소설가. 성균관대 영문학과 교수 역임. 저서『高原에 올라서서』『호주머니에 시를 넣고 다니셔요』『새와 파도』『고적한 등대지기 : 김용철 풍랑 인생수기』 외 다수.

어머니의 승마

김정수

* 이것은 오래전 대한통운에서 내가 LA 지점장을 하고 있을 때 쓴 글입니다. 이미 내 나이가 고희를 넘었고 어머니가 세상을 떠나신 지는 20년이 지났는데도 나는 아직도 어머니 생각만 나면 가슴이 꽉 막혀와 엄마 찾아 울먹이는 소년이 됩니다.

중국에서 청소년 시절을 보낸 어머니의 승마 솜씨는 수준급이라고 하는데 아들인 필자는 정작 어머니가 말 타는 모습을 본 기억이 없다. 해방 후 귀국하고, 또 이북에서 월남을 하고 6.25 사변을 거치는 동안, 그리고 맞벌이 하면서 자식들 키우고 살림을 하는 동안 어머니는 다시 말고삐를 잡을 기회가 없으셨던 모양이다. 그러나 필자는 어머니로부터 말 타는 요령을 심심찮게 들으면서 자랐다. 지금도 가끔 그 이야기가 생각나는 것은 기수가 말을 다루는 요령이나 관리자가 조직을 움직이는 원칙이 크게 다른바가 없기 때문이 아닌가 싶다.

어머니의 표현을 빌면 말은 영리하면서도 오만한 짐승이다. 기수(騎手)가 자기 마음에 들지 않는다든지 혹시 서툴다 싶으면 여지없이 골탕을 먹이는데, 나무 밑으로 일부러 달려가서 기수로 하여금 가지에 걸려 떨어지게 하기도 하고, 철로에 우뚝 서서 기차가 오고 있는데도 움직이지 않는다든지, 기수가 아무리 정지신호를 주어도 브레이크 없는 자동차처럼 달리기만 하여 기수의 얼을 빼놓기도 하고…, 서툰 기수 시절 어머니가 애먹었던 얘기를 듣자면 한이 없다. 아마 어머니가 처음 타시던 말은 요즘처럼 잘 훈련된 말이 아니었던 모양이다. 그래서 어머니는 말을 다루는 원칙으로 말에 얕보이지 않을 것을 첫째로 친다.

"우선 말에 올라타면 고삐를 야무지게 틀어잡고 허리를 곧추 세운 후 양쪽 허벅지와 장단지로 말의 배를 조여라." 즉, 자신 있고 당당한 태도를 처음부터 취하라는 것이다.

그러나 훌륭한 기수는 말과 호흡을 일치시킬지언정 말을 제어(制御) 하려고만 하지 않는다는 것을 어머니는 항상 강조하셨다. 기수가 말과 함께 있는 시간을 될 수 있는 대로 많이 하여 말로 하여금 기수의 체취와 분위기에 익숙하게 하고, 기수 자신의 몸은 못 씻는 한이 있어도 말 만큼은 발과 몸을 깨끗하게 씻겨주는 정성과 사랑을 보이면 이번에는 말이 기수와 호흡을 일치 시킨다고 한다. 즉, 말이 기수에게 정성을 다하고 따르는 것이다. 자기를 아끼고 사랑해주던 기마병이 전사한 후 그 말이 한동안을 먹이를 안 먹고 슬퍼하더라는 얘기도 들려 주셨다.

자동차는 운전하는 이가 핸들을 돌리는 대로 방향을 잡고 액셀러레이터를 밟아 주는 대로 나가지만 말은 기계가 아닌 동물이라서 기수가 설사 고삐를 당겨도 일단 갈 길인가를 판단하면서 간다는 것이다. 따라서 어머니는 말을 달리게 할 때는 말의 귀를 보라고 하셨다. 말은 자기가 가야한다고 생각되는 방향으로 귀를 향한다. 그래서 익숙한 기수는 말의 귀가 향하는 쪽으로 몰아주면서 동시에 내가 가고자 하는 방향으로 유도한다는 것이다. 그 외 어머니가 들려주신 승마 요령을 몇 가지 더 기억해보면 다음과 같다. "말은 성질이 급하다. 필요 없이 감정을 건드리지 말고 얼러가면서 타라. 그러나 내몰아야 할 때는 단호하게 채찍을 휘둘러야 한다." "훌륭한 기수는 말을 지치게 하지 않는다. 뛰게 할 뿐이다." "속력을 내야 할수록 기수는 고삐를 느슨하게 하여 말을 더 자유스럽게 해야 한다."

기수가 서툴면 말에게 얕보임을 당하는 것처럼 직장의 상사는 무능하면 부하 직원들로부터 우롱(愚弄)을 당한다. 그래서 윗자리에 앉아 있는 사람일수록 자기개발에 피나는 노력을 더욱 경주해야 하는 것이다. 말의 감정을 잘 어루만진다는 것은 기수의 세심한 배려와 자상함을 전제로 한다. 기수가 말의 귀를 보는 것은 말의 판단을 참고하는 것이다. 그러나 고삐는 기수가 쥐고 말을 몰아가는 것처럼 훌륭한 관리자는 실무자의 판단을 존중하고 그 활동범위를 넓혀 주면서도 결코 부하 직원에게 휩쓸리지 않는다. 필요하다면 사정없이 질타하여 영업 목표를 달성해야 하기 때문이다.

하얀 할머니가 되어서도 어머니는 말을 타고 만주벌을 달리던 얘기만 나오면 마치 소녀 시절로 되돌아간 양 그 눈빛이 맑게 빛난다. 나는 지금 기수가 된 것처럼 내 책임업소를 운영하고 있다. 그렇다면 혼신 정열을 바쳐 일하고 있는 이 영업 현장이 바로 나의 만주벌인 셈이다. 내가 이다음에 하얀 모습이 되어 승마의 교훈을 후배들에게 들려줄 때, 그때 나의 눈도 어머니의 눈처럼 그렇게 맑게 빛날까?

김정수 1983년 도미. 대한통운 지점장. 샌프란시스코 중앙일보 고정 칼럼 연재.
샌프란시스코 한국일보 편집위원 김정수 칼럼 연재

어머니의 연하장

김희봉

어머니가 새해 연하장을 보내주셨다. 손수 그리신 대나무 사군자 그림이다. 수묵 대신 녹색 물감을 쓰셨는데 한겨울 대의 푸름이 드러나게 농담(濃淡)을 잘 살리셨다. 여백에 먹으로 쓰신 한자와의 조화도 편안하다. '죽 청풍 자훈(竹 靑風 自薰)'이라. 소리 내어 읽으니 대숲에서 맑은 바람이 훈훈하게 이는 듯하다. 청풍, 어머님의 새 아호다. 당신의 본관인 청풍 김 씨에서 따왔다고 하신다.

문득 옛글이 생각난다. 어느 산골에서 부모님은 장에 나뭇짐을 팔러 간 아들을 종일 기다리셨다. 석양 무렵이 되자 동구 밖까지 몸소 나가 서 계신다. 멀리 돌아오는 사람들의 모습이 어스름에 보이자 아예 나무 위에 올라가 바라보신다. 어버이 친(親)자는 나무(木) 위에 올라서서(立) 바라보시는(見) 애틋한 사랑의 모습이다.

여기에 견줄 말이 효(孝)이다. 아들은 장에서 어머니 좋아하시는 생선 반찬을 사 들고 고갯마루에서 어머니를 만난다. 아들(子)이 노모(老)를 지게에 태우고 집으로 정겹게 돌아오는 모습이 효(孝)이다.

LA에 사시는 어머니를 찾아뵌 지 꽤 오래되었다. 모시지도 못하는 어머니께 좋아하시는 생선 대접은커녕 연락까지 뜸하니 당신의 마음이 외로우시리라. 열여덟에 혈혈단신 집을 떠나 평생 뿌리가 없음을 아파하며 사신 어머니. 명문 원산 루씨 고등여학교를 마치자 푸른 꿈을 안고 외할아버지 손에 이끌려 서울로 유학을 오셨다. 그런데 곧 천추의 한(限)인 삼팔선이 강제로 그어졌다. 그 뒤론 부모님을 다시 뵙지 못한 천애 고아가 되셨다.

그러나 어머니에게 대학 졸업과 동시에 서광이 비쳐오는 듯하였다. 영민하고 이목구비

김희봉 어머니

가 뚜렷하셨던 어머니를 법학과 교수로 계셨던 아버지가 눈여겨보고 청혼하신 것이었다. 아버지는 서른둘, 어머니는 스물하나 꽃다운 재원이었다. 수많은 경쟁과 어려움을 극복한 남들의 큰 부러움을 샀던 결혼이었다. 그러나 역사의 수레바퀴는 어머니의 행복을 또 한 번 무참히 짓밟고 지나갔다. 신혼 일년 만에 6.25가 터진 것이다. 그리고 젊고 유능한 대한민국의 인재셨던 아버님은 납북인사 1진으로 인민군에게 끌려가고 말았다.

만삭인 어머니는 아버지를 찾아 넋이 나간 채 헤매었다. 며칠 후에 짧은 전갈이 왔다. 서대문 형무소에 함께 수감되었다가 탈출한 어느 청년이 밤중에 찾아온 것이었다. 청년은 어머니께 쪽지를 건넸다. "내가 꼭 돌아올 테니 걱정 마시오. 아들을 낳으면 바랄 희(希), 메 봉(峰)자를 쓰고, 희망을 잃지 마오." 북으로 끌려가신 아버지는 다시 돌아오지 못하셨다. 그러나 나는 아버님이 유훈처럼 주신 밝고 높은 이름을 얻었다.

새색시였던 어머니가 이제 88세 미수(米壽)를 맞으신다. 그동안 유복자였던 나를 희망삼아 억척같이 사신 세월이었다. 첫사랑 아버지와의 신혼의 단꿈만 먹고 사시던 어머님이 뼈를 깎는 고민 끝에 30대 후반에 재혼을 하셨다. 아들 하나 애비 없는 자식이란 말 듣지 않고 키우려는 집념 때문이었음을 말하지 않으셔도 잘 알고 있다.

당신께선 본래 젊어서부터 글도 잘 쓰시고, 고운 소프라노로 노래도 잘하셨다. 그런데 내 어린 마음에 어머니가 남들 앞에 드러나는 게 싫었다. 어디론가 뽑혀 가실 것 같은 불안감 때문이었는지도 모른다. 그런 마음을 아셨던지 당신의 재능을 가꾸시는 걸 보지 못했다. 조금 여유가 있어도 자식들을 위해 다 내놓으셨다. 철나면서 어머니의 다재다능한 능력들을 좀 더 가꾸도록 적극적으로 권해드리지 못한 게 후회스럽다.

세월이 흐르면서 가족들이 늘어났다. 우리 사 남매의 화목한 가족의 뿌리가 뻗어나고 있다. 젊은 시절, 홀로 외로웠던 삶에 한이 맺혀 식솔들을 당신의 생명보다 더 소중히 애지중지 키우셨다. 이젠 당신 슬하에 손주들만 여덟으로 늘어났고 막내 손이 대학을 갈 만큼 컸다. 모두 할머니의 마른 젖과 피땀 어린 사랑을 먹고 자란 덕이다.

이렇게 키운 자식들인데 몇 년 전 첫 가족의 이별을 맛보았다. 당신의 큰 사위가 세상을 뜬 것이다. 쉰을 갓 넘어 갑자기 병을 얻어 가고 말았다. 어머니는 말을 잃으셨다. 오랜 세월 공들여 지켜온 옹성(甕城)의 한 모퉁이가 무너져 내린 듯이 속울음을 흐느끼신다. 사랑하는 가족과의 생이별에 대한 공포가 되살아나신 탓일까? 밤새 식은땀을 흘리며 괴로워하셨다.

그때 누군가가 동양화를 권하였다. 어머니는 기다렸다는 듯이 몰입하셨다. 붓으로 점하나, 획 한 줄 긋는 법부터 배워가며 정신을 모으셨다. 그러면서 일취월장해 가는 그림 솜씨 속에서 자신도 몰랐던 재능을 지금 보석 캐듯 발견하고 계신 것이다. 홀로 외로워하시는 증세도 많이 치유가 된 듯하였다.

지난달, 작품 20여 점을 모아 동우회 분들과 전시회를 하셨다. 내 눈엔 어머니의 작품이 단연 돋보인다. 친구들이 돈을 내고 세 점이나 사 갔다고 했다. 거의 같은 시기에 그림 솜씨가 남다른 내 큰 아이가 백여 편의 정밀 삽화를 그려 수술 교과서를 출판하였다. 의대 재학 시절부터 틈틈이 펜화로 수술 과정을 그려왔는데 사진보다 사실감이 더하다고 채택된 지 2년 만에 빛을 본 것이었다.

어머니는 장손의 등을 두드리며 "이 청풍 김씨, 할미의 재능이 네 몸속에 흐르는 걸 잊지 마라"시며 흐뭇해하신다. 모처럼 보이시는 웃음이다.

어머니는 오늘도 열심히 붓을 놀리신다. 앞으로도 계속 당신 속에 숨은 재능을 찾아 갈고 닦는 기쁨을 누리며 사시리라 싶다. 소녀처럼 홍조를 띠고 행복해하시는 어머니를 보며 나도 청풍 수하에 들어 산수화나 배워볼까 생각해 본다.

김희봉 1974년 도미 서울공대. 미네소타 대학원, 캘리포니아 국제한의대. 버클리 문학 협회장. 한국일보 샌프란시스코 〈환경과 삶〉 칼럼 연재 중. 저서 『불타는 숲』 『안개의 천국』

김희봉 어머니 그림

가시밭의 흰 백합화

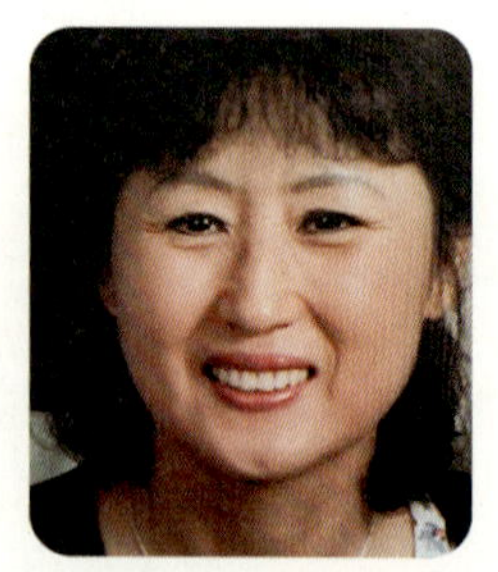

박정연

어머니의 초등학교 입학식 날, 나이도 많고 키 큰 학생들 앞에서 힘차게 구령을 붙이는 자그마한 급장이 어머니 눈에 띄었다고 한다. 그 아이가 머릿속에 남아 있었는데 훗날 중매로 들어온 사람이 바로 옛날의 그 아이였고 그분은 내 아버지가 되셨다. 어머니는 16살에 결혼해 모두 10명의 자녀를 낳으셨다.

아들을 선호하던 시절, 위로 삼 형제를 줄줄이 나았으니 아마 어깨가 으쓱하셨을 것이다. 하지만 그 밑으로 딸을 주르르 낳아 딸들은 당연히 세 오빠들에게 밀려 뒷전이 되었다. 아이들이 많다 보니 아버지의 교장 월급으로는 감당하기 어려워서 한 오빠의 대학등록금은 어머니의 반지를 전당포에 맡겨 해결하시기도 했다.

집에 든든한 기둥이 될 줄 알았던 삼 형제, 제일 큰아들은 6.25 때 전쟁터에서 소위로 전사했고, 둘째 아들은 전쟁 중 강제동원되었다가 행방불명이 되었다. 셋째 아들은 어려서 병으로 잃으셨으니 어머니의 상실감과 고통, 참담한 심정을 어찌 말로 다 할 수 있을까? 그때 어머니의 설움을 이해하고 위로해드린 자식은 몇이나 될까?

누구보다 헌신적이셨던 어머니는 매일 새벽 4시면 영락없이 일어나셔서 여러 자식들의 아침을 해놓으시고 도시락을 싸 놓으셨다. 겨울에 학교에 가려고 나서면 손발이 찬 나를 위해 아침마다 부뚜막에서 따뜻하게 데어놓은 운동화를 내주셨다. 그렇게 알뜰살뜰 챙겨주시니 학교가 끝나 집에 와서 어머니가 안 계시면 짜증이 나곤 했다.

음식솜씨도 좋으셔서 '장충동 박 교장님 사모님 음식솜씨' 하면 근처에서는 다 알아주었다. 나는 특히 명태구이를 좋아해서 내 생일이면 명태구이와 좋아하는 검은 포도를 챙겨주셨는데, 덕분에 여러 자식들 생일을 챙겨야 하는 어머니에게 간단한 생일상으로 효도를 한 셈이다. 대식구의 김장김치도 척척 해내신 어머니의 솜씨를 우리 자매 중 유독 나만 닮지

못했다. 어머니는 손이 크셔서 특별한 음식을 하면 넉넉하게 만들어 주위 사람들에게 나누어 주셨고, 시루떡을 찌면 가운데 부분은 큼직하게 잘라 이웃에게 먼저 돌려 우리는 늘 가장자리 떡만 먹었다. 무더운 여름날이면 얼음 한 덩이를 사다 바늘로 쪼개 온갖 과일을 넣고, 마지막엔 탱가루를 풀어 휘휘 저어 만들어주시던 과일 화채는 다시는 맛볼 수 없는 시원한 어머니의 맛이다.

어머니는 글 읽기를 좋아하셨고 붓글씨도 잘 쓰셨다. 새 학기가 되어 새 책을 받으면 제일 먼저 어머니께서 하시는 일은 책 표지를 흰 종이로 싸는 일이었다. 그 이유는 책 표지에 어머니의 솜씨로 책 제목을 써주고 싶어서였는데, 나도 새 표지에 내 손으로 멋지게 국어, 산수 등을 쓰고 싶었지만, 어머니를 위해 참았다. 어머니는 그것을 아셨을까? 나는 아침마다 햇살이 비치는 경대 아래서 참빗으로 곱게 머리를 빗어 단아하게 쪽지는 어머니 모습을 바라보기 좋아했다.

어머니는 바느질을 잘하셔서 한복도 잘 만드셨다. 어머니께서는 singer 재봉틀 앞에 단정히 앉아 재봉질을 잘하셨는데, 큰언니가 공연에 입을 무용복을 분홍색 인조견을 사다 언니와 언니 친구 것까지 예쁘게 만들어 주셨다. 다행히 어머니의 손때가 묻은 그 재봉틀이 내게 남아있어 가끔 어머니의 손길을 느껴본다.

어머니는 성당에서 쓰는 성체를 우리 집에서 만들 정도로 신앙생활도 열심히 하셨다. 한번은 부녀회에서 야유회를 가셨다가 옻이 옮아 온몸이 퉁퉁 부으셨는데 생닭 피가 좋다고 욕탕 닭 핏속에 앉아계시던 때도 있었다.

왜정시대, 6.25 전쟁, 4.19, 5.16 혁명 등 격동기를 겪으며 자식도 잃은 고국을 떠나 부모님은 미국 이민을 결정하셨다. 미국에 오신 어머니가 제일 먼저 하신 일은 쪽진 긴 머리를 풀어 자르고 짧은 파마머리로 바꾸셨다. 수십 년 고수해온 머리 스타일을 바꾼다는 것은 미국에 뿌리내리고 살겠다는 새로운 결심이었다. 어머니께서 미국 생활에 어느 정도 적응이 되어 갈 무렵, 우리 부부가 뒤늦게 미국에 합류하며 나는 어머니의 짐이 되었다. 사업을 한다고 밤낮없이 뛰는 딸과 사위를 위해 어머니는 우리 아이들을 돌봐주느라 쉴 틈이 없으셨다. 난 그때 나 힘든 것만 알았지 어머니 희생은 당연히 여겨 고마움조차 느끼지 못했고 용돈 한번 제대로 드린 적이 없다.

아이들도 다 자라 부모님은 오클랜드 노인아파트로 가셨는데 아버지가 돌아가셔서 어머니 혼자 외로움을 견디며 지내셨다. 그러나 불행히도 어느 날 길을 건너다 교통사고를 당해 오른쪽 무릎 아래를 잃으셨다. 여행도 가고 싶고 어디든 다니며 하고 싶은 일도 많으셨는데 몸이 불편하니 뜻대로 하지 못 해 답답해하셨다. 의족을 사용하실 때마다 연결 부분이 아파 괴로워하는 모습을 옆에서 지켜보는 자식들도 몹시 힘들었다. 그 와중에 별안간 아들로는 큰아들이 된 넷째 아들마저 암으로 먼저 보냈으니….

그 후 차츰차츰 정신적 육체적으로 약해지시더니 원인도 모르게 적혈구 수치가 자꾸 떨어져 병원과 양로원을 오가시다, 어머니는 결국 100세를 2년 앞둔 98세에 하느님 곁으로 떠나셨다. 양로원에 계시는 엄마를 뵙고 나오다 뒤돌아보면 복도 끝 휠체어에 앉아 손을 흔드시던 모습이 어제 일처럼 눈에 선하다.

어머니는 어린 나이에 시집와서 남편과 10명의 자식들 그리고 손주들 뒷바라지에 온 정성을 다 쏟으시다 특별한 효도도 받아보지 못하고 세상을 떠나셨다.

가시밭의 한 송이 흰 백합화 / 고요히 머리 숙여 홀로 피었네
인적이 끊어진 깊은 산속에 / 고요히 머리 숙여 홀로 피었네
* 어여뻐라 순결한 흰 백합화야 / 그윽한 네 향기 영원하여라

가시밭의 한송이 흰 백합화 / 부끄러 조용히 고개 숙였네
가시에 찔릴까 두려함인가 / 고개를 숙인양 귀엽구나
* 어여뻐라 순결한 흰 백합화야 / 그윽한 네 향기 영원하여라

어머니께서는 생전에 '가시밭에 한 송이, 흰 백합화' 부르시기를 좋아하셨다. 마치 한 송이 백합화처럼 깔끔하고 정갈하셨던 어머니, 가시밭 같은 인생길에서도 흰 백합화처럼 어여쁘고 순결했던 어머니, 어머니께서 자식들과 손주들에게 남겨주신 그 향기는 결코 사라지지 않을 것이다.

박정연 1978년 도미.

희생만 하다 가신 어머니

송영우

품에 안은 손녀를 그윽이 바라본다. 눈망울이 너무 맑다. 아기를 재우려고 이리저리 안고 돌다 거울에 비친 내 얼굴을 바라보며 불현듯 오래전 돌아가신 어머님 생각이 떠오른다.

우리 세대의 어머니들이 다 그러하시듯, 나의 어머니도 많은 아픔을 가슴에 묻고 오로지 가족들을 위한 희생의 길을 말없이 걸어가셨다. 이국땅에 이민 온 지 40년이 훌쩍 넘이 나름대로 안정된 삶과 가정을 갖고 셋째 손녀 재롱까지 보자니 살아계셨으면 얼마나 좋아하셨을까, 어머니 생각이 난다.

내가 중학교 입학시험을 앞두고 불안에 떨고 있을 때였다. 어머니는 내 손을 잡고 커다란 정자나무가 있는 언덕으로 이끄시더니, 그곳에 서서 학교 교정의 많은 아이들을 내려다보시며 내 손을 꼬옥 쥐시고 조용하나 단호히 말씀하셨다.

"지금까지 너를 키워오며 엄마의 못다 한 꿈이 너를 통해 활짝 피는 것 같아 모든 시름을 이기고 살아왔다. 너는 나의 자부하는 사랑하는 아들인데 네가 저 아이들과 경쟁에 두려워할 필요가 있겠니? 어떤 결과가 나오든 엄마는 네가 자랑스러우니 자신감을 갖도록 해라."

수년전 아내와 함께 지금은 도서관으로 바뀌어 버린 옛 교정을 찾아 그때의 이야기를 들려주며 그 고목을 감회 깊게 다시 바라보았다.

어머님은 일정 시절 우리나라 최고의 여성학교에 다니시며 국가대표 배구선수로 일본 원정까지 다니실 정도로 체육에 소질이 있으셨다. 뿐만 아니라 예술에 대한 감수성도 있으셔서 서예와 미술도 잘하시는 등 활발하게 학창 생활을 하셨다고 한다. 그러나 외조부의 완강한 반대에 부딪혀 바라던 유학을 포기하고 국민학교 선생님을 하시던 중 아버지와 중매로 결혼하셨다. 그 후 꼼짝없이 가정주부로 당신의 재능은 발휘도 못 해보고 오로지 순종

과 희생으로 당신의 삶은 완전히 뒷전에 감추셔야 했다. 그래서인지 교수와 여의사로 활동하시는 외삼촌과 이모님을 항상 부러워하며 대신 당신의 자녀들을 유일한 자랑과 위안으로 삼으셨다. 이런 어머님을 기쁘게 해드리려 했던 기억이 있다.

아마 내가 5살 때였던 것 같다. 자식이 없는 이모님 병원으로 자주 놀러 가곤 했는데 이모부님은 제법 말 잘 듣고 심부름 잘했던 나를 귀여워하시며 선물을 주시곤 했다. 하루는 진료대기실에서 놀고 있노라니 1미터 정도의 원을 그리시고 30분 정도 볼일 보고 올 테니 원 밖으로 나오지 않으면 용돈을 두둑이 주시겠다며 나가셨다. 어린 나이에 용돈의 의미는 잘 몰랐지만 단지 이모부를 통해 어머님에게 말 잘 듣는 아들이란 자랑거리가 되고 싶어 화장실도 참아가며 견뎌냈다. 나는 그 일로 얻은 제법 큰 액수의 용돈 봉투를 어머니에게 자랑스레 내밀었다. 하지만 나의 기대와는 달리 어머니는 칭찬 대신 머리를 한번 쓰다듬으신 후 남에게 보이려고 억지로 하는 행동은 조심해서 하라는 뜻밖의 말씀을 하셨다. 당시엔 잘 이해하지 못해 섭섭했지만 자라면서 어머니의 여러 의미 있는 말씀들을 되새기며 조금씩 깨달아 갔다.

삼촌 두 분이 일찍 돌아가셔서 혼자 남은 아버지는 홀어머님을 지극히 섬기셨다. 신혼시절 할머니께서 한방에서 주무시곤 했다니 어머니의 시집살이가 어땠을지 짐작이 가고도 남는다. 그 기억 때문인지 어머니는 며느리인 내 아내에겐 한 달도 안 되는 짧은 시집살이를 사랑과 귀여움만 가득 선물로 주시며 졸업시키셨다.

원하던 공부를 더 하지 못한 한이 맺히셨던 듯 고명딸인 여동생이 당신의 모교에 입학하자 누구보다 기뻐하셨고, 독일로 유학가려는 것을 완강히 말리시는 아버님 몰래 수속을 대신해주시는 등 적극적으로 준비해주셨다. 동생이 박사과정까지 하겠다는 계획을 아시고도 일 년 어학공부만 하러간다고 둘러대시며 뒷바라지 해주셨다.

내가 대학을 다닐 때는 내게 운전을 배우고 싶다고 떼를 쓰시다 아버지의 잔소리를 듣는 등 진취적으로 무엇이든 배우는 것에 대한 열정은 대단하셨다. 결혼 후 내가 이민을 간다고 하니 미국에 가서 촌스럽게 보이면 안 된다고 강제로 사교댄스 강습을 시키시고 직접 스텝을 확인하실 정도로 삶에 대한 열정도 넘치셨다. 하기야 40년 전 생각에 미국은 매일 파티나 하는 천국으로 알았으니….

여러 나라에 흩어져 사는 오 남매를 만나 보시려 미국에 몇 달 머무르시던 중, 다니던 교회를 통해 주님을 영접하시고 기쁨에 넘쳐 늦은 나이임에도 성가대로 봉사하시겠다며 나를 당황하게 만드셨다.

어머니와 잊을 수 없는 학창시절 일화가 있다. 한창 사춘기 때 어쩌다 친구 속삭임에 끌려 소위 이단 종교에 빠지게 되었다. 무엇에나 열심이던 나는 그곳에서도 아주 열성분자가 되어 심지어 학교를 빠지고 집을 뛰쳐나와 한동안 껌팔이를 했다.

종로 사거리에서 다방을 전전하며 껌을 팔던 중 나를 발견하시고 어머니는 대성통곡하셨다. 다른 어머니와 달리 야단 대신 당신이 내게 해준 것이 무엇이 부족해서 이러는지 자책하셨다. 그때 나는 내 진정한 가족은 오직 하늘 안에서 맺어진 사람들이라며 모질게 돌아섰는데 그날의 어머니 모습이 눈에 선하다. 출석일이 부족하니 학교에서는 나를 유급시켜야 하는 기로에 서 있을 때였다. 어머님은 매일 교무실에 출석하셔서 결국 학교 측의 감동을 끌어내셨다. 그나마 성적이 우수했고 품행에 문제가 없었기에 담임선생님의 배려로 진급할 수 있었다.

군대에서 첫 휴가를 나왔을 때였다. 맛있게 먹던 밥에 돌이 씹혀서 나도 모르게 "에잇 쌍!" 하고 욕을 내뱉었다. 그때 온 식구가 숟가락을 멈추고 놀래자 그 긴장감을 어머니가 푸셨다. "이제 영우가 남자가 되가나보다." 웃으시며 나의 민망함을 그렇게 추스르셨다. 나는 단 한 번도 집안에서 나는 싸움 소리를 들어보지 못하고 살았다. 어머님은 현숙한 여인이셨다.

어머니는 바느질을 하시며 가끔 잔잔히 솔베지의 노래를 부르셨다.
'그 겨울이 지나 봄이 오고 또 봄이 가고….'

백발이 성성하더라도 끝끝내 기다리면 만나지리라는 사연이 담긴 애달픈 음률과 가사. 언젠가 혹시 이 노래를 좋아하는 이유라도 있냐고 여쭈니 누구에게나 기억나는 시절이나 사람이 있는 법이라며 조용히 미소 지으셨던 어머니, 훗날 당신의 추억을 들려주시겠다던 약속 지키시지 않은 채 떠나셨다. 과연 무슨 말을 나누고 싶으셨을까? 어머니의 슬픈 가락과 가사에 무슨 사연이 있었는지 이제 영원히 알 길은 없다.

어머니께서 위독하시다는 소식을 듣자마자 한국행 비행기에 올랐다. 공항에 내리자 전해 온 여동생의 말, "오빠 온다고 기다리시다 방금 운명하셨어."

내가 어머니의 자랑과 위안이었듯 나의 자랑과 위안이셨던 어머니!

시대를 잘못 태어나 자신의 능력과 꿈을 펴보지 못한 채 자식들을 위해 일방적인 희생만 하다 어머님은 가셨다. 품에 안은 손녀를 당겨 안으며 이 아이는 주님 안에서 어떠한 한도 없이 자신이 원하는 삶을 마음껏 누리기를 간절히 빌어본다.

송영우 1976년 도미.

예쁜 공주 할머니

신애연

지금 우리 엄마 별명은 예쁜 공주 할머니 또는 105동 멋쟁이 할머니시다.

여자의 본성인가? 올해 구순이시지만 자신을 잘 가꾸시니 엄마의 마음과 모습은 내가 봐도 예쁘다. 요즘에도 아침이면 신문을 처음부터 끝까지 읽으셔서 사회, 경제문제 등 누구에게도 뒤지지 않는 박식함과 지혜가 뛰어나시다. 신선비의 덕을 한 몸에 담으시고 모든 일을 명철한 판단력으로 처리하시고 맡은 일에 충실하셨던 우리 엄마!

엄마는 2남 2녀의 맏딸로 태어나셔서 6.25 동란 당시 큰 오라버니는 북으로 끌려가시는 아픔을 겪으셨고, 막내 남동생은 미국으로 이민하는 바람에 친정어머니를 끝까지 모시고 산 효녀이시기도 하다. 아버지와 결혼 후 6녀 1남의 자녀를 슬하에 두시고, 오로지 남편과 아이들을 위해 일생을 보내신 평범한 주부셨지만 그 평범하다는 뜻은 아버지와 우리에게는 그 이상이셨다. 교직생활을 하셨던 아버지의 직무 중 채점과 성적표, 생활기록표 등에 기록하는 일은 모두 엄마의 몫이셨다. 필체가 유난히 좋으신 덕분에 도와주셨던 것이 엄마의 일이 되어 내조를 확실히 하신 셈이다. 아버지와 우리가 모두 학교에 다닐 때는 도시락을 7개나 싸셨다. 먹이고 입히며 일곱 명을 한 사람의 낙오도 없이 공들여 키워주신 엄마의 은혜를 어찌 갚을 수 있을까?

모든 게 제자리에 있어야 다른 사람이 찾을 때 불편하지 않다며 남을 위한 배려를 늘 강조하시던 엄마, "네가 시집가면 누가 해주니?" 하시며 부지런한 것을 몸에 배도록 가르쳐 주신 우리 엄마! 내 취미 중 하나가 집안 정리와 청소인 것도 엄마의 가르침과 무관하지 않다.

나는 한국에 나온 남편과 만난 지 열흘 만에 결혼하고 5개월 후에 미국으로 왔다. 당시

노처녀였던 넷째가 짝을 만났으니 기쁘기는 한데, 미국으로 간다니 자주 볼 수 없다는 생각에 가족들의 슬픔은 컸다. 내가 떠나던 날 눈물바다가 됐던 '공항의 이별'을 생각하면 아직도 가슴이 찡하다. 더 잘해드리지 못한 후회와 앞으로 더 잘할 수 있는 기회가 없다는 것이 얼마나 안타까웠던지…. 돌이켜보면 어쩌면 하나님의 인도하심이 나를 통로로 우리 식구 모두를 구원하시고자 하는 뜻이 있었던 것은 아니었나 싶기도 하다.

셋째언니와 같이 사시는 엄마는 아직도 아침에 일어나셔서 식구들을 위해 직접 국을 끓이셔서 아침식탁을 즐겁게 해주신다. 음식 솜씨도 좋으셔서 엄마의 국은 그 재료가 무엇이든 일품 국 맛이 나고, 그것을 맛있게 먹어주는 것이 엄마를 기쁘게 해드리는 일이다. 나는 가끔 엄마를 생각하면 엄마와 같이 다듬이질 하던 생각이 난다. 엄마가 두드리고 내가 두드리고 박자 맞추는 것이 얼마나 신나던지. 뭐든 기계에 의존하는 시대에 아날로그적 감성을 일깨우는 내 유년의 아름다운 추억이다.

올 10월에는 올해 구순을 맞은 엄마를 만나러 한국을 방문할 예정이다. 멀리 사는 이유로 자주 뵙지 못 하는 엄마, 얼마나 나를 기다리고 계실까? 앞으로 몇 번이나 더 뵐 수 있을까? 이제는 우리 집에 오시고 싶어도 오랜 비행시간이 불가능해 못 오시니 안타까워하신다. 오시면 뭐 하나라도 내 일을 덜어줄 게 없을까 구석구석 살피시고 이것저것 맛있는 반찬을 만들어주셔서 호강을 누리게 하신다. 엄마가 다녀가신 후 빈방 빈자리의 허전함 때문에 한동안 제자리로 돌아오기 힘들었는데, 그나마 이제는 그 허전함마저 사치가 되어버렸다. '엄마!' 하고 불러보아도 텅 빈 방, 불러도 대답이 없으시다.

우리 딸들은 서울, 삼척, 대전, 세종 시에 흩어져 살고 있다. 딸을 여섯이나 두신 덕분에 엄마의 유람도 전국적이시다. 아들을 선호하던 시절에 마음고생을 하셨겠지만 지금은 보상을 받으시리라 생각한다. 그래도 아들에 대한 엄마의 사랑은 유별나다. 아침마다 장독대에서 정한수를 올리고 아침 식탁에서 그 물을 돌아가며 마시고 난 특별한 아들이니 왜 안 그렇겠는가? 여자들 틈에 태어나 온갖 사랑을 받았던 그 아들이 효자인 것이 엄마로서는 어쩌면 우리 딸 여섯이 주는 기쁨보다 더 크실지 모른다. 동생과 올케에게 고맙다.

난 엄마를 위해 기도한다. '하나님, 제가 멀리 떨어져 있어 엄마를 교회 모시고 나가지 못해 안타깝습니다. 이곳에서 구원받지 못한 영혼을 위해 전도하겠으니 부디 엄마 위해 좋은 복음전도자를 붙여주세요.'라고.

한국에 방문할 때마다 엄마를 모시고 교회에 몇 번 다녀오기도 하고 목사님 심방도 받게 했지만 엄마는 "가슴으로 믿어지지 않으니 어떡하니?" 하시며 본인도 답답해하신다. 그럴 때는 정말 안타깝고 가슴 아프다. 지금은 가까운 이웃에 사시는 권사님 한 분이 성경책을 선물하시고 기도해 주신다니, 내 기도의 응답인 듯싶어 너무 감사하다.

남편 보필과 자식 뒷바라지로 여생을 보내신 장한 우리 엄마! 남은 여생동안 의심 없이 주님을 영접해 천국 소망을 갖게 되시길 간절히 기도한다.

예쁜 공주 할머니 우리 엄마! "사랑해요!"

신애연 1990년 도미.

어머니의 오솔길

유봉희

어머니가 그리신 그림 속
오솔길로 따라 들어가고 싶다
초가을인 듯 길 입구는 낙엽이 내려 있지만
길 끝은 휘어져서 보이지 않는다

잡목 사이로 조금 잡힐 듯하다가
사라지는 길
어머니는 어디쯤 가고 계신지
매번 입구에서 서성이다가
들어서지 못하는 어머니의 오솔길
오늘도 산새 소리만 듣고 서 있다

저 오솔길 끝은 어디에 닿아 있는지
산새 소리 따라가면 어머니 만날 수 있으려나
소리쳐 어머니 부르면
그림 속에선들
어머니 발걸음 아니 멈추시지 못하련만

모처럼 어머니 마음 한가로이
가시는 오솔길
산새야 너도 너무 크게 우지 말라.

유봉희 어머니

어머니는 오솔길을 많이 그리셨다. 미술 전문학교를 다니시지 않으셨지만 칠순을 넘어서 시작하신 그림 공부에 열정을 쏟으셨고 행복해 하셨다.

화가인 두 아들들은 어머니를 '오솔길 화가 김금낭 여사'라고 불러드렸다.

며칠 전 꿈을 꾸었다.

시퍼런 물이 가로 놓여 있어서 꼭 건너가야 하는데 뛰어넘을 수도 없고 돌아가는 길도 보이지 않았지요. 죽을힘을 다해 펄쩍 뛰었다 물가에 닿은 발이 뒤로 넘어가려는 그 찰라 내 허리를 받쳐서 물가로 올려놓는 손. 꿈속에서도 놀라워 뒤돌아보니 엄마의 나비 손.

다음 생엔 무엇으로 태어나시고 싶으시냐고 물어보면 깊은 산 속 나무로 살겠다고 하시던 어머니. 다시 너희들의 엄마가 되고 싶다고 말씀 안 하시던 야속한 당신이. 그러시더니 깊은 산 속 나무도 안 되시고 내 허리에 나비 손을 만드시는 어머니.

유봉희 1970년 도미. 2014년 시인들이 뽑는 시인상 수상. 시집 『소금 화석』 『몇 만년의 걸음』 『잠깐 시간의 발을 보았다』 『세상이 맨발로 지나간다』

엄마의 유머

이은숙

12월의 동해바다, 파도가 너무 높아서 어쩌면 가다가 돌아올지도 모르는 상황 속에서도 난 속절없이 엄마의 유년세계 상상 속으로 들어간다. 험한 파도를 가르고 마치 개선장군처럼 의기양양하게 긴 뱃고동소리를 내며 도착한 엄마의 고향은 나에게 전혀 낯설지 않다. 저 산천을 염소를 몰고 오르내리며 머루 따고, 부지갱이, 산나물 캐고 장정의 키를 넘는 눈 속에 핀 빨간 동백꽃 이야기는 너무 많이 들어 왔기에. 순간 엄마냄새가 콧등을 스친다. 가슴이 먹먹하고 그리움이 울컥 올라온다.

오래전 김동길 교수님이 쓰신 『대통령의 웃음』이라는 책에서 어머니의 유머에 대한 글을 읽으며 나도 엄마의 유머를 기록해 둘까 생각했다가 까맣게 잊고 살았다.

엄마는 김밥은 가늘게 말아야 맛있다고 하시지만 김밥말이를 많이 하다 지친 나는 빨리 끝내 버릴 생각으로 굵게 말아버린다.

"하이고 야야, 그걸로 한 대 맞으면 허리 부러지겠다."

시조모, 시부모님을 모신 엄마는 음식을 맛있게 빨리 잘하신다.

간식으로 반짝반짝 기름이 밴 무쇠 솥뚜껑에 김치부침개를 아주 얇게 부치신다.

손 큰 엄마가 벌려놓은 일에 싫증이 난 나는 두껍게 빨리 부쳐버린다.

"하이고 야야, 동지섣달에 덮고 자도 춥지 않겠구나."

잠시 동부에 살 때 여행 차 바람 쐬러 오시라고 했더니,

"하이고 야야, 고만 됐다. 여개도(여기도) 바람 많다."

엄마 동네에 매우 칠칠치 못한 한 부인이 있었단다. 그런데 그 집에서 부침이를 만들면 온 동네가 다 안다. 왜냐하면 그 집 아이들은 물론 개까지 밀가루를 뒤집어쓰고 다니니까.

엄마의 일상에서 편안하게 나오는 유머는 끝이 없다.

엄마의 머리 모양은 지독한 뒤짱구시다. 앞으로 그만큼 나왔으면 외계인 수준이라 할 수 있다. 유머가 많으신 엄마는 내가 어릴 적에 당신의 짱구에 대한 이야기를 자랑처럼 해주셨다. 이(head lice) 가족이 소풍을 갔다가 갑작스런 소낙비를 만났는데 큰 바위(짱구 머리) 아래 피해 물에 쓸려 내려가지 않았단다. 나는 이 이야기를 즐겁게 상상까지 하며 철석같이 믿었다.

열아홉에 시골 부잣집에 시집오셔서 잠이 모자라 아침에 장 뜨러 가셔서 장독대 사이에서 잠깐 눈을 붙이셨단다. 시조모님, 시부모님 모신 엄마는 음식을 맛있게 빨리 잘하신다. 손주들에게 비빔국수와 게찜 그리고 배추부침개는 할머니에 대한 영원한 향수로 남아있다. 팔십을 넘긴 노구에 새벽잠을 설치시며 딸이 좋아하는 날콩가루 부추 찜과 시원한 콩나물국 아침상을 차려주신다. 누구도 흉내 낼 수 없는 맛에 취해 어린 딸로 돌아가 맛있게 먹는 나를 행복하게 바라보시면서 하시는 말, "마른 논에 물 들어가는 것과 자식 입에 밥 들어가는 것보다 보기 좋은 건 없다."

어디서 나오는 걸까? 실타래처럼 이어져 나오는 어머님의 이런 말씀들은.

내가 많이 아파 누워있을 때 엄마가 흘린 눈물은 한 양동이는 될 거다. 그런데 정작 엄마가 아프실 때 난 곁을 지켜드리는 일조차 못 했다.

기쁜 소식이 있어 전화 드리면 "할렐루야!"를 외치면서 기뻐하시던 엄마! 엄마가 천국으로 가신 후에는 좋은 일이 생겨도 전화할 곳이 없어 아직도 방황한다.

세 자녀의 엄마가 된 나, 시간이 지날수록 "아~엄마는 그러셨지." 하는 혼잣말을 수없이 한다. 엄마는 눈을 뜨는 순간부터 자식을 위한 기도를 하나님께 올려드리는 것이 일상이셨지.

"엄마, 자식 뒷바라지는 언제까지 해야 하나요?"

"응, 눈에 흙 들어갈 때까지."

나의 갈 길 다 가도록 하나님 섬기고 2남 1녀 돌보시다 하늘나라로 가신 엄마!

"내 영혼이 그윽해 깊은 데서~~~"

엄마의 찬양 맑은 가락이 울려난다.

김종훈 어머니

2부. 어머니는 눈물이다

두고 간 금반지

김종훈

매미도 울음소리 한숨으로 끝내는 무더운 여름이었다.

망둥이 낚시질 채비를 하는데 부엌에서 맛있는 냄새가 풍겼다. 침침한 안을 들여다보니 부뚜막에 큰형이 앉아 밥을 먹고 있었다. 서로의 시선이 마주치자 우리는 서로 흠칫 놀랐다. 나는 못 볼 것을 본 것 같아 밖으로 뛰쳐나갔다.

부엌 시렁에 보리곱이를 베보자기 덮어 매달아 놓은 바구니에서 한 움큼씩 꺼내 입에 털어 넣고 밖으로 내달리면, 어머니는 한참이나 따라오며 나를 불러 세운다.

"허기진다! 깊은 데서 미역 감지 마라."

일상 귓등으로 듣던 잔소리와 다른 격렬한 어조다.

"너, 너희 형 보았다고 누구한테 말하면 너희 형 죽는다!"

며칠 후 족제비가 닭장에서 닭 물어가듯 뭍으로 가는 잿길로 다른 사람 서너 명과 함께 형이 넘어가고, 그 뒤를 동네 사람들이 지켜보고 있었다. 따라가던 어머니는 밭두렁에 주저앉아 울고 있었다. 아버지는 무더운 여름날 방문을 꼭 닫고 내다보지도 않았다. 밀물과 썰물이 들락날락 섬을 감싸 돌고 아무 소식 없이 세월은 갔다.

뒷마당 장독대 밑에서 할머니와 어머니는 새벽에 정화수를 길어다 치성을 드려 형이 무사하기를 빌었다. 대포소리는 남쪽으로 멀어져갔지만, 비행기는 점점 더 극성을 떨었다. 여름 더위도 한풀 꺾이고 선선해지기 시작했다. 여름 내내 물이 나가면 갯바닥에 가서 바지락을 긁어다 반찬으로 먹고 남은 것은 젓갈을 담갔다. 형이 가고 달포쯤 됐을 무렵 다른 날처럼 썰물에 바지락을 캐러 갔다. 간조를 지나 들물이 되어 갯바닥을 무겁게 걸어 나오는데 천지가 뒤집히는 벼락소리가 나서 혼비백산 뒤뚱거리며 갯벌을 뛰쳐나왔다. 소나무에 몸을

숨기고 무슨 일인가 놀란 가슴을 움켜쥐고 바라보니 인천이 천지개벽이 되어 불타고 있었다. 팔미도 밖에 바다 가득 군함이 불을 뿜으며 몰려오고 월미도 가까이 오고 있었다. 며칠 불타던 인천에 연기가 가시고 나니 학교에서 일하던 사람들과 선생님들이 꽁무니를 빼고 사라졌다.

군인들이 들어와 바닥 빨갱이라고 사람들을 줄줄이 엮어갔다. 이럭저럭 마을의 장정은 다 사라지고 아이들과 부녀자 노인들만 남았다. 아이들은 군함에서 버려 섬에 떠내려 온 쓰레기를 뒤졌고 물 나면 갯바다에 나가 조개를 잡아 연명했다. 전쟁이 끝나자 집집마다 집 나간 장정들이 돌아오길 기다리며 세월은 갔다.

한밤중 새벽녘에 전화벨이 울렸다. 비몽사몽간에 전화를 받으니 작은형이었다. 한잔하면 아무 때나 전화를 걸어 잠을 설치게 하는 데는 선수다. 새벽 2시였다.

지금 몇 시인데 전화를 하느냐고 불평을 하는데 경사가 났다는 들뜬 목소리가 들렸다. 복권이라도 맞았느냐고 물으니 "형이 살아있어!"라고 했다.

나는 벌떡 일어나 앉았다.

"누가 그래! 그걸 어떻게 알았어?"

'이산가족 상봉' 행사를 하는데 적십자에서 북에서 오는 형님이 우리를 찾는다는 연락이 왔다고 했다. 아! 죽은 줄 알았는데 형님이 살아있다니~.

내가 미국에서 한국으로 가니 오랜만에 전 가족이 모였다. 우선 준비할 물건과 누가 만나러 갈 것인가를 의논했다. 최대 상봉 인원이 가정 당 다섯 명으로 제한되어 있었다.

형님이 끌려간 후 남동생 둘이 더 태어나 우린 모두 7형제다. 아버지는 오래전에 돌아가셨다. 엄마 모시고 남자들만 다녀올 테니 누나들은 집에 있으라고 동생 하나가 입을 열었다. "오빠는 니가 있는지 알지도 못해! 그리고 너희가 가면 태어나서 엄마 고생이나 시켰다고 욕이나 얻어먹어!" 멀쑥해진 동생이 과부가 된 누이를 놀렸다. "과부는 안 된다고 문 앞에 써 붙였던데!" "그럼 엄마도 안 되네!" 엄마가 과부로 외롭게 사신 것을 나는 그때 처음 깨달았다.

김포공항으로 형님 마중을 나갔다. 죽었던 사람이 살아 돌아오는 환희를 맛보고 싶었다.

어떤 모습으로 어떻게 변해있을까 가슴이 뛰었다. 출구로 북에서 온 상봉자들이 나온다고 누가 소리쳤다. 사람들이 몰려가는 쪽으로 달려가 곤색 양복에 중절모자를 눌러쓰고 군인들처럼 잰걸음으로 지나가는 사람들을 살펴보았으나 형님을 찾지 못했다.

이튿날 우리 다섯 식구는 호텔 상봉장에 안내되어 초조하게 기다렸다. 오매불망 50년을 기다린 순간이었다. 드디어 "북에서 오신 손님들이 도착하셨습니다."라는 안내방송이 있은 후 우리가 기다리는 테이블로 형님이 안내되었다.

형님이 어머니 손을 덥석 잡으며 "오마니!" 하고 두 분은 서로 얼굴을 쳐다보며 말이 없었다. 어머니는 마른 울음을 울고 계셨다. 다음날 각 가정별로 한방에 있게 해주었다. 형님은 수령님께서 어머니에게 보낸 선물이라면서 옷감과 술을 어머니 앞에 드리고 큰절을 했다. 상봉 기간 3일 후 형님은 북으로 돌아갔다. 떠나기 전날 어머니는 금반지를 빼서 형님에게 쥐어주며 "맏며느리인 네 처에게 물려주는 내 선물이니 전해 달라."고 하셨다. 형님이 그 반지를 두고 간 걸 나중에 알고 어머니는 몹시 섭섭해 했다.

어머니가 위독하시다는 전화를 받고 서둘러 한국에 나갔다. 곧 돌아오겠다는 형님 말을 믿고 어머니는 형님을 기다리고 계셨다. 형님이 오면 꼭 주어야 한다고 반지를 끼고 계셨다. 가끔 주위를 둘러보고는 외치셨다.

"빨리 오라 그래! 빨리 오라 그래~"

반지 낀 어머니의 깡마른 손이 요위에 툭 미끄러져 내렸다. 어머니는 더 이상 기다리지 못해 모든 인연의 끈을 놓고 세상을 떠나셨다.

김종훈 1978년 도미 경기도 교육청 산하 중등학교 영어교사 10년 근무. California 주 공무원 30년 근무.

잊을 수 없는 그 눈동자

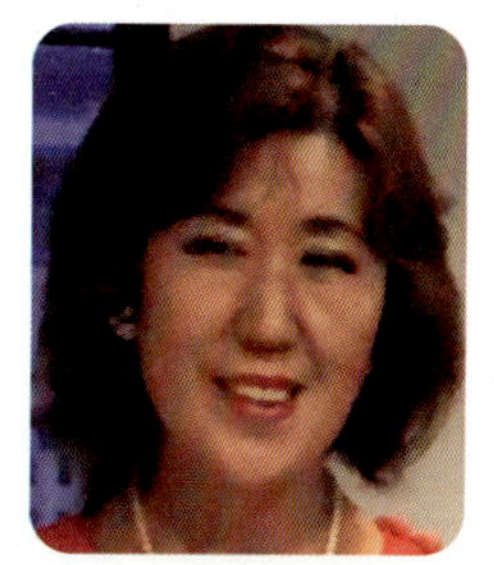

백 인 경

한국에 있는 동생에게서 전화가 왔다. 어머니께서 쓰러지셔서 위독하시다고.

이것저것 따질 경황이 없었다. 초등학교에 다니는 아들과 딸아이를 열흘 정도 이웃에 맡기고 한국으로 향했다. 한국에 도착하자마자 뇌종양으로 쓰러지셔서 움직이시지도, 말씀도 못 하시는 어머니와 침식을 같이 했다. 온 마음과 정성을 다해 어머니를 간호해 드렸지만, 병 앞에, 죽음 앞에 아무것도 할 수 없다는 안타까운 마음에 속절없이 마음만 무너져 내렸다. 그리고 미국으로 돌아와야 했다. 하염없이 엄마를 기다릴 아이들 곁으로.

그렇게 어머니와 난 서로 마지막이라는 것을 알면서 이생에서의 영원한 이별을 했다. 다시는 못 볼 딸을 보내시는 어머니의 그때 그 눈동자를 난 영원히 잊을 수가 없다. 그 후 보름쯤 지나 어머니는 편안하게 임종을 하셨지만, 아직도 내 마음에는 안타깝게 딸을 바라보시던 애절한 어머니의 시선이 각인되어 있다.

어머니는 해방되기 한참 전에 전주에서 부농의 집안의 무남독녀로 태어나셨다. 당시 고등교육을 받은 인텔리 아버지와 신실한 어머니 사이에서 세상에 어려움 없이 귀하고 고이 자라셨다고 한다. 외할아버지의 부하 직원이셨던 아버지에게 첫눈에 반하시고, 평생 동안 오로지 남편과 자식들 돌보시는 것에서 지고한 행복을 찾으셨던 순진무구한 아름다운 여인이셨던 어머니!

내가 태어나기 전에 일어난 한국동란은 많은 이들과 같이 어머니에게도 견디기 힘든 시련이었다. 공무원이셨던 아버지께서는 숨어계셔야 했고 당시 고등학생이었던 오빠가 어린 가장이 되어 전쟁이 끝날 때까지 가정을 책임져야 했다. 그 와중에 내 위의 언니들이 둘씩이나 어린 나이에 세상을 떠났다. 전쟁 통에 홍역으로, 다른 언니는 먹을 것을 제대로 못 먹어서 영양실조에 병까지 얻어 세상을 떴다고 한다. 어린 딸들을 가슴에 묻고 어머니는

얼마나 고통스러우셨을까! 그 후유증으로 한동안 우울증 때문에 많이 힘들어 하셨다고 한다.

한국동란을 견뎌낸 인고의 세월 속에서 어머니의 눈은 애잔하고 슬픈 빛을 띤 호수 같으셨다. 더구나 당신 영혼의 전부 같았던 아버지를 먼저 저세상으로 보내시고 나서부터 호수는 점점 더 깊어만 갔다.

고통과 아픔 속에서 몸과 마음이 연단되듯이 일제 강점기에 태어나 한국동란을 지나오며 다져진 강인한 생명력으로 아들 둘에 딸 다섯, 칠 남매를 잘 길러 내셨으리라. 평생을 검약하고 부지런하게 생활하신 모습은 우리 자녀들에게 살아있는 교훈이 되었다.

어릴 때 기억으로 부엌 큰 가마솥 옆에는 작은 항아리가 놓여 있었다. 그 통을 어머니는 '좀 도리통' 이라고 불렀다. 항상 밥을 지으실 때 한 움큼의 쌀을 그 항아리에 넣으셨다. 먹은 셈 치고 조금씩 덜어 놓아 저축하는 의미였다. 나중에 우린 현대식으로 각색을 해서 '셈 치고 통'으로 바꿔 부르고 어머니의 저축방법을 즐겨 애용했다.

어머니께서는 평생 낭자머리에 비녀를 꽂으셨다. 내가 초등학교 일학년 때 미술 시간에 처음으로 그린 그림이 어머니다. 낭자머리에 비녀를 꽂으셨던 단아한 어머니를 난 파마머리의 신여성으로 바꿔 그렸다. 왜 그랬는지 기억이 나진 않지만 아마 난 파마머리의 담임선생님의 헤어스타일을 좋아했던 것 같다. 그 후 내 그림을 보신 어머니께서는 평생 처음이자 마지막으로 파마를 하셨다. 하지만 아버지께서 파마머리를 좋아하지 않으신 탓에 돌아가실 때까지 낭자머리를 고수하셨다. 아무리 기뻐도 행주치마 입에 물고 입만 방끗하듯, 어머니는 평소에 별로 마음의 감정들을 잘 드러내시지 않으셨다.

내가 결혼 후 시댁에서 지내고 있을 때였다. 처음으로 어머니로부터 정성스럽게 쓰신 편지를 받았었다. 평소 과묵한 어머니신데 어찌나 자상한 염려와 간절한 그리움이 넘치는 글을 보내셨는지, 내가 전혀 알지 못했던 어머니의 새로운 면을 느꼈던 순간이었다. 그 후 가끔씩 편지를 주고받으며 어머니와 난 멀리 떨어져 있으면서 더 가깝게 마음을 주고받았다. 너무 가까이 있으면 보이지 않는 것들이 조금 떨어져서 보면 상대방을 전체적으로 볼 수 있는 것이었을까?

애절하게 어머니를 보내드린 후, 덧없는 세월 속에 아들과 딸은 별 탈 없이 장성하여 내 품을 떠났고, 어느새 내 머리에도 하얀 서리가 내린 지 여러 해. 하지만 한마디 말씀도 못 하신 채 딸을 보냈던 애절한 어머니의 그 눈동자는 순간순간 내 가슴에 절절한 그리움으로 떠오른다.

백인경 1981년 도미. 버클리 문학협회 회원, 실리콘벨리 독서클럽 17년째 회원.
샌프란시스코 Garden house cafe 20년째 운영.

하늘곳 어머니 전상서

백행기

나의 어머님은 1917년 7월 15일 남평 문 씨 가문의 2남 2녀 중 장녀로 북녘 땅에서 태어나서 1992년 1월 7일 73세에 암으로 하늘나라로 소천 하셨다. 아버님을 보내신 후 3년 만에 홀연히 저희들 곁을 떠나신 어머님! 그 후 우리 자녀들은 부모님에 대한 그리움으로 살다 몇 년 후 큰딸 혜림 누님과 셋째 딸 윤림 누님도 암 투병 후 어머님 곁으로 가셨다. 어머님께서 8남매 자식 곁을 떠나신 지도 어언 26년, 살아계셨다면 101세가 되셨을 것이다.

어머님!

가만히 불러보니 보고 싶은 마음에 주체할 수 없는 눈물이 가슴을 적신다. 나는 그 후 한국의 모든 것을 정리하고 홀로 미국행 비행기에 몸을 실었다. 내가 이 먼 이국땅 미국까지 온 이유는 오로지 어머님과의 약속을 지키기 위해서였다.

자식 중에 둘째 아들인 나를 특별히 사랑하고, 아껴주시고, 의지하신 어머님이시기에 평소에도 내게 많은 이야기를 들려주셨다. 나 또한 어머님에 대한 애틋한 마음이 있어서 어머님의 삶을 보고 느끼며 남다른 효심을 키웠다. 한평생 자식 걱정 속에 사시며 단 한 번만이라도 만나면 소원이 없겠다는 두고 온 북의 가족들에 대한 절규에 가까웠던 안타까운 보고픔과 그리움은 아직도 내 귓가를 울린다.

어머님은 평범한 부모님 슬하에서 태어나 일본식 보통중학교를 졸업하셨다. 일본어를 유창하게 하셨던 어머님은 간호보조학교를 마치고 꽃다운 나이 18세에 함경북도 청진병원에서 간호사 일을 시작하셨다. 꿈 많던 간호사로 근무하던 중 만주에서 근무 중이던 아버님께서 병을 얻어 청진병원에 입원해 두 분의 첫 만남은 이루어졌다.

객지 생활을 하셨던 노총각 아버님은 자그마한 둥근 얼굴에 초롱초롱한 눈, 해맑은 백의의 천사 같은 순수한 모습의 어머님께 사랑을 느끼셨다. 형편상 결혼식도 올리지 못한 채 북에서 5명 자녀를 두셨다.

아버님은 해방이 되자 고향인 경상북도 경산군 삼북동 192번지 본가로 내려가셔서 고산면장을 하시며 남북을 오가셨다. 내가 1살이 막 지날 무렵 6.25 사변이 일어나자 어머니께서는 북에 부모형제들을 두고 남으로 내려오시며 부득이 가족과 생이별을 하셨다. 그때 어머님과 우리 다섯은 북의 가족도 곧 뒤따라오겠다는 약속을 뒤로하고 외할아버지의 안내로 38선을 넘게 되었다. 칠흑 같은 어둠 속에 38선을 무사히 넘겨주신 외할아버지와 이별하실 때 어머님은 아버지(외할아버지)를 부여안고 한없이 우셨다는데, 그때의 이별은 어머님께서 이 세상에 태어나 처음으로 느껴본 가슴 찢어지는 쓰라린 순간이셨다고 한다.

우리 가족이 무사히 남으로 내려온 후 이튿날 우연히 같은 동네에 살던 아저씨를 피난민 속에서 만나 외할아버지 소식을 접하게 되었다. 그분 말이 저희 가족을 남으로 보낸 후 북으로 다시 올라가시던 외할아버님은 국군들에게 월북자로 오인 받아 무수한 매를 맞는 고문을 받아 북으로 기어가시더라는 것이었다. 외할아버지께서 딸을 만나도 절대 자신의 모습을 전하지 말아 달라고 당부하셨단다. 하지만 그분은 할아버지께서 혹 돌아가셨으면 어쩌나 하는 염려 때문에 이야기하게 되었다고 해 어머님은 통곡하셨다며 당시를 회상하셨다. 그때 일은 평생 어머님 마음에 깊은 상처를 안고 살게 했다.

남으로 온 우리는 홀 시어머님과 사시는 아버님과 합류했는데, 아버님 생가는 큰 기와집에 방이 5개나 되어 생활은 넉넉했으나 피난민들이 워낙 많아 시댁은 항상 분주해 어머님께서는 집안일들을 도맡아 하셨다. 봉건사상이 다분한 경상도 지방의 홀시어머니는 어머님을 북한 며느리라고 얕보시고 '이북네기' 또는 화가 나면 '이북 년'이라고 부르기 일쑤였고, 가족이 식사할 때도 항상 바닥에 음식을 놓고 식사하도록 해 어린 우리는 그렇게 구박받는 어머니 모습을 보고 자랐다. 어머님은 북에 두고 온 가족을 생각하며 옆방 피난민들에게 할머니 몰래 밥도 주고 반찬도 챙겨주며 많은 정을 베푸셨지만, 그토록 애타게 기다리던 가족들 소식은 듣지 못했다.

내가 초등학교 2학년 때, 어린 나이였지만 지금도 생생하게 기억이 나는 일이 있다. 전쟁이 끝난 후 아버지께서는 심계원이란 훌륭한 직장에 검사관으로 공무원이 되어 형, 누나들과 함께 서울로 이사를 가셨고 나와 그 이후 태어난 3명의 동생이 시골에 그냥 살고 있었다. 그러던 어느 날 부엌에서 어머님이 울고 계셔서 나는 영문도 모른 채 곁에서 함께 울었다.

"행기야! 나는 평생 너와 살 거다. 그러니 공부 열심히 해 훌륭한 사람이 되어 이 에미의 한을 풀어 주어야 한다. 알겠니?"

어머님은 나를 힘껏 부둥켜안고 내 귓전에 말씀하시며 서럽게 우셨고 나는 고개를 끄덕였다. 그날 어머님은 어린 나에게 그날의 일을 말씀해 주셨다. 어머님께서 이웃 피난민들에게 주려고 밥을 평소보다 많이 했다가 할머님께 들켜서 주걱으로 뺨을 맞고 쌀을 마음대로 퍼 썼으니 '도둑년'이라며 당장 북으로 돌아가라고 호통을 치셨다고 한다. 그래서 할머니가 밉고 원망스러워 북의 가족들을 생각하며 슬피 우셨던 것이다. 지금도 어머님을 떠올리면 가장 먼저 떠오르는 모습은 가족이 그리워 슬피 우시던 모습이다.

중학교부터는 8남매 모두 서울로 유학을 보내며 어머니는 자식 뒷바라지에 여념이 없으셨다. 아버님께서 5.16 혁명 이후 공무원 생활을 퇴직한 후 한창 공부시켜야 할 8남매와 방 2칸에 생활하며 몹시 고생하셨다. 지겹도록 수제비와 국수를 먹었고 점심을 못 가지고 가는 바람에 내가 쓰러진 소식을 듣고 학교로 달려오셨던 어머니의 심정이 되고 보면 가슴이 아리다. 그럴수록 나는 어머님과의 약속을 기억하고 어머님 한을 풀어드려야 한다는 각오를 다져 중고등학교를 모두 마칠 때까지 숱한 고생과 사연 속에서도 모범생으로 선생님과 어머님께 보답하였다. 그럼에도 대학을 가기엔 어려운 형편이라 육군사관학교에 응시했으나 신체검사에 떨어진 후 외국어 대학 아랍어과에 입학하였다. 하지만 한 학기만 다니고 가정형편 상 휴학을 할 수밖에 없게 되자 어머님께서는 나를 부둥켜안고 한없이 우셨다.

가난에서 벗어나는 길은 월남전 참전이라 생각해 공수특전단 전투병에 지원해 그 사실을 듣게 된 어머님 가슴에 또 한 번 못을 박았다. 어머님은 혹독하게 추운 1969년 11월 강원도 오음리 월남전투병 훈련장까지 면회 오셨다. 혹 마지막이 될지도 모를 아들과의 밤을 함께 지새우던 어머님 그 모습과 그 말씀, 그 품을 잊지 못한다.

"행기야 나는 너와 살 거다 꼭 살아 돌아와야 한다."

어머님은 아버님께서 당신 곁을 떠나신 후, 마지막 여생을 북의 가족을 생각하면서 지내시겠다며 강원도 거진 용하리 DMZ 가까운 곳에 집을 마련해주길 원하셨다. 어머님은 그곳 가까운 자그마한 초가집에서 텃밭을 가꾸시며, 밤에는 북쪽 DMZ 쪽에서 들려오는 대남방송을 들으며 가족들에 대한 그리움을 달래셨다.

당시 나는 상공부 공무원으로 가정을 이루었지만, 배우자의 종교적 문제로 평탄한 가정을 이끌지 못해 어머님께 또다시 불효를 했으니 변명할 여지가 없다.

정상적인 가정을 못 꾸리며 방황하다 지금은 '백호 엄마'가 된 천사 같은 명순이는 어머님의 사랑을 듬뿍 받았다. 하지만, 가정정리가 안 된 상황이라 어머님 살아생전 결혼해 행복하게 사는 모습을 보여드리지 못해 지금도 죄송스러운 마음으로 살고 있다.

1991년 9월 어머님께서 위암으로 3개월 시한부판정을 받아 명순이는 하늘이 무너지는 마음이었으나, 정작 어머님께서는 병원 입원을 거부하셨다. 그리고 그동안 사시던 눈 덮인 초가집을 정리하시겠다고 하셔서 12월 한겨울 진부령고개를 어머니와 함께 넘게 되었다. 그때 핏기 없는 하얀 얼굴에 미소를 머금으시며, 유난히도 맑고 반짝이는 어머님 눈에 이슬이 맺혀있었다.

“행기야! 저 하얗게 눈 덮인 진부령 산세가 얼마나 아름다우니? 북에도 저렇게 흰 눈이 소복이 내렸겠지?”

집에 도착한 어머님은 쓰시던 유품 하나하나를 일일이 누구누구에게 주라시며, 내게는 어머님께서 가장 소중하게 쓰시던 칠순 때 사드린 금테안경을 주셨다. VCR 테이프 등은 북의 가족을 찾으면 꼭 전해주라고 간곡하게 부탁하셨다. 나는 어머님과 일일이 어머님 물건을 정리하며 꼭 그렇게 하겠다고 굳게 약속드렸고 그 이듬해 벽두에 생을 마감하셨다. 차디찬 눈 덮인 경기도 양수리 아버님 묘에 합장하고 돌아올 때 밀려오는 슬픔, 한 많은 73년 아 슬프고 허무하다!

그 후 나는 어머님과의 약속을 이루기 위해 미국에 정착해 학창시절 다졌던 태권도 실력을 바탕으로 태권도스쿨을 열었다. 몇 해 후 사랑하는 명순이도 미국에 와 결혼식도 올리고 아들 호도 낳았다. 살아계실 때 제 아들을 늘 안고 싶다고 하셨던 어머님, 훤칠한 어머니의 손자 백호는 벌써 20살 청년대학생이다.

어머님과의 약속은 드디어 이루어졌다. 2007년 북쪽 태권도 시범단이 미국 정부 초청으로 샌프란시스코에 왔을 때 만난 임원들을 통해 북의 가족들에게 소식을 전하고 편지도 왕래하다가 2010년 10월 6일간 방문초청까지 받게 됐다.

평안남도 남포에 사시는 이모 문옥분, 외삼촌 문무성, 그리고 많은 동생들과 남포에서 극적인 상봉을 한 후 2박 3일 남포호텔에서 함께 지냈다. 또 다른 동생은 평양에서 재회해 꿈에도 그리던 어머님 가족들을 다 만나고 어머님의 인고의 사연과 유품, 사진, VCR 테이프도 전해드렸다. 나도 가족들에게 줄 선물과 약간의 돈을 전했다. 마지막 날 옥분 이모님과 잠을 자며 밤새 어머님의 어릴 적 아버님과의 러브스토리 등을 생생하게 들었고 내가 몰랐던 어머님에 대한 많은 이야기를 들으며 어머님을 다시 아는 계기가 됐다. 북에 가족을 만나고 온 지도 벌써 8년이 흘렀다. 그 후 외삼촌이, 그다음에는 이모님이 하늘나라에 영면하셨다. 내가 어머님의 오랜 숙원을 이룰 수 있었던 것은 하늘에 계신 어머님 은혜와 보살핌 때문이었다고 생각한다.

어머님!

하늘나라에서 어머님께서 평생 그리고 그리던 외할아버지, 외할머니, 이모, 외삼촌 모두 만나 편히 쉬시기 바랍니다. 저는 북에 있는 혈육들과 꾸준히 연락하며 통일의 그날까지 함께 할 것을 어머님께 약속드립니다. 또한 많은 이산가족의 아픔과 한을 풀어드리기 위해 그분들의 가족을 만나고 찾는 일에도 공인으로서 사명을 다해, 세상에 필요한 빛과 소금의 역할을 다하는 어머님의 아들이 되겠습니다. 언젠가 어머님을 만날 때는 어머님께서 "수고했다. 내 아들! 장하다 내 아들! 사랑하는 내 아들 어디 보자!" 하시며 안아주실 어머님과의 하늘 재회의 꿈을 간직하고 한걸음 한 걸음 하늘 계단을 향해 올라가겠습니다.

어머님! 어머님이 나의 어머님이신 것이 행복하여 깊이 감사드리며 제가 어머님의 아들로 태어난 것이 자랑스럽습니다.

어머님! 오늘도 저는 어머님께서 즐겨 부르시던 애창곡 '황성옛터'를 부르며 어머님을 그립니다. 어머님, 사랑합니다! 저는 언제나 어머님의 애끓는 둘째 아들 행기로 이 세상 살다가 하늘 곳 어머님 만나 뵐 그날을 기다립니다.

편집자 주 : 저자의 어머니 이야기는 미국 ABC TV Good Morning America에 소개된 바 있다.

백행기 1992년도 도미. 태권도블랙벨트스쿨 관장. 태권도 및 호신술 공인 9단. 미국 태권도 고단자회 명예의 전당 수상. 북가주 이북 5도 연합회 회장. 2017년 해외유공자포상 문재인 대통령표창.

네 아버지가 살아계셨다면

이시자

1911년생이신 어머니, 살아계셨다면 98세가 되었을 것이다.

어머니는 일하는 사람을 여럿 두고 살던 지금 청와대 옆인 체부동 부잣집에서 2남 2녀의 둘째 딸로 태어나셨다. 할아버지가 깨인 분으로 여자지만 일찍 교육을 시키셔서 어머니는 숙명여고를 졸업하셨다. 정적이고 얌전하셨던 어머니의 어릴 적 꿈은 소설가였는데 주위환경 때문에 소설가의 꿈을 이루지 못한 대신 머리를 길게 딴 채 학교 농구선수를 하셨단다.

어머니를 생각하면 '비극'이라는 단어가 머리에 먼저 떠오른다.

교장선생님이셨던 아버지는 여러모로 재능이 많으셨다고 하고 피아노를 잘 치셔서 집에서는 물론 위문 공연도 다니셨다고 한다. 그런 남편을 만나 평범하게 사시던 중 내가 만 5살 때 6.25 전쟁이 일어나는 바람에 어머니의 삶은 뿌리째 흔들리셨다. 어머니 생에서 의지했던 친정어머니와 남편이 돌아가셨고, 15살이던 맏아들은 문 앞에 앉아 있다가, 그리고 남동생은 어느 국민학교로 삽 들고 나오라고 해서 나갔다 쥐도 새도 모르게 인민군 의용군으로 끌려갔다. 40여 년이 지나 맏아들과 남동생 두 분은 이북에 생존해 계신 것을 확인하긴 했지만, 사랑하던 네 분을 한 달 사이에 한꺼번에 잃으셨다.

어려움 없이 사셨던 어머니가 전쟁으로 소중했던 가족들과 생이별을 겪으며 그 후 혼자 어린 세 아이를 키우며 겪은 고통은 어린 나에게도 아픈 기억으로 남아있다. 억척스럽지도 않고 수단이 있는 것도 아닌 어머니께서 막막한 하루하루를 어찌 견디셨을까? 언니와 오빠, 나 이렇게 1남 2녀를 가르치고 먹이시느라 얼마나 힘이 드셨을까?

"네 아버지가 살아계셨다면 너희들에게 누구보다 좋은 환경을 만들어 주셨을 텐데…."

가끔 어머니는 이런 말씀을 하시면서 자녀들에게 많이 미안해하셨다.

6·25 동란 때 우리 집 건너편에 있던 경찰서가 내무서(북한 경찰서)로 바뀌었다. 거기서 여섯 살짜리였던 나만 빼고 어머니와 열세 살 된 언니, 아홉 살짜리 작은 오빠를 끌고 갔다. 혼자 남겨진 나는 꽤 오랜 시간을 깜깜한 문밖에서 춥고 무섭고 배고파 울면서 어머니와 식구들을 기다렸다. 그때 그 처절했던 느낌은 오랜 시간이 지났어도 문득문득 어제 일처럼 느껴져 그럴 때마다 가슴이 철렁해진다. 연좌제로 그 후에도 어머니는 수없이 그곳에 불려 다녀야 했다.

짧은 시간 안에 그렇게 험한 일을 겪으셨지만 내가 보는 어머니는 한마디로 '쿨' 하셨다. 학창 시절 운동을 해서인지 내가 아는 친구들 어머니와 생각이나 행동하는 것이 남다르셨다. 웃지도 않고 그렇다고 야단을 치거나 칭찬도 하지 않으셨다. 그 시절 너나없이 살기 힘드니 주위에서 흔히 들을 수 있던 욕도 한마디 모르며 너무도 이성적이셨다. 자신의 감정을 전혀 밖으로 드러내지 않으니 한 마디로 따듯한 느낌이 들지 않아 그야말로 양반 출신 서울깍쟁이라는 말이 제일 잘 어울렸다. 서울깍쟁이란 시골 사람이 서울 사람의 까다롭고 인색한 느낌을 놀림조로 이르는 말이었는데 새초롬한 말투와 더불어 차갑고 인정이 없다는 느낌이 들었다. 그런 어머니를 보는 나는 자주 숨통이 막혔고 어머니의 사랑을 느낄 수 없어, 나는 오랫동안 어머니를 친어머니가 아니라고 믿었고 다리 밑에서 주워왔는지도 모른다고 생각했다. 그런데 다행히 나처럼 언니와 오빠의 성격도 어머니와 달리 사교적이어서 그럴 때는 내가 주워온 자식이 아니라는 걸 확신하게 했다.

어머니의 슬픔은 남편과 맏아들을 일찍 여읜 것으로 끝나지 않았다.

내게는 하나뿐인 언니였고 약혼한 상태였던 29살이나 된 딸을 뜻밖의 교통사고로 앞서 보내야 했다. 너무도 가까웠던 우리 언니를 갑자기 보낸 일은 어머니만 아니라 나에게도 씻을 수 없는 상처로 남았다. 나를 끔찍이도 사랑해 준 팔방미인이었던 우리 언니!

1960년대 낮에는 직장, 밤에는 학교에 다니는 바쁜 일정 속에서도 어디서 그런 열정과 시간을 낼 수 있었는지, 임화공 씨에게 꽃꽂이를 배우고 영어 회화도 배우러 다녔다. 매 일요일이면 집안일을 하고 기독교 방송국에서 들려주는 4시간 클래식 음악을 빼놓지 않고 듣는 등, 어려운 환경에서도 매우 정적이며 동생들도 잘 챙겨준 우리 언니, 저녁마다 군고구마 혹은 군밤을 사와서 까드리며 어머니에게 그날 있었던 이야기를 조곤조곤 해드리고 본인의 발전에도 게으르지 않았던 효녀였다. 친구 사이에서도 인기가 많았던 그 언니를 보내며 우리 식구는 오래 슬픔의 늪에서 헤어나지 못했다. 그때 기억으로 나라는 사람은 언니 없이는 이 세상에 존재할 수 없다고 생각했었다. 나의 super sister & hero!

그렇게 든든하고 자랑스러운 자식을 묻은 어머니 가슴은 또 얼마나 아프셨을까? 웃는 것도 입을 조금 벌리고 소리 없이 씩 한번 웃는 게 다였던 어머니, 소리 내서 웃는 것은 물론 소리 내서 우는 것도 상상조차 안 되었던 어머니가 언니를 보내며 슬피 많이많이 우셨다. 그래서인지 어머니 하면 한 여자의 험난한 일생이 떠오르고 진짜 어머니의 삶이 소설보다 더 소설처럼 비현실적이라는 생각이 든다.

우리가 자랄 때 어머니는 특히 교육을 매우 중요시 여기셨다.

하지만 어머니는 먹이고 공부시키기 위해 사무직 일을 하시니 우리와 함께 시간을 많이 보내실 수 없었다. 항상 집에 안 계시다보니 어머니가 쉬는 날이면 나는 엄마와 같이 있고 싶어 밖에 나가 친구들과 놀지도 않았다. 1972년 내가 미국으로 유학을 떠나기로 결정하자 지지는 하시면서도 하나 남은 딸마저 보내기가 섭섭하신 지 애틋하게 바라보시던 모습이 눈에 선하다. 모든 것이 반듯하신 어머니는 법 없이도 사실 분이셨지만 살림과는 거리가 멀었다. 제사를 지낼 때도 음식을 잘 못 했고 그런 일이 어머니에게는 감당이 안 됐다. 어려서 귀하게 컸으니 집에서는 배울 기회가 없었던 것 같다.

어머니는 1980년 69살에 미국에 오셨다.

그동안 모르던 어머니를 나는 미국에서 어머니와 같이 살면서 그제야 어머니를 이해하고 알게 되었다. 남편과 아들을 잃는 6.25 전쟁의 트라우마에 딸을 일찍 떠나보내는 큰일을 겪으시며 환경이 트라우마가 되어 늘 차갑게 가라앉아 감정조차 드러낼 수 없다는 것을.

사랑을 표현할 줄 모르는 분은 얼마나 불쌍한 분인가!

대신 어머니는 미국에서 19년을 사시는 동안 내가 어머니를 사랑할 수 있는 기회를 주셨다. 나이가 든 나도 그제야 어머니의 슬픔을 조금 더 공감하며 작으나마 위로가 되고 싶어 잘해드리려 노력했다.

어머니는 원래 자기계발을 조금도 늦추지 않으시는 분이셨다. 워낙 향학열이 높으신 분이셨지만 종이에 깨알같이 단어를 써서 외우는 등 한 시도 쉬지 않으시고 영어공부를 하셨다. 한 시도 시간을 허투루 보내지 않으시며 일어 공부도 계속하셨는데 어머니 취미는 독서와 가곡 듣기였다. 88세 미수(米壽) 생신을 우리 집에서 차려드리며 좋아하시는 부추 오이깍두기를 담가드렸다. 맛있게 잡수셔서 또 담가드리겠다고 약속했는데 결국 그마저 못 드시고 돌아가셨다. 한 많고 고통스러운 일생이었지만 돌아가실 때만큼은 노환으로 고통 없이 돌아가셨으니 삶과 달리 마지막은 정말 편안한 드문 호상이었다.

돌아가시기 전에 어머니께 여쭤보았다.

"연세 드신 후에 어떨 때 자식들에게 제일 섭섭했어요?"

"대화에 끼워주지 않아 외톨이가 됐을 때지."

내가 지금 나이가 늘 만큼 들다 보니 어머니의 말씀이 빼저리게 느껴진다. 19년 전 돌아가신 후 나는 해마다 어머니 기일이면 어머니가 좋아하셨던 음식을 차려놓고 어머니가 앞에 앉아계신 것처럼 어머니와 대화를 나눈다. 살아계실 때 좀 더 따뜻하게 해드리지 못해 정말 죄송하다고 어머니를 많이 사랑한다고. 그리고 어머니의 증손자, 증손녀들의 소식을 일일이 전해드린다. 더 이상 외톨이가 되지 않도록.

이시자 1972년 도미. AT& T 정년퇴직. 실리콘 벨리 독서클럽 회원.

어머니의 하얀 손수건

김태일

1950년 6·25 동란이 발발했을 때 나는 함흥의과대학 2학년에 재학 중이었다. 8월 초순 대학 민청(민주청년동맹의 약칭)은 갑자기 전 학생들을 강단에 집합시키더니 일장 연설을 했다. 주요 내용은 '우리의 용감한 인민군은 지금 남조선의 거의 모든 지역을 해방시켜 대구와 부산을 수일 내 해방하면 우리 민족 최대의 염원인 통일 위업을 완성하는 시점에 와 있다. 이러한 정세에서 민청원들도 학업을 일시 중단하고 인민군에 입대해 조국 통일 위업에 기여해야 한다.'는 취지였고 연설 후 학생들 모두에게 인민군 자원입대를 요청했다. 그런 분위기에서 감히 반대하는 학생은 없었고 우리 모두 지원했다. 당시 전쟁 분위기는 인민군이 수일 내에 부산까지 점령해 북한 주도 통일이 눈앞에 다가온 것으로 누구나가 인식하고 있을 때였다. 의과대학생들은 후방에서 부상병을 치료해 군에는 입대시키지 않을 것으로 알았는데 뜻밖에 우리도 군에 입대하게 된 것이다.

후에 알고 보니 그때가 바로 인민군이 낙동강 전선에서 미군과 한국군의 방어전으로 악전고투해 후퇴 직전으로 전세가 인민군에게 불리하게 돌아갈 때였다. 하지만 그것을 아는 학생은 아무도 없었다. 상급생들은 대부분 인민군 군의관으로 입대하고 우리 학년 120명은 평양 인민군 제1 군관학교로 보내져 장교훈련을 받도록 되었다. 집에 연락할 틈도 없이 우리는 곧바로 군관의 인솔 하에 함흥 역에서 평양행 기차를 타려고 대기하고 있었다.

집에 연락할 수 없어 모두 안타까워하고 있는데 어떻게 아셨는지 뜻밖에 어머니가 함흥역에 나타나셨다. 아들을 보려고 오신 어머니가 속으로는 무척 반가웠지만, 불쑥 내게서 나온 말은 무뚝뚝했다. "엄마, 바쁜데 왜 여기까지 나왔소? 한두 달 안에 돌아올 텐데 뭐 힘들게 왔소? 아무 걱정 말고 집에 돌아가시오."

자식을 전쟁터로 보내는 어머니의 불안한 마음을 조금도 헤아리지 못한 미련한 자식의 퉁명스러운 말이었다. 나는 전쟁이 곧 끝날 것으로 믿고 있는 때라 늦어도 2~3개월 후엔 돌아와 학업도 계속할 것으로 믿고 있었다. 어머니는 아무 말 없이 걱정스러운 표정과 근심 어린 눈빛으로 나를 멍하니 쳐다보시다가 평소엔 감정표현을 잘 안 하시던 어머니 눈에 눈물이 고였다. 사지가 될지도 모르는 곳으로 아들을 떠나보내는 어머니 심정이었으니 오죽하셨을까? 어머니는 내 손을 꼭 잡고 이별을 아쉬워하셨지만 나는 그것이 어머니와의 영원한 이별의 순간인 줄도 모르고 어머니 심정을 헤아리지 못하는 불효를 저질렀다. 나는 그때 슬픔에 젖은 어머니 눈빛을 처음 보았고, 68년 세월이 흐른 지금도 그날 어머니의 그 눈빛을 잊을 수가 없다.

이윽고 정신을 차리신 어머니는 기차에서 배고플 때 먹으라며 인절미를 주시면서 몸조심해서 잘 다녀오라며 오는 날까지 기다리겠다고 눈물지으셨다. 이상하게도 나는 어머니의 슬픈 눈빛을 보면서도 담담하게 어머니와의 이별의 아쉬움을 조금도 느끼지 못해 태연했다. 어머니는 불길한 예감을 느끼셨는지 불안한 표정으로 나의 손을 꼭 잡고 놓지 않더니 허리춤에서 손수건을 꺼내 내 손에 쥐어주셨다.

"훈련받을 때 땀을 많이 흘릴 테니 이걸로 닦아라."

나는 그때 손수건을 어머니께 돌려주면서 나는 필요 없으니 쓰시라면서 거절했다. 그도 그럴 것이 나는 당시 손수건의 필요성을 전혀 느끼지 못했기 때문이다. 그러나 어머니는 내 손에 기어코 다시 쥐어주시면서 "나는 일 없다. 니가 더 필요할 테니 그냥 받아라."라고 하셨다. 나는 어머니의 완강한 성의를 더 이상 무정하게 뿌리칠 수 없었다.

1950년 10월 19일 오전 5시경, 미군이 평양 점령을 위해 탱크사단을 선두로 미군 최대 병력과 화력, 공군력을 총동원해 집중공격 할 때, 38선부터 후퇴하던 수천 명 인민군들이 숨을 곳 없는 평양 입구 논밭에서 대항할 틈도 없이 모두 사살됐다. 나도 당시 그 전투장 지옥 속에 있었는데 대대적인 탱크와 야포 공격이 있기 전 먼저 수십 대 전투기의 공격을 받았다. 전투기에서 저공비행을 하며 기총사격과 네이팜탄으로 맹렬한 공격을 해 후퇴하던 수천 명 인민군들은 모두 땅에 엎드려 있었다. 그사이 수많은 탱크들이 보병을 거느리고 진격해 수천 명 인민군들이 저항 한번 못하고 사살되고, 나의 의과대학 동료 120명도 나 하나만 빼고 모두 내 옆에서 사살됐다. 수많은 탄알들이 내 머리와 팔, 다리를 아슬아슬하게 스쳐지나 땅에 박히면서 우박 떨어지는 소리같이 귓전에 들렸고 정신을 차려보니 주위에 엎드렸던 사람들 모두가 전사했다. 비 오듯 퍼부은 그 수많은 탄환들은 기적적으로 나를 비껴갔고 나는 정말 구사일생으로 죽음을 면했다. 구사일생이 아니라 5천사 일생으로 기적적으로 살았다. 나는 그때 땅에 닿을 듯한 전투기와 조종사 얼굴을 얼핏 볼 수 있었는데 그 전투기가 원을 그리며 다시 내게로 기수를 돌렸다.

나는 그 순간 반사적으로 옆 경사진 개울 제방을 순식간에 10여 미터 뛰어 마침 폭탄이 터져 만들어진 웅덩이 속으로 뛰어들었다. 그 속에는 이미 병사 2명이 숨어 있어 엎드리는 순간 그 전투기가 우리를 향해 또 한 번 우박같이 기총사격을 가해 왔다. 그때 나와 함께 숨었던 2명이 사살되어 그들에게서 뿜어 나온 피로 내 얼굴과 군복도 붉은 피로 얼룩졌다. 나는 그때도 기적적으로 죽음을 면했다. 귀가 찢어질 것 같은 폭음과 수십 대 전투기의 요란한 굉음, 기총사격과 각종 포사격 폭발음으로 내 머리는 몽롱해 죽은 자들과 함께 죽은 척 엎드려 있었다. 이제는 죽을 수밖에 없는 운명이었다. 내가 숨었던 개울 제방 바로 위가 서울~평양 간 국도로 수십 대 미군 탱크와 병사들이 지나갔으나 요란한 폭음에 나는 전혀 모르고 있었다. 그때까지 탱크 위의 기관총 사수와 탱크 옆에 붙어 진군하는 흑인 병사들도 그 웅덩이 속에 숨어 있는 나를 발견하지 못했다.

머리를 들어 밖을 내다보니 바로 내 위 국도에 수십 대의 미군 탱크들이 줄지어 가고 있었다. 내가 당황하는 순간 탱크 옆에서 따라가던 한 흑인 병사가 나를 발견하고 나에게 총격을 가해 나는 잽싸게 머리를 움츠려 총격을 모면했다. 그러자 여러 흑인 병사들이 나를 집중사격 했으나 내가 숨은 웅덩이 반대편 흙벽에 계속 꽂혔다. 그 환경에서 살 수 있는 길은 오직 하나, 포로가 되는 길밖엔 없었다. 나는 바로 그 순간 어머니가 주신 손수건이

번개같이 떠올랐다. 나는 손수건을 다발총구 끝에 매달면서 살기 위해 항복해야 한다고 생각은 했지만, 막상 결행하려니 망설여졌다. 총탄이 빗발처럼 날아오는데 내가 무사히 항복할 수 있을까? 항복하면 그들은 살려줄까? 하지만 오랜 시간을 지체할 수 없었다. 그들이 수류탄을 던지면 끝장이었다. 군인으로 비겁한 행동인 것은 알았지만 순간 살아야겠다는 생각에 총구에 매단 어머니의 손수건 백기를 밖으로 내밀어 흔들었다. 그러자 곧 총격이 멎었다.

총격이 멎어 밖으로 얼굴을 내밀어 보니 탱크는 나 때문에 그 자리에 멈춰 있었고 흑인 병사 5~6명이 나를 보며 나오라고 손짓했다. 당시 미군은 백인과 흑인부대가 분리되어 평양진격 탱크 옆에 줄지어 진군하는 최전방 선발대 병사들은 모두 흑인들이었다. 나는 죽을 각오로 웅덩이에서 뛰어나오며 항복의 신호인 손을 머리 위에 얹는 것도 잊어버렸다. 그러자 탱크 위 기관총 사수의 총구가 내게 돌려지는 순간 나는 본능적으로 재빨리 다시 웅덩이 속으로 뛰어 들어갔다. 내가 자기들을 공격하는 줄 착각했는지 총탄이 웅덩이 반대편 흙벽에 계속 꽂혔다. 나는 즉시 백기를 전보다 더 세차게 흔들자 총격은 즉각 멈췄다. 그리고 밖을 내다보니 이번엔 7~8명의 흑인 병사들이 나오라고 손짓해 다시 뛰어나갔다. 그들은 내게 손을 머리 위로 번쩍 올리라는 손짓을 해 나는 그대로 따라 했다. 그들과의 거리는 불과 15미터, 후에 알고 보니 그중 한 총탄이 나의 왼쪽 허벅지를 스쳐 피가 흐르고 있었다.

나를 겨냥하고 있던 그 부챗살같이 많은 총구에서 한사람이라도 방아쇠를 당겼다면 나는 그때 이미 이 세상 사람이 아니었을 것이다. 그렇게 나는 처절한 현장에서 오직 나 혼자만 살았다. 그들은 나를 살리려고 손 신호까지 알려주는 호의를 보이면서 나를 죽이지 않았다. 어머님의 사랑이 배어 있는 그 손수건이 치열한 전투장 생사의 갈림길에서 내 생명을 구하는 운명의 손수건이 될 줄이야!

나는 두 손을 머리 위에 얹고 개울 제방을 올라가면서 동급생들이 함께 엎드렸던 곳을 힐끗 쳐다보았다. 나는 지옥 같은 경악할 광경을 보고 눈앞이 캄캄했고 머릿속은 텅 비었다. 불과 몇 분 전까지만 해도 함께 있던 이들이 생과 사의 갈림길에서 영원히 다시 볼 수 없는 사이가 되었다. 삶과 죽음은 순간이며 종이 한 장 차이였다.

68년 동안 아득히 잊고 살았던 지옥 같은 죽음의 현장을, 새삼스럽게 다시 떠올리고 보니 아찔한 전율이 다시금 느껴진다. 내가 살아서 지금 이 글을 쓰고 있다는 사실이 신기하고 기적중의 기적이다. 나는 세 번에 걸친 나를 겨냥한 총구 탄환을 천운으로 죽음 일보 직전에 모면해 불가사의 한 기적으로 살아남았다. 내가 피한 것이 아니라 무수한 탄환들이 나를 피해 살려준 것이다. 그것은 분명 그 어떤 깊은 뜻이 있을 것이다. 하늘이 나를 보살펴 지난 68년이란 긴 세월을 생의 보너스로 덤 인생을 살게 한 것을 매일 감사하며 살고 있다.

나는 수천 명 젊은 청년들이 피어보지도 못하고 처참하게 죽어가는 지옥 같은 대학살 현장을 직접 목격하고 체험했다. 나의 동기생 120명 중 나 외에 전원이 전사했고 수천 명 전사자 중 살아남은 사람은 불과 포로가 된 10명뿐이었다. 나는 한동안 전사한 동기생들에게 죄스럽고 미안해 지독한 가슴앓이를 했다. 나 혼자의 삶이 조금도 기쁘지 않았고 그들의 명복을 충심으로 빌며 그때부터 나는 그 어떠한 전쟁도 반대하는 전쟁 반대론자가 되었다.

세월이 흐른 뒤에 생각해 보니, 내가 그 아수라장에서 살아난 것은 반드시 하늘의 뜻이 있을 것이라고 생각되었다. 전쟁의 비참과 포로 생활의 쓰라린 경험을 한국전쟁 역사에 남겨 후세 사람들에게 알려 주고 다시는 비참한 동족 간 전쟁이 없게 하는데, 적은 힘이나마 일조하라는 메시지로 생각되었다. 그리하여 수년 전 두 권의 영문판『Lonesome Hero』와『Memoir of Korean War POW』그리고 한글판『한국전쟁과 거제도 포로수용소 비사』를 미국과 한국에서 출판해 한국 전쟁사를 기록으로 남겼다.

어머님!

어머님의 이 아들에 대한 진실한 사랑이 저를 죽음에서 살려 주셨습니다. 어머니는 저를 두 번 낳아 주셨습니다. 2~3개월 후엔 반드시 집에 다시 돌아오겠다고 약속하고 그저 가벼운 마음으로 어머님과 헤어졌는데 그것이 어머니와의 영원한 이별이 될 줄은 꿈에도 몰랐습니다. 우리가 함흥역에서 나눈 그 짧은 인사가 어머니와의 영원한 마지막 대화가 될 줄은 저는 정말 몰랐고 그 순간부터 나는 부모님께 영원한 불효자식이 되었습니다. 어머님, 이 불효한 아들을 용서해 주세요!

나는 지금도 나를 그렇게 남달리 사랑해 주신 부모님께 평생 효도 한번 못해 보고 불효자가 된 것을 원통하게 생각하며 죄책감으로 가슴 아파하며 살고 있다.

'자식이 부모의 은공을 알고 효도하려고 할 때는 부모님은 이미 돌아가시고 이 세상에 없다.'라는 옛말이 바로 나를 두고 하는 말이었다. 부모가 제일 사랑했던 자식이 후에 제일 불효자식이 된다는 옛말도 바로 나를 두고 하는 말이었다. 그때 그 이별이 마지막인 줄 알았더라면 어머님을 좀 더 따뜻하게 대해 드리고, 어머니와 함께 진심으로 이별의 슬픔을 함께 나누고 어머니 눈물을 내 손으로 닦아 드렸을 것을…. 그 후 나는 그 불효의 순간을 수없이 되감아 보며 한없는 후회와 자책의 나날을 보냈다. 나의 사망통지서를 받은 부모님은 얼마나 슬프고 괴로웠을까? 그래도 끝까지 어머님은 사망통지서를 믿지 않으시고 나의 막내 누이동생에게 항상 "네 오빠는 살아 있다."고 하셨다고 한다. 그러나 어머니는 돌아가시기 10일 전 그 누이동생에게 "인제 너의 오빠는 이 세상에 없다."고 힘없이 말씀하시며 돌아가셨다니, 이 못난 불효자식의 약속을 철석같이 믿고 평생 눈물 속에 기다리다 가신 불쌍한 나의 어머님! 이제는 볼 수도 목소리도 들을 수 없는 사랑하는 나의 어머님! 어머님의 그 눈물이 68년 동안 나를 울립니다.

아! 사랑하는 나의 어머니 저 하늘 세상에서 고이 편히 잠드소서!

나의 어머니

세상에서 제일 고운 나의 어머니
보아도 보아도 또 보고 싶어요
어머니 두 손은 몹시 거칠어도
만져도 만져도 또 만지고 싶어요
난 어머니가 이 세상에서 제일 좋아요

어머니는 소고기 드실 줄 모르는 줄 알았어요
어머니는 말없이 일만 하시는 분인 줄 알았어요
어머니 속을 썩여도 되는 줄 알았어요
긴 세월 치마폭에 온갖 설움 남몰래 안고
어머니 눈가에 깊이 새겨진 주름
어머니의 그 설움이 지금 나를 울립니다

어머니, 보고 싶은 나의 어머니
더 늙지 마시라, 나의 어머니여
세월아, 그 자리에 멈춰라
어머니에게 흐르는 빠른 세월
모두 내게 달라고 하늘에 빌었건만

야속한 세월은 나를 속였다

전쟁은 곧 끝나요 3개월 안에
그때는 어머니께 꼭 돌아 오겠다고 약속한 이 자식
부모에게 효도 한번 못해 본 이 불효자식
엎드려 눈물로 용서를 빕니다

어머니 찾아가는 아득한 하늘 길이
아무리 멀다 해도 난 기어코 찾아 갈게요

김태일 1975 년도 도미. 미군 통역관/수사관, 미국 증권업 종사
저서 『Lonesome Hero』『Memoir of Korean War POW』『한국전쟁과 거제도 포로수용소 비사』

다 함께 죽자!

이흥구

6.25 사변이 일어났을 때 나는 국민학교 1학년이었다.

서울 서대문구 현저동에서 부모님과 단란하게 살던 우리 식구들이 당했던 어려움은 지금 생각해도 눈물겹다. 사변이 난 그해 9월, 아버지는 인민군을 폭격하는 미군 비행기의 폭탄 파편에 숨지셨다. 식구들을 먼저 산으로 가라고 올려보내신 후 폭격으로 온 동네가 불바다가 되어 불타 없어지는 집을 못내 아쉬워 바라보시다가 운명하셨다. 당시 형님 두 분은 군에 입대해 조국을 위해 전쟁터로 떠나자 어머니는 바로 위의 형과 나를 경기도 여주에 있는 외삼촌 집에 맡기고 누나 둘과 함께 피난을 가셨다. 물론 형과 나도 외삼촌의 가족과 함께 피난을 갔다가 돌아왔다.

어머니와 누나의 생사를 모르는 채 나날을 보내던 어느 날, 어머니는 큰 누나를 아는 집에 식모로 남겨놓고 작은 누나와 함께 외삼촌네 집으로 우리를 찾아오셨다. 누구나 끼니가 어려운 때인지라 외삼촌께서 주신 조그만 방에 얹혀사는 우리 식구는 살길이 막연했다. 생활력이 무척 강한 어머님이셨지만 당시 상황이 어찌할 수 없었던지라 마지막 선택을 하시고자 한 것 같다. "다 함께 죽자!"고.

어느 따뜻한 봄날, 어머님이 그날따라 흰 옷을 입으시더니 부엌일이나 심부름을 할 수 있는 나이에 있는 누나는 외삼촌 집에 남겨두고, 형과 나에게 한강으로 가자고 하셨다. 어린 우리들은 한강으로 놀러가는 것으로 알고 기쁘게 따라나섰다. 그러나 눈앞에 시퍼런 물이 흐르는 가파른 낭떠러지 위로 난 길에 도착하자 어머님 표정이 매우 심각해지더니 우리들을 앉혀 놓고, 허리끈을 풀어 우리를 꼭 잡아 묶으려 하셨다. "이렇게 힘들게 사느니 우리 다 함께 죽자!" 하시면서.

그리고 우리를 안고 한강으로 뛰어내리려 하셨는데 형과 나는 "안 돼요! 죽고 싶지 않아

요!"라고 소리 지르면서 어머니의 손을 꼭 잡고 엉엉 울다가 있는 힘을 다해서 어머니 손을 뿌리치고 도망쳤다. 우리 형제는 도망치면서 울고, 어머니도 도망가는 우리 뒤를 힘없이 따라오시면서 눈물을 훔치셨다.

서울이 수복된 후에 이미 불로 폐허가 된 집으로 돌아오신 어머님은 광주리를 이는 행상과 시장에 나가 장사도 하시고 밤낮없이 막일을 하시면서 우리를 먹이셨다. 어린 우리도 어머니를 돕느라 야채도 팔고, 찐 고구마며 떡, 심지어는 빈대떡을 부쳐 팔기도 했다. 하지만 그렇게 노력했어도 김장철에는 김장할 돈이 없어서, 어두운 밤 사람이 없을 때 시장에 가서 언 손을 불어가며 김장 쓰레기 더미를 뒤져 모은 것을 소금에 절여 먹었다. 우리가 살던 동네에는 고물상이 있어서 엿을 파는 분들이 많이 모여 살았다. 그래서 어머니는 그분들을 상대로 밥장사를 하면 밥은 굶지 않는다고 하시면서 밥장사도 해보셨다. 그러나 고생은 고생대로 하고 돈을 벌지도 못하신 채로 접으셨다. 그 이유 중의 하나는 그분들의 배고픔을 아시고 이윤을 생각하지 않고 푸짐한 음식으로 섬기셨기 때문이다. 어머님의 말씀대로 그때 밥을 굶지는 않았다.

우리는 수복 후 서울로 돌아왔지만 머물 곳이 없어서 우리가 살던 집의 건너편 동네에 불타지 않은 빈집에 들어가서 살았다. 그러나 어느 날 집주인이 돌아와 갈 곳이 없었다. 그래서 우리는 식구 모두 힘을 모아 불탄 집터에 땅을 파서 잘 곳을 마련하고, 그 위에 미군이 먹는 씨레이션 박스를 구해다 지붕을 만든 지하 움막에서 두 해 정도 살았다. 그러다 우리가 살던 집터가 넓어서 엿 만드는 공장에 세를 주어 받은 돈과 전세든 분의 돈을 모아 남은 터에 작은 집을 지었다.

내가 11살 정도 되었을 때 일이다. 다른 방은 세를 주고 우리 식구는 단칸방에서 살았을 때였다. 밤에 자다가 이상한 냄새가 나서 눈을 떠보니, 어머니가 희미한 등잔불을 켜고 돌아앉으셔서 무엇인가를 하고 계셨다. 궁금해 가까이 가 보니, 어머니께서 한쪽 유방에 마른 쑥으로 뜸을 뜨고 계셨다. 내가 그 이유를 여쭤보니 유방의 한 부분이 딱딱해지고 있다고 하셨다. 어머니는 그 부분을 마른 쑥으로 매일 밤마다 태우고 또 태우셨다. 나중에는 어머니 엄지손가락 하나가 들어갈 만큼 휑한 구멍이 뻥 뚫려 불에 지져 빨건 살이 보이는데도 계속 태우며 뿌리를 뽑아야 한다고 하셨다. 아마도 유방암이 아니었을까 짐작된다. 맨살에 불을 놓으면서까지 낫고자 하시는 어머니의 집념은 대단하셔서 드디어 딱딱했던 부분이 다 타서 없어졌다. 뻥 뚫린 상처에는 선인장을 짓이겨 바르셨다. 어머니께서는 그렇게 약 삼 년을 하셔서 드디어 그곳에 부드러운 새 살이 돋았나. “나 함께 죽자!”고 하셨던 어머니께서 “다 함께 살자!”로 방향을 바꾸시고 뼛속까지 저릴 만큼 괴로운 고통의 기나긴 날들을 감내해 내셨다.

여러 해가 지나 내가 중학교 시절에 어머님은 그리스도인이 되셨다. 부흥회를 통해 예수님을 만난 어머님은 시장 바닥에 좌판을 깔아놓으시고 장사를 해서 번 돈 가운데 가장 새 돈을 모아 십일조를 드리셨다. 그리고 남은 것으로 양식을 사시며 어머님은 주님에 대한 산 믿음을 몸소 실천하셨다. 어머님 홀로 자녀들 돌보기가 얼마나 힘드셨을까! 그래도 어머니는 한 번도 우리를 고아원에 보낼 생각을 안 하신 것 같다. 그런 운을 띈 적도 없으시다. 배운 것도 가진 것도 없이 아이들을 키우며 어머님은 얼마나 많은 한계를 경험하셨을까? 얼마나 많은 밤을 하얗게 지새우셨을까 고생하시면서도 우리를 버리지 않고 키워주신 어머님의 은혜가 고마워서 어머니를 생각하며 2002년 5월 한 편의 시를 썼다. 작곡가 고 권길상 장로님께서 곡을 붙여주신 곡으로 요즘은 여러 교회에서 어머니 주일이면 자주 부르는 곡으로 사랑받게 됐다. 2절 가운데 한 소절인 ‘패인 가슴 쓰라린 상처’라는 표현이 바로 어머님이 불로 유방의 딱딱한 부분을 태우시던 모습을 담은 것이다. 어머님은 만 96세까지 건강하게 사셨고, 편안히 주님의 품에 안기셨다.

어머니처럼

가진 생명 모두 아낌없이 주시고 / 땀과 눈물로 자라게 하신 어머니
고우셨던 손 돌보시느라 간 곳 없고 / 야위신 손을 애써 감추시던 어머니
그 두 손 모아 기도하심 내 안에 심겨 자라나 / 주의 사람 되어 순종하며 삽니다.
내게 오늘 있음은 하나님의 은혜니 / 험한 세상 살아갈 때 믿음으로 살리라
(후렴) 어머니처럼, 어머니처럼, 어머니처럼 살리라!
어머니처럼, 어머니처럼, 어머니처럼 살리라!

반항하며 홀로 이리저리 다닐 때 / 하나님께 도우심 구한 어머니
패인 가슴 쓰라린 상처 아파도 웃으시며 / 차가운 마음 따뜻이 녹여 주시던 어머니
그 고생 수고 넘은 의지 내 안에 심겨 자라나 / 주의 말씀 따라 제자 되어 삽니다.
내게 오늘 있음은 하나님의 은혜니 / 흑암 절망 다가와도 소망 안에 살리라

갈 길 몰라 그저 허송세월 보낼 때 / 가슴 태우며 타일러 주신 어머니
생명 바쳐 키우시느라 삭아지고 / 낮아지신 모습 오히려 기뻐하시던 어머니
그 바다같이 넓은 사랑 내 안에 심겨 자라나 / 주의 크신 사랑 배우면서 삽니다.
내게 오늘 있음은 하나님의 은혜니 / 고난 시련 속에서도 사랑하며 살리라

이흥구 1980년 도미. 은퇴 목사. 찬송 시인. Church Health Academy 대표. 『그리스도인의 결혼 청사진』 『주여! 나의 생명을』 (찬송시집). 『내 잔이 넘치나이다!』(찬송집) 외 다수.

100세이신 울 어머니

장 스텔라

경기도 화성에는 매년 특별한 행사가 있다. 조선왕조 제22대 임금인 정조가 자신의 어머니 혜경궁 홍씨를 위해 벌였던 환갑잔치를 재현하는 정조 '효' 문화제 축제행사다.

혜경궁 홍씨 집안의 4대손인 어머니는 혜경궁 홍씨의 풍산 홍씨 가문 자손으로 어머니 집안은 영의정 판서 등 벼슬을 거치며 내가 어렸을 때도 종종 양반 중 양반이란 말을 들었었다. 어머니는 세자 비에 간택될만한 서열로 왕조의 몰락과 더불어 외할아버지의 염려는 사라졌지만, 몰락한 양반은 가난 속에서도 예의범절 집안 법도를 호되게 익히며 어린 시절을 보내셨다. 어머니의 일생을 돌아보면 어려운 시대에 희생과 비극을 자신의 운명으로 여기며 살 수밖에 없었던 것 같다. 모시 치마저고리에 쪽을 단정하게 지셨던 외할머니를 생각하면 그 법도를 지키려 했던 양반이 무엇인지 여름날의 모시처럼 서늘하기도 하다.

어머니는 1918년생이시니 올해로 만 100세 한국식 셈으로는 101세다. 꼬박 한 세기를 사시는 어머님의 본명은 홍승곤(홍전자)이시다. 누가 연세를 물으면 "오래 살았지요. 벌써 80이 넘었으니…." 하시며 한숨도 쉬시고 혀도 찬다. 나이가 드시는 게 억울한지 80세 이후는 기억에 없으시다. 우리 한 세기의 역사 그대로 격동의 시대를 한 많고 슬픈 인생으로 사셨다.

일제 치하에 낙향하신 외할아버지는 군수를 지내시다 나라 잃은 슬픔에 비통해하시다 애통하게도 자결하셨다고 한다. 어머니는 할아버지의 3년 상을 지내시느라 9살에나 학교에 들어갔다고 한다. 도지사의 추천을 받아야 응시할 수 있던 경성 여자사범 심상과를 나오시고 잠깐 교편을 잡았을 때 법학도인 아버지를 만나 혼인하셨다.

자수성가하신 친할아버지는 신용 하나로 사업에 성공하신 분으로 자녀들 교육과 가풍을 제대로 세우기 위해 양반 집안 규수를 원하셨단다. 시누이가 8명인 층층시하의 시집살이가

시작되고 새신랑은 고등고시 준비로 정신이 없는 가운데 새색시로 새 인생을 시작하신 것이다. 그 후 아버지가 바로 고시에 합격하고 맏아들을 낳으면서 며느리 잘 들어왔다는 칭송을 받아 행복한 가정을 꾸미셨단다.

종일 중노동의 고된 시집살이였지만 기지와 낭만이 넘치는 신랑이 위기에서 탈출을 시켜주곤 했단다. 아버지는 판사셨으나 바이올린을 꽤 잘하는 음악도로, 가끔 시집살이에서 헤어나지 못하는 아내를 바이올린 음정을 맞춰달라는 구실을 붙여 불러내 해방시켜 주곤 했단다. 그러나 그 달콤함도 잠시. 6.25 사변이 터지면서 당시 고등법원 판사였던 나의 아버지가 북으로 납치되셨다. 33세라는 젊은 나이에 세 아이를 책임지게 된 혼자 남은 엄마는 또 다른 운명에 휘감긴다.

그 후 2남 1녀 세 아이들을 키우며 70년 가까이 혼자 사셨다. 물론 할아버지의 경제적인 뒷받침으로 우리 모두 대학까지 공부할 수 있었지만, 할아버지의 비서실장 겸 호된 시어머니의 시집살이를 감수해야 했던 어머니의 고통과 희생은 어디서 보상받을까? 어머니의 청춘은 어디서 어떻게 무엇으로 대신할 수 있을까?

대부분 여성들이 그렇듯이 신혼에서 깨어나고 막 분가해 자리가 잡혀가면서 잠깐씩 외롭고 허무한 시기가 있을법한 그때, 지나가는 수녀님을 집안으로 모셨단다. 그 후 가톨릭 교리를 열심히 배우게 되고 신자가 되면서 어머니의 인생은 새롭게 태어나셨고 지금까지 신앙생활을 하신다. 어머니의 자녀 중 그 누구도 어머니만한 신앙심이 있는 사람은 없는 것 같다.

홀어머니에게 자식은 자신의 생명 그 자체이다. 그중에도 큰아들은 더욱 각별하다. 남편이고 자식이며 친구이고 동료이다. 그 생명 같은 아들, 자신보다 더 사랑할 것 같은 아들이 사고로 먼저 세상을 떠났다. 아이러니한 것은 뇌사상태의 큰오빠를 어머님 생신에 보낼 수 없어 다음날인 6월 25일, 즉 어머님이 가장 잊고 싶고 싫어하시는 6.25날에 보내드렸다.

어머니는 어려운 중에도 우리들이 하고 싶은 전공을 택하게 하셨다.

큰 오빠만 법대 가고 싶은 것을 의대로 바꾸게 해서 엄마가 바라는 의사를 만드셨지만 작은 오빠는 미대, 나는 음대로 생활에 보탬이 별로 되지 않는 전공을 그대로 하도록 지지해 주셨다. 두 오빠들 보다 여러 가지로 모자란 내게는 마음대로 해보라고 자유를 더 주셨고 결혼 전 유학도 허락하셨다. 오빠들이 한국을 떠나고도 어머니는 혼자라도 한국에 계시겠다고 했는데 내가 외국 생활이 길어지면서 나를 시집보내야 한다고 드디어 이민을 결심하시고 미국에 오셨다.

Thursday, June 28, 2018 사람사람들 한국일보 A13

홍전자씨 100세 축하연

성마이클 성당에서 열려

100세 생신을 맞은 홍전자 할머님<사진>의 생신 잔치가 6월24일 샌프란시스코 성 마이클 한인 천주교회에서 많은 신자들의 축하 속에 열렸다.

이날 주일 교중미사 후 본당 친교실에서 열린 100세 축하 생신 잔치에는 전 신자들을 비롯한 가족과 친지들이 함께 모여 홍전자 할머님의 장수를 축하하면서 건강한 삶을 기원했다. 1918년 충북에서 출생한 홍전자 할머님은 본보 음악과 삶 칼럼니스트 장스텔라씨 등 슬하에 2남 1녀를 두고 있다.

혜명공 홍씨 후손인 홍전자 할머님은 6.25때 서울고등법원 판사였던 남편 박용선씨가 납북돼 지금까지 생사를 확인하지 못한 채 자녀 3명을 모두 서울대학교를 졸업시켰다.

독실한 카톨릭 신자로 신앙생활을 해온 홍 할머님은 큰아들은 신경전문의로, 작은 아들은 미술가로 키워냈고 딸인 장스텔라씨는 성 마이클 한인교회 성가대 지휘자로 봉사하고 있다.

100세 축하연에서 홍전자 할머님이 가족들과 성 마이클 한인성당 김정곤 신부와 함께 생신 축하케익을 커팅하고 있다.

이날 홍전자 할머님은 '축하해주신 모든 분께 감사한다'고 말하고 '모두 건강하시라'고 말해 큰 박수를 받았다.

<규리기자><자료협조 정지원씨>

어머니는 지금 40여 년을 미국에 사시며 외국 땅에서 한 많은 삶의 마지막 챕터를 쓰고 계신다. 아직 심하시진 않아도 치매기도 좀 있으신데 가끔 옛 기억이 반짝거리실 때면 우리 어릴 적 얘기는 물론 본인의 어릴 적 이야기를 생생하게 들려주신다. 그중 하나가 이조 마지막 왕 순종의 장례식에 길에 나온 모든 시민들과 함께 길에다 옷을 깔고 읍소하며 땅을 치고 울며 애통해했던 장면이다. 또 하나의 기억은 외조부가 묵화를 치시면 묵을 가시게끔 물주전자를 들고 있고 한탄의 시를 쓰시면 곧바로 태우시는데 풍로의 불을 홀홀 불어 불을 붙이도록 아버지의 시중을 들었다고 한다.

행복한 순간들도 몇 가지 있는데 그중에서 제일 자주 하시는 이야기는 처음 아버지와 선보던 장면을 아주 디테일하게 설명하신다. 또 신혼여행 가셔서의 상황과 당시의 이야기인데, 하실 때마다 새색시의 부끄럽고 행복한 미소가 환히 번진다. 그 순간의 어머니 얼굴이 너무 아름답다. 올 6월에 어머니의 100세 잔치가 있었다. 언제가 되던 어머니의 마지막 기억이 그때의 행복한 순간을 가슴과 눈에 담고 밝게 가셨으면 좋겠다.

장 스텔라 1972년 도미. 1975년 도불. 서울 음대. 파리 유학. 산타클라라 유니버시티 졸업
성 마이클성당 지휘자. SF 중앙일보, 한국일보 음악 칼럼니스트

아버지의 멍에를 지고

조상희

1남 2녀의 맏딸로 태어난 내가 5살이던 때, 아버지는 다시는 만날 수 없는 곳으로 떠나가셨다. 바로 아래 여동생은 세 살이고 막내 남동생은 막 백일을 지난 갓난아이였다. 아버지는 쪽지 한 장 남기지 않고 어머니와 철부지 삼남매를 남겨둔 채 영영 어디로 가신 걸까?

어머님은 온갖 풍상을 다 견디시고 1980년 미국으로 떠나오실 때, 수십 년 서류상 배우자였던 아버지와의 결혼 관계를 매듭짓고 호적을 정리하셨다. 정신적인 의지마저 내려놓으신 탓일까, 어머님은 한참을 슬피 우셨다.

사회주의 사상에 빠져있던 진취적이던 동생과 달리 선생님 그리고 공무원으로 만족하며 사는 줄 알았던 아버지, 왜 우리 모두를 이념이라는 괴물과 맞바꾸고 동생을 따라 북으로 가셨을까? 월북자 아버지를 둔 가족들이 져야 할 서슬 퍼런 연좌제라는 굴레를 상상이나 하셨을까? 장남과 둘째 아들을 한꺼번에 잃어버린 할아버지와 할머니의 남은 삶은 또 어떻게 하라고.

아버지가 떠나신 후 관사에 살던 우리 식구는 그대로 쫓겨나 어머니와 우리 삼 남매는 외롭고 어두운 고생길에 들어섰다. 성공회 초대 신부였던 큰 아버님을 돕고 있던 어머니는 딸을 꼭 달라는 시어머니의 청탁을 받아들인 부모님의 허락을 받아 늦은 나이에 아버지와 결혼을 하시게 되었다. 아버지 집안은 괜찮았다지만 홀로 남겨진 어머니는 우리들과 살길을 찾아야 했다. 생활력이나 악착같은 구석이라고는 전혀 없던 천생 여자였던 어머니는 큰 이모의 주선으로 서대문에서 양품점을 열며 험난한 사회에 어렵게 발을 디뎠다.

당시 내 기억의 한 조각은 새로 나온 나일론 양말이 너무 신고 싶어 어머니께 매일 졸랐던 일이다. 어머니는 그때마다 가타부타 대답 없이 총채를 들고 세차게 애꿎은 양말들을

털었다. 하루는 그 바람에 위에 매달렸던 카바이드 불을 쳐서 양말들에 불이 붙어버렸다. 그때 엉덩이를 맞았던 것도 같고 아닌 것도 같고…. 그 기억이 가물가물하다.

집안의 맏딸로 태어난 나는 고모들과 이모들의 사랑과 관심을 많이 받았다. 어머니가 일을 하시니 친척 언니가 우리를 봐 주었는데 훗날 그 언니의 말을 들어보면 나는 어려서부터 할 말은 하고 고집도 세었다고 한다.

하루는 듣자니 이모가 어머니를 구둣방 하는 아저씨에게 시집보내는 이야기를 하고 있었다. 나는 바로 다락으로 올라가 무려 이틀이나 안 내려오고 버텼단다.

내가 어릴 때 어머님은 툭하면 서대문 경찰서로 불려갔다. 남편이 언제 다녀가지 않았느냐는 추궁을 받고 오는 날이면 어머니는 초주검이 됐고, 얼굴도 기억나지 않는 아버지 때문에 우리는 그렇게 피해에 시달렸다. 막내였던 어머니가 외할머니를 모시고 살았는데 음식을 잘못 잡수셔서 갑자기 돌아가셨다. 그나마 의지가 되었을 어머니마저 보내고 슬픔이 얼마나 크셨는지 나도 어머니 서러움에 덩달아 몹시 울었다.

"있나?"

그 시절 어머니와 내가 가장 무서워했던 것은 꼭두새벽부터 대문을 밀고 들어오며 냉혹하게 부르는 일수 할머니 목소리였다. 그 소리가 들리는 새벽마다 내 가슴은 벌렁벌렁했으니 어머니야 오죽했으랴! 그러면 어머니는 "제가 갖다 드릴게요. 제가 갖다 드릴게요." 하면서 돼지 같은 할머니에게 통사정을 하곤 했다. 그즈음 나는 이름 모를 병을 앓았는데 사람들은 전염병이라고 나를 어머니 가게 뒷방에 격리시켜놓고 그 앞에 새끼줄까지 쳐놓았다. 병원에 가보니 전염병이 아니라고 해서 치료받고 국민학교를 졸업했지만, 그때 애태웠을 어머니의 눈물과 한숨 소리를 생각하면 내 가슴에도 서늘한 바람이 인다.

어머님이 일하시는 가게 앞 전차 정류장에서 교통사고가 났을 때였다. 학교에서 돌아와 보니 어머님이 전차 앞에서 누운 채 기자들이 시키는 대로 전차에 치이는 장면을 재연하고 있었다. 돈 되는 일이라 하셨을 텐데 내가 보지 않은 곳에서는 얼마나 더 고통스러운 일을 하셨을까? 어머니를 생각하면 궁한 살림과 함께 원피스 두 개가 떠오른다. 국민학교 졸업식장에서 단 위에 오를 딸을 위해 조카에게 빌려 오신 초록색 원피스!

기성회비인가를 안 가져가면 손바닥을 맞으니 징징거리며 부엌문 앞에서 버티던 나에게, 한 바가지 물을 냅다 끼얹었던 어머니! 그날 나는 서대문에서 학교가 있는 광화문까지 온몸이 젖은 채로 걸었다. 그때 내 몸에 달라붙었던 예쁜 구제품 하늘색 원피스!

학비가 싸다고 중학교는 공립에 들어가 가정교사로 돈을 벌었고, 고등학교는 미국에 가 있는 고모가 주선해 준 미리엄 할머니의 양녀가 되어 미국에서 보내온 등록금으로 학교를 다닐 수 있었다. 대학교 3학년 때 어렵게 대한항공에 입사해 승무원 일을 막 시작하던 때였다. 하루는 아침에 상사가 부르더니 섭섭하고 미안하지만 어쩌겠느냐며 사실상 해고를 통보했다. 이유인즉슨 최근 간첩들이 비행기 안 쓰레기통을 통해 접선한다는 정보가 있어서라고 이해하라며 미안하다고 했다. 강제해임이었고 연좌제 때문이었다. 해방 후 혼란기와 6.25를 거치면서 가족이나 배우자의 사상 때문에 감시를 받고 각종 불이익에 시달려야 했던 '연좌제', 아버지는 그렇게 우리 삶 속에 오롯이 새겨진 문신 같았다.

내 눈에는 더없이 예뻤던 자그마하고 조용했던 어머니, 어머니는 훗날 지금은 저세상 사람이 된 둘째 딸이 사는 미국 오클랜드로 오셔서 동생네 두 손자를 정성껏 돌보셨다. 우리 가족이 미국에 들어와 어머니와 다시 만났을 때, 남편은 특별히 장모님을 살갑게 대했다. 어머니가 일찍 돌아가셨던 탓에 전에 느끼지 못한 모성애를 느끼는 것 같았다. 사업을 잘했던 남편은 게가 맛있는 시절이면 샌프란시스코에서 양동이 가득 게를 사서 어머니가 사시는 노인 아파트로 가서 노인들께 나눠드려 인기가 있었다. 여행도 많이 시켜드려 말년을 잘 지내시며 사위에게 많이 고마워하고 자랑스러워하셨다. 때론 남편과 의견이 안 맞으면 밉다가도 어머니께 성심껏 잘하는 모습을 보면 사르르 풀리곤 했다. 고마웠다.

말년에 몸이 불편하다 돌아가신 어머니를 생각하면 마음이 아프다. 여동생이 크게 교통사고가 났을 때 차 안에서 손자를 보호하려고 애를 꼭 안고 넘어지셔서 허리와 다리가 많이 아프셨다. 어머니의 마지막을 미리 알았더라면 얼마나 좋았을까 하는 아쉬움을 남긴 채 혈관 관련 질병으로 72세에 어머님이 돌아가셨다. 준비되지 않은 갑작스런 이별이었다. 평생 고생을 많이 하셨지만 돌아가실 때만큼은 남편이 최고로 장례를 치러드렸다. 어머님이 이 세상과 하직하는 날, 경찰의 사이드 카 호위와 많은 손님들의 배웅 속에 리무진을 타고 여왕처럼 떠나셨다. 그간의 수고에 훈장을 받듯 마지막을 멋지게 장식하셨다.

아버지가 남긴 혹독한 유산 값을 치르며 아버지의 역할까지 훌륭하게 해내신 어머니, 아버지 없이는 이야기할 수 없는 어머니의 일생이다. 크게 소리 지르고 어디든 호소하고 싶은 억울한 날들이 얼마나 많으셨을까? 사는 동안 나는 아주 가끔 그날 내가 다락방에 올라가서 농성을 하지 않았더라면, 그런 상상을 하곤 한다. 지금은 좋아하는 사위 옆에서 편히 쉬고 계시는 어머니와 언젠가 반갑게 만날 날을 기약한다.

조상희 1983년 도미.

백종관 어머니

3부. 그리워라 울 엄니!

아직도 우리 엄마인 어머니

김관숙

지난 연말, 다소의 시차는 있었지만 내 혈육들 열 명이 앞서거니 뒤서거니 샌프란시스코 공항에 도착했다. 그 날 두 딸의 가족과 함께 모이니 무려 스무 명이었다. 소위 글로벌 가족으로 영국과 뉴욕, 한국과 미국에 흩어져 사는 어머니의 자손들이었다.

이 행사가 계획되기는 오래 전이었지만 모두 살기에 바빠 미루며 벼르기만 하는 동안 오빠 내외가 저 세상으로 떠났다. 나와 남동생 내외는 7년 만의 만남, 다음 세대의 사촌들도 엇비슷한 세월의 공백이 있었다. 역시 핏줄의 끈끈함은 어쩔 수 없어서 그 세월의 공백을 훌쩍 뛰어 넘어 어제도 그제도 만났던 사람들처럼 자연스럽게 어울려 화기애애한 시간들을 보냈다. 물론 현대 문명 덕분에 온라인상으로 자주 소식을 주고받은 탓도 있었을 것이다.

스무 명의 대 가족이 헤쳐 모여를 반복하여 몰려다니며 시간을 즐기는 동안 우리는 자연스럽게 이미 고인이 된 오빠 내외와 어머니를 추억하는 순간이 많았다. 특히 어머니가 일찍 세상을 뜨신 터라 어머니에 대한 기억은 동생과 나 뿐이었다. 그래서 더 애틋하고 간절하게 마음에 사무쳤다.

어머니는 스물여덟 살에 아버지와 사별한 뒤, 어린 삼 남매를 데리고 삼팔선을 넘으신 분이었다. 무남독녀였던 터라 어머니는 그야말로 혈혈단신 온몸으로 세상과 싸우며 우리를 키웠다. 멋모른 채 6.25 전쟁을 고스란히 서울에서 겪고 1.4 후퇴 당시는 대구로 피난을 떠나 거기서 서울이 수복될 때까지 살았다.

성격도 활달하여 어머니 주변에는 늘 사람들이 꾀어 우리 집 단칸방에는 곧잘 막걸리 잔치가 벌어졌고 젓가락 장단에 맞춰 노래 한 자락씩을 뽑는 순서로 이어졌다. 시대가 시대인 만큼 모두 단장의 미아리나, 굳세어라 금순아, 전선야곡의 주인공들인 어머니의 벗들은 생활전선에 뛰어들어 양키 시장에서 군복장사 양키물건 장사를 하며 새끼들을 먹이고 입혔

다. 연약하지만 억세고, 억세지만 저마다의 가슴에 한과 슬픔을 품고 살아야 했던 시절 비록 김치 한 보시기의 초라한 술상이지만 막걸리 한 잔에 시름을 풀어놓으며 내일을 살아야 할 위안과 힘을 얻었을 것이다.

어머니가 번번이 실패하면서도 빠지지 않고 부르는 노래는 딱 한 소절이었나.

기차는 떠나아아 가아아안다, 검은 연기 뿜으으며.....

그리고 이 대목에서는 또 언제나 똑같은 군말을 붙였다.

"난 와 이렇게 노래를 못 부르는디 모르가서...."

불그스레해진 얼굴에 민망한 기색을 띄우던 어머니의 모습은 근래의 일인 듯 늘 기억에 생생하다.

어머니는 우리가 모두 성장하여 출가하고 동생도 군에 입대하자 당신 나름의 홀로서기로 웰빙의 길을 찾았던가 보다. 음치를 부끄러워하시던 어머니가 어느 날 문주란의 '동숙의 노래'를 능숙하게 완창하는 광경을 보고 나는 깜짝 놀랐다.

"와아 엄마. 그 노래 어디서, 누구한테 배웠어?"

궁금해 다그쳤지만, 어머니는 빙그레 웃기만 하셨다. 그 뒤 고전무용도 배우는 눈치였지만 어머니의 춤 솜씨는 애석하게도 볼 기회가 없었다.

우리 어머니는 그렇게 씩씩하게, 풍류를 즐기면서 오래 우리 곁에 계시리라고 굳게 믿었는데 어느 날 우리 형제들 머리 위로 하늘이 무너져 내렸다. 당신의 일터인 동대문 시장으로 나가시는 길에 교통사고를 당하신 것이다. 지금으로 치면 꽃띠였을 오십 대 중반에 어머니는 그렇게 허망하게 우리 곁을 떠나셨다.

한 생명의 씨앗을 자궁에 품어 키우다가 세상의 빛을 보게 하는 어머니들의 힘과 그 역할은 참으로 오묘한 신비이다. 인위적으로는 끊을래야 끊을 수 없는 질긴 인연. 그러기에 세상사람 모두, 어린이나 젊은이나 나이 든 이나 어머니의 품을 그리워한다. 순식간에 늙은 고아가 되어 세상이 텅 빈 것 같은 공허감과 그리움에 오래도록 시달렸지만 무정하게 흐르는 세월과 함께 슬픔도 희석되고 삶의 고단함 속에 때로는 어머니의 존재마저 잊고 살기도 했다. 세월을 되짚어 보니 생존해 계신다면 어머니의 나이 백 살이시다. 백 살의 어머니는 어떤 모습이었을까…. 상상도 되지 않는다. 그러나 분명한 사실은 지금 어머니가 가까이 계신들 얼마나 살뜰하게 보살펴 드리겠는가. 자신이 없다. 그래도 몸이 고단해 엄마의 손맛이 그리울 때나 보름달이 둥싯 떠 있는 하늘을 올려다볼 때면 나는 어머니가 아닌 엄마를 부른다. 아~ 엄마가 보고 싶다. 우리 엄마, 엄마!

김관숙 2003년 도미. 소설가. 월간문학 신인상 수상으로 등단. 한국 소설가협회 회원, 한국 문인협회 회원, 한국 소설가협회 장평 문학상. 저서 『새벽이 오는 소리』『푸른 수레』『텀블위즈』 외 6권

나의 천사 나의 엄마

김신국

딸아이가 시쭈 슈터를 매일 끌어안고 지내며 잘 때도 끌어안고 잔다. 나는 특유한 개 냄새가 나서 너는 냄새도 안 나느냐고 물으면 딸은 전혀 안 난다고 한다. 나는 그런 딸을 볼 때마다 엄마 생각이 부쩍 더 난다.

엄마는 내가 6학년 때 염소에게 받혀 낭떠러지로 떨어지셨다. 4남 3녀를 잘 키우시고 형이나 누이는 벌써 결혼을 하거나 서울로 떠나 집에는 아버지와 바로 위 누나와 막내인 나 이렇게 넷이 살던 시절이었다. 갑작스레 벌어진 일로 집안은 난리가 났다. 허리를 다쳐 하반신 마비라는 끔직한 선고를 받으신 엄마는 그날 이후 자리를 보존하고 누우셨다. 엄마가 그때 나이 49세였으니 한창 인생의 황금기 같은 시절이었다.

몸을 못 움직이시니 가장 큰 일이 대소변을 받아 내는 일이었다. 휠체어가 있는 때도 아니고 환자용 기저귀가 있는 것도 아니어서 엄마를 돌보는 일은 누나와 내 몫이었다. 나는 누워있을 엄마가 걱정이 되고 화장실에 가고 싶으면 어떻게 하나 싶은 마음에 언제나 학교가 끝나기가 무섭게 집으로 달려왔다. 그리고 학교에 가면 아이들은 나에게서 냄새가 난다고 했지만 나는 한 번도 엄마에게서 냄새 나는 것을 느끼지 못 했고 생각조차 해 본적이 없다. 마치 나의 딸이 자신의 강아지를 사랑하듯.

동네사람들은 엄마가 오래 누워 계시니 어린 것들이 고생한다고 했지만 나는 한 번도 엄마가 싫다거나 귀찮은 느낌을 가져본 적이 없고 고생이라는 생각을 해 본적도 없다. 학교에 가 있어도 그저 엄마 곁으로 가고만 싶었다. 엄마는 부축을 받으면 잠시 앉아있기는 했지만 늘 누워있어야 했다. 우리가 오기까지 기다렸던 시간들이 얼마나 지루하고 답답하셨을까? 다행히 우리가 살기는 괜찮아서 친구 아버지였던 내과의사가 매일 왕진을 왔다. 하지만 오래 누워있다 보니 욕창도 생기고 여러 문제가 생겼다. 여행을 할 때 되도록 물을 안마시듯, 어쩌면 엄마는 그때 물도 잘 안 드신 것은 아닐까, 그런 의심도 든다.

나는 어려서부터 소문난 개구쟁이였다. 이래저래 짓궂은 짓을 많이 하고 말썽을 많이 피웠지만 엄마는 야단을 치지 않으셨다. 지금도 엄마를 생각하면 아버지에게 야단맞는 내 모습을 측은하고 마음 아프게 바라보시던 모습이 제일 먼저 떠오른다. 삶은 계란 하나라도 따로 주시고 뭐든 하나라도 더 챙겨주시려는 엄마가 난 그저 좋았다. 엄마는 나의 전부였으니까. 돌이켜보면 나는 장난은 많이 쳤지만 왜 그랬는지 엄마 일을 많이 도와드렸다. 절구에 뭔가를 빻을 때면 내가 열심히 절구질을 했고 이것저것 잔심부름도 잘했다. 누나도 한창 사춘기를 보내는 시절이었는데 엄마 대신 집안과 동생 챙기느라 고생을 많이 했다. 엄마는 아파도 내색을 안 하셨는데, 부모가 되어 엄마의 마음을 돌이켜보니 누워계신 3년 동안 어린 우리를 보며 얼마나 괴로우셨을까? 그 날로 돌아가면 또 다시 울컥해진다.

하루는 학교로 이종형이 찾아왔다. 어머니가 이상하니 집으로 가자고 했다. 나는 형을 따라 부지런히 집에 왔는데 엄마는 나는 괜찮다며 자꾸 학교로 돌아가라고 내 등을 떠미셨다. 그래서 나는 점심만 먹고 학교로 다시 갔다. 그런데 오후 4시쯤 그 형이 다시 오더니 엄마가 돌아가셨다고 했다. 나는 그날 그냥 집에 있어야 했었다!!!!

아버지가 일하시는 곳으로 모시러 가는 동안 난 구슬피 울었다.

3남 2녀의 맏딸이던 엄마를 외할머님은 특별히 예뻐하셨다. 엄마는 인정 많고 마음이 넉넉하셨다. 당시 문간방에 세 들어 살던 궁핍했던 한 가족 7식구를 마치 우리 가족처럼 챙기고 음식을 나누며 오랫동안 거두셨다. 우체부가 오면 물이라도 대접하시며 항상 나누고 베푸시는 사랑 많으신 분이셨다. 어려서부터 나는 엄마의 그런 모습을 많이 봐서 그런지 누군가 내게 엄마가 어떤 분이냐고 묻는다면 나는 거침없이 '천사'라고 대답할 것이다. 건축업을 하시던 아버지는 그야말로 정확하신 분이셨다. 술 담배를 안 하시는 것은 물론, 아침 점심 저녁 식사시간도 항상 일정했다. 아버지께서 늘 원리원칙을 중요하게 여기셨던 반면 엄마는 남의 일도 내 일처럼 안타까워하시고 콩이 반이래도 나누는 것이 자연스러운 정 많은 분이셨다. 엄마가 돌아가셨을 때 할머니께서 얼마나 슬피 우시든지….

엄마를 생각하면 따스하고 행복한 느낌, 그리고 한없이 슬픈 느낌이 교차한다. 주위에 어머님이 살아계신 분을 보면 남보다 40여 년을 일찍 떠나신 엄마가 그립다. 하지만 비록 남보다는 엄마와 함께 한 시간이 짧았지만 어려서부터 매일매일 엄마에게 사랑받는다는 느낌을 받고 살았으니 행복했었다. 또한 엄마의 대소변을 받기 위해 학교에서 뛰어왔던 숨찼던 3년의 기억도 슬프다기보다 엄마를 향한 달음질이었기에 행복했었다. 엄마는 우리에게 유언도 없으셨다. 그냥 매일처럼 따뜻하게 그렇다고 고맙다거나 미안하다는 말씀도 없으셨다. 그냥 무언의 따스한 시선이 엄마와 나와의 친밀한 교감이요 언어였다.

맑은 영혼을 가지셨던 엄마, 나는 인자한 엄마에게 눈뜨며 사랑을 배웠고 엄마는 자식에게 어떤 존재라는 것을 몸소 알려주셨다. 나는 엄마가 심어놓은 사랑의 씨앗이 나의 딸과 아들에게 옮아가는 것을 보면서 엄마의 무한했던 사랑을 더욱 실감한다. 따스한 눈길과 손길로 나를 보듬어 주셨던 엄마, 나이 들수록 더욱 그리워지는 엄마의 끈이 얼마나 튼튼한지 더욱 붙잡게 된다.

그날의 사고만 아니었으면 지금도 살아계셨을지 모르는 엄마! 우리 아이들에게 나에게도 천사 닮은 훌륭한 엄마가 있었다는 것을 보여주지 못 하고 자랑하지 못 하는 것이 아쉽다.

김신국 1990년 도미. Aldent Lap 대표.

머위와 수제비

김희원

"엄마, 엄마가 해준 김치부침개와 생선구이 먹고 싶어!"

한국에서 사는 딸이 몸이 아프다며 전화해서 하는 말이다. 한국에서는 음식을 시켜 먹는 일이 어렵지 않다. 모래사장이나 공원에서도 짜장면을 시켜 먹을 수 있다. 마음만 먹으면 얼마든지 먹고 싶은 것을 주문해 먹을 수 있다. 그러나 몸이 아프면 그래도 엄마가 해주던 음식이 생각나나 보다. 아니 어쩌면 반드시 그 음식이 먹고 싶어서만은 아닌 것 같다. 객지에서 힘이 들고 아프면 제일 먼저 엄마가 생각나고, 자연스럽게 엄마가 해주던 음식이 그리워지는 것일 게다. 가까이 있으면 백 번인들 못 해줄까마는 멀리 떨어져 있으니 안타까울 뿐이다.

나는 이십삼 년 전, 미국에 이민 왔다. 남편이 미국에 있는 회사로 직장을 옮기는 바람에 준비도 없이 오게 되었다. 낯선 이국땅에 정착하고 사느라 그리움이나 외로움은 생각할 겨를도 없었다. 게다가 한국을 떠나기 십 년 전에 이미 어머니도 돌아가셨고 영주권을 받을 때까지 6년간 한국에 간 적이 없었기 때문에 어머니 생각을 못 하고 살았다. 그런데, 요즘 들어 친정어머니를 모시고 병원에 다니는 친구들을 보자니 부럽기도 하고, 살아계실 때, 딸 노릇을 제대로 못 한 것이 후회스럽기도 하다.

'나무 고요히 머물려 하나 바람 그치지 아니하고 자식이 봉양코자 하나 부모는 기다려 주지 않는다.'라는 현인의 말을 이제야 깨닫나 보다. 어머니 앞에서는 누구나 아이가 되듯이 보고 싶은 어머니를 떠올리니 나도 딸아이처럼 어린 시절 어머니가 해주시던 음식이 그리워진다. 나의 어린 시절은 6·25전쟁을 겪은 후라 나라 전체가 가난했고, 국가에서는 부족한 쌀을 대신해 잡곡과 밀가루를 먹도록 장려하고 있었다. 우리 집도 일주일에 몇 번은 수

제비나 국수를 먹었던 것 같다. 나는 밀가루 음식을 좋아해서 수제비 하는 날이면 어머니와 함께 밀가루 반죽을 주물럭거리며, 뭉텅뭉텅 수제비를 뜨곤 했다. 어머니는 주로 김치와 멸치로 육수를 낸 김칫국에 수제비를 뜨셨는데, 특히 잘 익은 김장김치로 만든 김칫국 수제비는 그 칼칼하고 시원한 맛이 일품이었다. 밀가루 음식을 소화하지 못 하는 남편 때문에 자주 해먹을 수는 없지만, 어머니가 그리워지는 날이면 어김없이 어머니의 방식대로 육수를 내어 수제비를 뜬다. 가난했던 어린 시절과는 달리 먹거리가 풍족한 미국에서, 사는 것도 넉넉해져 더 고급스럽고 값진 음식을 얼마든지 먹을 수 있지만, 김치 수제비를 먹을 때가 유난히 행복한 것을 보면 음식 자체보다도 어머니와 함께했던 그때를 추억할 수 있어서인 것 같다.

나의 어머니는 또 머위들깨탕을 잘 만드셨다. 머위는 국화과에 속하는 풀로 한국에서 흔하게 구할 수 있는 식물이다. 주로 시골 농가의 집 주변이나 밭이랑 사이, 혹은 언덕배기에서 무리 지어 자란다. 밭농사를 망치려면 머위 몇 뿌리 심으라는 말이 있을 정도로 번식률이 높다. 머위잎은 쪄서 쌈으로 먹거나 들기름에 살짝 볶아 쌀과 함께 밥을 해서 간장에 비벼 먹는데 그 쌉쌀한 맛 때문에 입맛이 없을 때 먹으면 식욕을 돋워준다. 머위 줄기로는 머위들깨탕을 만드는데, 이것이 어머니가 즐겨 하시던 반찬이다. 가끔 이 머위들깨탕을 먹고 싶었지만 만드는 법을 몰라 결혼하고 나서 한 번도 해 먹어본 적은 없다. 미국에 와서는 재료를 구할 수 없으니 더 말할 것도 없고.

나이가 들어가면서 아내 입맛에 길드는 남자와는 달리 온갖 요리 다 할 수 있는 이 나이에 어린 시절 먹었던 어머니의 음식이 먹고 싶은 것은 아마도 어머니를 보고 싶은 그리움의 표출 같다. 그래도 한국에서 살고 있으면 재래시장에서 재료를 구할 수도 있고, 근교 시골 마을에 내려가 싱싱한 잎을 따다 머위쌈을 해 먹으면서 그리움을 달랠 수 있지만, 어디서도 재료를 찾을 수 없는 미국에서 살다 보니 집착처럼 머위를 키워보고 싶었다. 머위가 뿌리로 번식한다는 것을 알고 한국에 갔을 때, 머위 뿌리를 사오고 싶었지만, 반입 금지 물건이라고 남편이 필사적으로 반대하는 바람에 포기하였다.

그런데, 최근 어느 집에 갔다가 뒤뜰에서 수북이 자라고 있는 머위를 보게 되었다. 너무 놀랍고 반가워 초면이지만 염치 불구하고 몇 뿌리 얻어왔다. 머위를 심고 삼 주가 지나자 예닐곱 개의 어린 새잎이 뾰족뾰족 올라오고 있다. 하루 만에 쑥쑥 크는 것도 아닌데 시도 때도 없이 들여다보며 또 올라오는 것은 없는지 이파리 수를 세고 또 세어본다. 머위쌈이든 머위들깨탕이든 일 년은 기다려야 해 먹을 수 있지만, 부엌일을 하면서 창문을 통해 머위가 커가는 것을 바라보며 매일 어머니를 추억할 수 있으니 그것만으로도 마음이 흐뭇하고 기쁘다.

김희원 1995년 도미. 버클리문학협회 재무. 2017년 미주가톨릭문인협회 시조부문 신인상 수상.

줄

남상신

태고 이전
가장 길고 질긴
줄

그 줄에 매달려 태어난 눈물들
인간을 인간으로
신까지도 안을 수 있는 피에타는
비탄과 아픔
공포와 두려움
노여움과 슬픔
날 시퍼런 강철도
파괴 시킬 수 없었던
줄

그 영원한 연민의
줄

이제는
봉숭아
할미꽃으로
기약 없이
사라져가

남상신 1972년 도미. NASA DFRC Space Research Center 근무.

내 가슴 중천에 뜬 보름달

박신애

옛날 옛적에 어머니와 함께 거닐었던 땅, 어언 팔십여 년 세월이 훌쩍 지났다. 그때 그 모습과는 다르지만 신주쿠(Shinjuku) 길은 여전히 그때의 그 땅 그 길이다. 어머님이 이십 년 넘게 사셨던 시부야(Shibuya) 거리, 이 네거리는 빽빽이 몰려든 인파로 서로서로 몸 부딪혀가며 물결처럼 밀고 밀려 흘러간다. 유명한 긴자(Ginza) 거리, 난 지금 군중 속에 섞여 대도시 도쿄(Tokyo)의 번잡한 거리를 걸으며 어머님 생각에 푹 빠져본다. 그리운 어머님 그리고 그의 딸.

제2차 세계 전쟁이 끝나기 바로 전, 그 혼란스럽던 시절 시부야(Shibuya)의 어느 한 식당에 들어가려고 줄에 서 있는 대여섯 살 배기 내가 보인다. 그만 어쩌다 나를 그 줄에서 잃어버리시고 세상이 온통 사라진 듯 땅이 꺼져버린 듯 놀라셨다는 어머니 모습이 보인다.

폭격을 알리는 사이렌 소리에 놀라 숨는다는 것이 고작 옷장 안에 들어가 이불을 뒤집어 쓰고 숨죽이던 희미한 기억, 난 지금 이 거리에서 이제는 다시 만나 뵐 수 없는 어머님 생각에 나도 몰래 흘러내리는 눈물을 가만히 훔쳐낸다.

토부(Tobu) 호텔 15층 창문을 통해 내려다보는 거대한 도시 도쿄, 내가 태어난 도시다. 생명은 심지마다 불을 켜 놓고 공주처럼 쌔근히 잠든 새벽 3시의 도시를 바라본다. 결혼 후 십 년이 넘도록 아기가 생기지 않아 홀로 애 끓이며 많이 슬퍼하셨다는 어머니, 백일을 밤마다 어느 우물가?(스스가무리?)에서 머리를 감아 빗고 간절히 빌고 난 어느 날, 꿈에서 거북이 등을 타고 물속에 들어가 용궁님을 만나고 돌아온 뒤 나를 얻었다고 하신다. 그 후로 애지중지 날 키우셨던 어머니를 생각하면서 이 거리를 걸어가며 어머님의 따뜻한 체온을 다시 느껴본다.

창문 앞 바로 저편에서 도쿄 타워(Tokyo Tower)는 졸린 듯 눈을 껌벅이고, 난 나를

중심으로 벌집처럼 조롱조롱 매달린 잊고 있던 세상이 한눈에 보여 깜짝 놀란다. 미처 잊고 보지 못했던 세상, 내 마음의 지도에 다 집어넣을 수 없이 펼쳐진 광대한 세상, 내 마음 도화지에 다 그려 넣을 수 없도록 넓게 펼쳐진 새하얀 세상, 그리고 문득 위대한 인간의 힘에 놀라움을 감출 수 없다.

어머님이 종종 들려주셨던 토막토막 얘기들이 삼삼히 기억나는 이곳, 일본의 거리거리를 난 지금 착하고 자랑스러운 내 딸 넷과 함께 손에 손을 잡고 나란히 거닌다. 그 옛날 학창시절부터 벌써 테니스를 즐기셨고, 노래도 잘 부르셨으며 그림 그리는 재주도 특출하셨던 어머님, 결혼 후에는 일본의 어느 레코드 회사로부터 판을 내준다는 제안도 받았지만, 아버지의 완강한 반대로 뜻을 접어야 했다는 노래 실력도 뛰어나셨던 어머님, 화려했던 젊은 시절 어머님의 고우셨던 모습을 다시 떠올려 본다.

벅찬 가슴 잠재우며 난 지금 침묵한다.

말해 버리면 추억마저 달아나 버릴까봐 잠잠히.

하지만 어머님이 그러하셨듯이 삶에 언제나 당당해지려 최선을 다해 살아가리라 다시 맹세한다. 어머님 딸에 부끄럽지 않게 끝까지 인내하며 사랑을 나누는데 게을리 하지 않겠다고 다짐하고 다짐한다. 또 자랑하지 말아야 한다고 어머님은 지금도 내게 속삭여 일러주신다.

이 봄, 일본의 거리마다 만발한 벚꽃 아래 거닐고 있는 어머님의 딸, 어머님은 어쩌면 지금도 보이지 않는 미궁의 그 어느 곳에서 보고 계실지도 모르겠다. 잠든 도시, 거대한 도시 Tokyo, 내가 이 세상에 태어난 곳, 나, 지금 여기에. 이 시각 난 내가 작아지고 있는 것이 아니라 어쩌면 삶은 계속 커지고 있노라고 생각해 본다. 적어도 이 시간엔.

살아 있기에 그림자
살아 있기에 흔들림
살아 있기에 눈물방울

일렁 일렁이며 마음들은 서로 부딪쳐 교차하는 이 거리

숨결 술렁술렁 물결치는 도시의 거리에서 한 아이가 엄마 곁에서 세상에서 가장 행복하다는 듯 얼굴 가득 웃음꽃 피우며 지나간다. 난 그 아이에게 차창을 통해 손 흔들어 아는 체 인사한다. 침묵하는 지의 가슴 중천에 어머님은 보름달로 뜨셨습니다. 혹시나, 밤하늘 적막하셔도 그것은 어머님 온 달로 모시는 저는 빈 하늘이기 때문입니다.

무수한 인간들 그중에 모래 한 알처럼 작은 '나' 하나, 그래도 '난' 어쩔 수 없는 오직 '나' 하나. 이런들 어떠하며 저런들 어떠하랴 되풀이하며 새겨보지만 분명 '난' 유일한 '나' 하나. 어머니도 단 한 분. 어머님 본받아, 어머님 그러하셨듯이 마지막 날까지 열심히 살리라 새삼 굳게 다짐한 여행, 사랑하는 어머님을 내 가슴 속 깊이 소중히 다시 모신 특별한 여행, 내가 이 행운의 순간들을 함께 나눈 내 딸들의 어머니인 것이 감사하다.

박신애 1962년 도미. 시인. 수필가. 소설가. 시집과 수필집 『고향에서 타향에서』『찬란한 슬픔』『언덕은 더 오르지 않으리』『엄마 는 요즘 그래』『지평선』『너무 멀리 와서』 외 1권. 소설 『보랏빛 눈물』

슬퍼도 울지 못하신 어머니

방용호

미수(米壽)에 가까운 나이의 희미한 기억 속에 남아 있는 엄마의 추억이지만 여전히 생생하다. 내 엄마는 당시의 동네 아줌마들과는 달리 긴 목과 큰 눈 그리고 흰 얼굴의 날씬한, 도시에서만 볼 수 있는 여성이었다. 그러나 아무리 더듬어 보고 생각해 봐도 내 엄마의 생애에는 따뜻한 봄날은 거의 없었던 것만 같다. 우선 장남으로 태어난 나부터 남다르게 끊이지 않는 잔병으로 늘 염려와 근심의 대상이었다. 엄마는 사진관이 없는 마을에서 흑백 사진 한 장 없이 한세상을 사셨고, 생일날이나 새 옷으로 나들이를 하는 날도 없었다. 큰 며느리로서 엄마는 한 가문의 장손 집에 줄줄이 찾아오는 짧은 여름밤 제사들 모두를 도맡아서 차렸다. 시동생 넷을 위한 온갖 궂은일을 자기의 몫으로만 아시고, 집안의 잘못된 일은 모두 자기 탓이라고 자책하며 묵묵히 사셨다. 그래서 내 엄마는 여성으로서의 향기 모두를 잃어버린 채 사셨다.

향교에 출입하는 아버지를 때도 없이 줄줄이 방문하는 손님들의 치다꺼리 모두는 엄마의 몫이었다. 입춘(立春)을 전후하여 아버지에게 대길(大吉)을 기원하는 붓글씨를 써 달라고 오는 사람들의 발걸음이 끝나면, 봄가을 두 차례 읍에서 온 양잠(養蠶)지도원 아가씨들의 장기 유숙이 있었다. 내가 6살이 되는 해 누나의 출가에 이어 다섯째 숙부가 결혼하여 분가한 지 얼마 후 나에게는 남동생이 태어났다. 식솔(食率)은 줄어들었으나 엄마의 나날은 더 고달팠다. 왜냐하면 유일한 농경지인 논 10정보 모두를 일본 알루미늄 공장부지로 압류 당하자 엄마는 젖먹이 동생을 업고 아버지를 도와 선산(先山)의 남쪽 기슭을 개간하고 과실나무를 심으셨기 때문이다.

과수원개간으로 생긴 사채를 갚기 위해 아버지는 주택을 헐어, 그 목재로 이웃 어촌에 집 한 채를 신축하여 팔기로 했다. 그러나 아버지는 불행하게도 이 건축의 와중에 의사의 옷자락 한번 만져보지 못하시고 둘째 숙부님 댁에서 내가 10살 되는 생일날 아침에 작고하셨다. 자택이 없다는 이유인지 아버지는 두 동생의 부축을 받아 마당 끝에서 만 40이라는 젊은 나이에 임종하셨다. 그 많은 친척 친지들이 있었으나 부엌에서 서성거리시는 엄마에게 남편과의 마지막 인사를 나누시라고 권하는 사람은 없었다. 슬퍼도 울지 못하시는 가엾은 내 엄마를 위해 그날 우리 마을에는 안개비가 청승맞게 종일토록 내렸다.

어머니를 그리며 대동강변에서

만 40에 홀로된 엄마는 두 어린 아들을 데리고 이웃들이 딱해서 빌려주는 빈방과 마을 공회당을 2년 넘게 전전하다가, 다섯째 숙부님이 과수원 입구에 지어준 두 칸짜리 초가집에 정착하게 되었다. 그리하여 12살이 된 나는 한 가정의 소년가장이 되어 호주에게 요구되는 각종 책임과 의무사항을 이행해야만 했다. 부역(Corvee)은 학교를 결석하고 노역(勞役)으로 충당했지만, 가마니와 같은 공출품은 엄마와 나의 힘으로는 불가능했으므로 사서 충당할 수밖에 없었다. 우리 모자에게 가장 가슴 아팠던 책임은 마을상사(喪事) 때 내가 등교를 못하고 영정사진을 들고 행려 대열의 앞장에서 걸어가는 것이었다.

엄마는 과수밭을 관리하면서 생계를 꾸렸으나 생활은 늘 궁핍했다. 조석으로는 혼상(婚喪)집들을 찾아가셔서 궂은일을, 낮에는 어촌과 공사판을 찾아다니면서 각종 과일과 채소 혹은 떡을 만들어 팔았다. 보름에 한 번씩 배급 받는 수수쌀과 대두박(大豆粕, Oil-extracted soybean cake)에 보태기 위해, 나는 원산에 사시는 누님의 시댁 정미소에서 주워서 모은 곡물 알갱이를 책가방에다 숨겨오곤 했다. 그리고 가을의 일요일에는 도토리를, 봄이면 산기슭에 눈 녹기를 기다렸다가 칡뿌리를 파왔다. 이런저런 이유로 김치 항아리도 장독도 없었던 우리는 마을 사람들이 줘서 더러는 구걸하여 얻어먹으면서 그날그날을 지냈다.

우리 집은 마을에서 걸어서 15분쯤 떨어진 한적한 곳에 있었기에, 눈이 쌓여 엄마의 바깥출입이 어려워지면 우리에게는 무엇보다 당장 끼니가 문제였다. 그리고 눈보라 치는 날이면 내가 감당해야 하는 땔감은 물론 얼어붙은 냇가에서 물을 길어오는 데도 어려움이 많았다. 휴일과 방학 기간에 비축한 땔감이 떨어지면 나는 6Km나 되는 시오리 하학 길에 눈을 헤치고 생소나무를 베어오곤 했다. 이렇게 해서 14살이 되는 1945년 봄에 나는 아버지가 좋은 학교라고 전학시켜준 읍에 있는 초등학교를 겨우 졸업했다.

초등학교를 졸업한 해 이른 봄 나는 엄마와 함께 조생종(早生種)이라는 파란색 돼지감자를 심었다. 보랏빛 꽃이 피기 시작하자 뿌리에 달린 새알만한 감자가 얼마나 자랐나 하고 매일 같이 들추어 보면서 나도 우리의 조상들처럼 농사꾼의 꿈을 꾸기 시작한 것이다. 외가의 먼 친척 아저씨가 와서 과일나무를 심어주시면, 나는 잘라버려진 나뭇가지들을 모아 오는 일을 시작으로, 해도 해도 끝이 없는 과일나무 가꾸는 일을 배웠다. 봄을 알리는 복숭아나무의 분홍색 꽃을 시작으로 밤나무에 이르기까지 꽃에 현혹된 벌들은 소란을 피웠지만, 나의 첫해 과실 농사는 시원치 않았다.

진학을 못하면서 가장으로서의 나의 시간은 더 많아졌지만, 엄마의 매일은 날이 갈수록 더 힘들어졌다. 그것은 아버지가 계실 때부터 엄마를 괴롭혀온 관절염이 그간의 어려운 살림에 지친 탓인지 점차로 심해져서, 몸 여러 곳에 진통이 자주 생길 뿐만이 아니라 종종 며칠씩 누워 계셔야만 했다. 그래서 동생은 원산에 사시는 누님과 매형이 데려다가 초등학교에 입학을 시켰고, 그 후 엄마는 더 자주 딸네 집에 며칠씩 다녀오셨다. 아마도 나와의 단둘의 삶이 만족하지 못한 탓이 그 이유인지 모른다. 그런 것이 아니면 종일토록 찾아오는 사람 하나 없는 외딴집에서 밤낮을 홀로 지내는 적막한 외로움 때문일 것이다. 엄마 곁에 있어야 할 나는 틈만 생기면 마을에 나가 아이들과 몰려다니다가 저녁에야 돌아오곤 했다. 우리 마을에 태극기가 날리기 시작한 지 꼭 반년이 되는 1946년 찬바람이 부는 봄날, 엄마는 내가 마을에서 놀고 있는 사이에 만 45세의 젊은 나이에 홀로 세상을 떠나셨다. 내 엄마의 고달프고도 눈물겨운 일생은 무식, 가난과 질병의 수모와 치욕의 연속이었다.

엄마를 어머니라고도 한 번 불러보지 못하고 떠나시게 한 불효자식인 나는 넷째 숙부님께 얹혀서 농사일을 배워야 했다. 아침에 점심 보자기를 묶은 지게를 지고 과수밭에 오면 과일나무 그림자가 사라질 무렵에야 돌아왔다. 아버지 어머니가 개간한 과수밭에서 나는 엄마를 떠나보낸 첫해에 내가 평생 흘려야 할 눈물을 모두 흘렸다. 엄마의 임종을 지켜보지 못한 죄책감으로, 그립고 보고 싶어서, 외롭고 무서워서, 하늘과 먼 산을 번갈아 보며 울었다. 봄을 노래하는 새들, 여름을 즐기는 매미들 그리고 겨울이 다가온다는 소식을 알려주는 기러기 떼도 끼익 끼익 나와 함께 소리 내 울었다. 엄마 없는 나의 첫해는 내 생애 가장 길고도 긴, 막막하고 무서웠던 한 해였다.

방용호 1959년 도미. 워싱턴 주립대 박사, 세계 보건기구(WHO전염병 연구관) 30년 근무. 저서 『신음하는 지구촌』 『물 있는 사막』 『기독교인의 과외공부』 『물과 하천의 이야기』 『황혼의 길목에서』 외 다수.

김치와 흰 빨래

백종관

어머니라는 말만 들어도 갑자기 마음 깊은 곳에서 짙은 그리움이 우러나 울음이 터지려고 한다. 비단 나만 그런 것이 아닐 것이다. 어머니가 돌아가셨다면 더욱 어린 시절부터 어머니가 세상을 떠나실 때까지의 수많은 상념이 일시에 떠올라 눈시울이 붉어질 것이다.

왜 그렇지 않겠는가? 나이가 70, 80을 넘겼다 해도 달라질 것이 없는 이유는 우리가 어디에 있든 우리가 살아있는 한 영원한 어머니로 우리 마음에 우리와 함께 사시기 때문이다.

돌아가신 지는 한참이 되었어도 어머니에 대한 나의 기억은 마치 어제 일같이 생생하다. 어머니 등에 업혀 다닐 때 기억부터 어머니의 젖을 먹던 기억, 하물며 젖을 떼기 위해 젖꼭지에 발라놓았던 씁쓸한 금계락의 맛까지도 기억이 날 정도라 때론 쓴웃음이 지어지기도 한다. 어머니를 생각하면 좋은 추억도 많지만 불효한 기억이 더욱 생생해 후회로 한숨짓는 때가 더 많다.

어머님은 성격이 깨끗하고 정결하며 정직하고 부지런하신 분이셨다. 열다섯 살에 대가족 집에 시집와서 큰살림을 도맡아 할 때 시부모님께 꾸중 듣지 않고 시집살이를 잘하셨다.

나의 어머니는 어떤 분인가 생각하면 내 머리에 불시에 떠오르는 두 가지가 있다.

첫째는 어머니의 음식솜씨였다. 누구라도 자신의 어머님 손맛을 최고로 치겠지만 나의 어머님의 음식 솜씨는 아들로서 평하는 것이 아니라, 할아버지 대로부터 아버지와 나까지 적어도 삼대에 이르기까지 정평이 나 있었기 때문이다.

어머니는 한식 일체를 다 잘하셨는데 그중에 김치의 예만 들어봐도 어머니가 음식에 대한 조예가 얼마나 깊은지 알 수 있다. 계절에 따라 재료와 간을 달리해서 만들었던 김치의 종류만 해도 김장김치, 동치미, 보쌈김치, 깍두기, 섞박지, 밑둥김치, 나박김치, 조의김치, 총각김치, 오이지, 오이소박이 등 이루 헤아릴 수가 없다. 특히 배추에 고수를 넣고 만든 고수김치

와 치아가 약한 할아버지를 위해 무를 삶아서 하는 섞박지와 비슷한 삶은 김치 등 일일이 거명할 수가 없다.

어머니와 시장에 따라가 보면 일일이 배추 맛을 보시기에 이유를 여쭤보니 보기에는 같아 보여도 맛이 다르다고 하셨다. 돌이켜 보면 무에도 단맛이 나는 것이 다르듯 어머니는 그런 좋은 재료의 상품만을 항상 성의껏 선택해 설탕 등 어떤 일체의 조미료도 안 쓰시고 맛을 내셨던 것 같다. 맑은 김치에는 하다 못 해 고추씨 한 개도 보이지 않도록 철저하게 시각적으로도 깨끗하게 신경쓰시며 재료를 관리하셨다.

또한 흰 꽃게장은 그 맛이 일품이어서 게딱지 하나면 그야말로 밥도둑이라는 말이 딱 어울린다. 지금은 멸종되었다는 참게, 일명 논두렁 게라고도 하는 게로 담근 게장은 그 안에 참먹 같은 새까만 장막이 있는 꽃게장이고, 소금으로 간을 하고 온갖 양념으로 담근 흰꽃게장은 오직 우리 집에서만 먹을 수 있는 그야말로 홈 메이드의 최고봉으로 잊을 수 없는 그리운 어머니의 손맛이다.

어머님은 연평 조기 철이 되면 생조기를 접으로 사서 호렴이라 부르던 바닷소금으로 간을 해서 장독대 위에서 말렸다. 그때 파리가 덤비지 못하게 모기장을 덮는 일은 내 몫이었다. 조기가 굴비가 되면 항아리에 넣어두고 한여름 무더위에 입맛이 없을 때 냉수에 밥을 말아 한 점 올려 먹던 그 맛을 어찌 잊을 수 있을까? 아무리 입이 짧은 사람도 밥 한 그릇 뚝딱하는 것은 일도 아니었다. 나는 굴비 알과 목젖 부위를 특히 좋아했는데 그 시절 생각을 하면 입안에 침이 절로 고인다.

할아버지가 살아계실 때 오셨던 손님들은 누구나 어머니 음식솜씨를 칭찬하셨고, 건축업을 크게 하셨던 아버지의 사업상 드나들던 많은 손님들도 교자상에 둘러앉아 음식을 드시면서 탄복하시던 기억이 생생하다. 또한 우리 집에 초대받았던 내 친구들이나 훗날 직장 상사나 동료도 어머니 음식 맛에 감탄을 하곤 했다. 그들은 훗날 만났을 때도 제일 먼저

어머니의 손맛을 기억해 냈고 내가 미국에 온 후 모임에 어머니 음식을 가져가면 과분한 칭찬을 듣곤 했다. 어머니의 음식 솜씨가 그토록 좋았던 이유는 어머님의 선천적으로 타고난 맛에 대한 감각에다 좋은 재료 선택 등 음식을 맛있게 만들려는 노력, 어머님의 특별한 후각, 그리고 큰살림을 하면서 생긴 경험에서 나온 것이 아닐까 생각한다.

두 번째는 빨래 솜씨셨다. 빨래하는 일이 무슨 자랑이 될까 하겠지만 어머니가 세탁한 빨래는 완전히 달랐다. 할아버지의 새하얀 한복 두루마기나 내가 입던 흰 와이셔츠는 늘 백옥같이 빛이 났다. 할아버지는 항상 깨끗한 입성 때문에 주위에서 칭찬을 많이 들으셨고 나도 내가 입는 와이셔츠는 어떻게 그토록 눈처럼 희냐는 탄복을 들었다. 어린 시절 집에서 15분쯤 걸어가면 향교 앞에 빨래터가 있었다. 겨울이면 물이 따듯해서 김이 무럭무럭 나는 곳인데, 어머니는 거기서 빨래를 한 후 집에 오시면 빨래통에 빨래가 동태처럼 꽁꽁 얼어붙은 것을 뒤뜰 빨랫줄에 주렁주렁 널어놓으셨다. 그러면 빨래가 햇볕에 녹았다 말랐다 얼었다 하기를 반복하다 마르던 기억이 난다.

어머니가 빨래를 얼마나 자주 열심히 하셨으면 한 번은 아버지께서 물으셨다. 빨래하기 지겹지도 않느냐고.

훗날 세탁기가 있는데도 불구하고 어머니는 어른 셋, 아이들 셋의 빨래를 늘 손빨래로 하셨다. 아이들이 입고 신은 옷과 양말을 빨래판이 닳도록 열심히 빨아 빨래판이 다 매끄럽게 반들반들해 졌다. 나는 그 빨래판을 어머니에 대한 추억으로 기념품처럼 오랫동안 보관했었는데 어느 때부터인지 눈에 띄지 않는다. 아마도 내 추억의 가치를 모르던 아내가 버렸으리라 짐작한다.

나는 어머니 덕분에 늘 깨끗한 옷(依)과 건강한 몸을 유지하는 음식(食)으로 어머니의 사랑을 듬뿍 받았고, 건축업을 하시는 아버지 덕분에 쾌적한 양옥(住)에 살며 행복하게 의식주(衣食住)를 해결했다. 그에 비해 내가 부모님께 해드린 것이 없다는 것을 생각하면 여기서 펜이 딱 멈추고 만다. 더 이상 할 말이 없고 차마 글도 나아가지 않는다. 이제는 뉘우쳐도 소용없고 용서를 빌 수도 없다. 다만, 내 마음속에서 소용돌이만 거세질 뿐이다.

어머니 그립습니다!

백종관 1975년 도미. 부동산 근무.

그리워라 울 엄니!

송재경

어머니가 가신지도 어언 10년이 되었다.

다행히 93세까지 장수하셨으니 복이 많은 분이다. 젊어서는 서대문에서 약국을 하시면서 살림에 크게 걱정 없게 해주는 남편을 만나 그리 큰 고생은 하지 않으셨다. 어머니의 헌신을 감사하고 기리는 마음은 각자 다르겠지만 7남매의 막내로서 내가 느끼는 어머니에 대한 그리움은 각별하고 애틋하다. 어머니 또한 막내인 나에 대한 감정이 특별하셨으리라 생각한다.

동경에서 유학하신 아버지와 달리 어머니는 공부는 많이 못 하셨지만, 아이들 키우는 일이나 삶에 있어서 참으로 지혜로우셨다. 무남독녀로 미인이셨던 어머니는 아버지의 무한한 사랑을 받으셨다. 아버지는 일에서 돌아오면 문에 들어오시기가 무섭게 언제나 제일 먼저 "엄마 어디 갔냐?" 하면서 급히 어머니를 찾으셨다. 자식들 보기에도 아버지는 자식보다 어머니를 더 사랑하시며 평생 남편 사랑을 받고 사셨으니 어머니는 행복하셨고, 두 분은 자녀들에게 부모에 대한 바람직한 상을 심어주셨다.

나는 동족상잔의 6.25 전쟁이 한창이던 1951년 혹독한 추운 겨울 이 세상에 태어났다. 무거운 몸을 이끌고 전쟁의 공포와 불안 속에 6남매를 챙겨야 했던 어머니의 책임감은 얼마나 크고 무거웠을까?

하지만 다행이었던 점도 있었다. 어머니는 피난 중 출산할 지경이라 인천에서 멀지 않은 조그만 마을에 사는 친척 집으로 가셔서 나를 해산하였다. 그때 인민군들이 집에 쳐들어 왔는데 출산한 산모가 있다고 하니까 오히려 몸조리 잘하라는 인사를 하고 갔다고 한다. 내 덕분에 피난가지 못했던 가족들은 고생을 안했고 피난길에 올랐던 사람들은 다른 사람

어머니와 손녀

들이 다 그랬듯이 무척 고생들을 했다고 들었다. 그 일에 대해 어머니는 가끔 "네 덕분에 우리가 전쟁 중에 고생을 덜 했다."고 하신다. 그 말씀은 어려운 시절에 어머니 고생 시켰다는 죄송한 마음에 조금은 위로가 된다. 나는 항상 몸이 약했는데 지금도 체력이 좋지 않은 것은 전쟁 중에 태어나 제대로 먹지 못한 탓이 아닌가 싶다.

두 분은 1973년 미국으로 오셨고 우리가 결혼한 후 우리 아이들을 돌봐주셨다. 뿐만 아니라 바쁘게 직장에 다니며 김치 담글 형편이 못 되는 나 대신 집에 오셔서 늘 김치를 담가주셨다. 미국에 살다 보면 김치는 유독 친근한 음식이 되는데 어머니가 살아계시는 동안 나는 김치를 담가 본 적이 없다. 김치뿐만 아니라 여러 음식을 정성껏 만들어 주셔서 우리 가족은 어머니가 만들어주신 맛있는 음식에 길들여졌고 어머니 덕분에 나는 편하게 직장생활을 했다. 어머니의 버무린 정성이 우리 자식들에게도 전해졌을 것이다. 지금도 여러 재료를 넣고 다채로운 김치를 양념에 맛있게 버무리신 어머니 손을 생각하면 마음 한구석이 따뜻해 오고, 때로는 김치의 개운한 맛처럼 내 마음에 환한 위로가 된다.

어머니는 샌프란시스코 재팬타운에 사셨는데 다리가 많이 아프셨다.

하지만 내가 간다고 하면 몇 블록은 걸어가야 하는 한국 식품점에 아픈 다리를 끌고 가셔서 내가 좋아하는 무시루떡을 꼭 사다 놓으셨다. 그때마다 "엄마 내가 차 타고 가서 사오면 되지 뭐 하러 다녀왔어?" 해도 꼭 그렇게 하셨다. 어머니는 내가 떡 먹는 모습만 바라봐도 좋으신지 흐뭇한 미소를 지으셨다. 어머니를 다시 뵐 수 없으니 어머니의 사랑이 담긴 무시루떡 맛이 더욱 그리워진다. 맛의 절반은 추억의 맛이라고 하듯.

어머니는 돌아가시기 전 나와 많은 시간을 나누셨다. 나는 3개월 동안 병원에서 매일 성경을 읽어 드리며 천국에 대한 확신과 소망을 갖게 해드렸다. 교회는 오래 다니셨고 권사의 직분까지 갖고는 계셨지만 형식적이고 관념적인 신앙만 갖고 계신 것이 아닌 지 함께 이야기를 나누며 구원에 대한 확신을 더욱 확고하게 갖게 되셨다. 어머니는 막내인 나를 많이 의지하셨는데 내가 어머니와 마지막을 함께 하고 나로 인해 예수님 잘 믿고 천국으로 이사하신 것을 감사하게 생각한다.

어머니는 병원에서 내게 자신의 장례에 대해 말씀해 주셨다. 당신 장례식에 오신 손님들 잘 대접해 드리라고, 평소에 꽃을 좋아하셨던 어머니, 말씀은 안하셨지만 당신 장례식 때 꽃이 많이 있기를 바라시는 마음을 나는 알고 있었다.

어머니는 10살 연상 남편을 10년 먼저 떠나보내시고 93세에 세상을 떠나셨다.

어머니의 삶을 감히 돌아보자면, 7남매 모두 특별히 부모 속 썩이지 않았고 평범하게 살며, 앞서 보낸 자식도 없으니 큰 고통 없이 무난히 살다 가셨다고 생각한다. 하지만 어머니를 보낸 후 어머니를 추억할 때마다 슬픔은 여전하다. 아니 새롭다. 시간이 지날수록 그 마음은 숙성되고 어머니의 깊고 깊었던 사랑은 더욱 새록새록 우러난다.

코끝이 찡하게 그리운 어머니의 김치와 무시루떡은 내게는 더 이상 음식이 아니다. 자신을 발효시키고 희생하며 어머니의 참맛을 알게 해주신 어머니께 감사드린다.

7남매 치다꺼리와 살림하느라 눈코 뜰 새 없이 바쁘고 피곤하게 사셨던 어머니!

먹이고 입히며 자신을 내주는 것을 행복으로 살아오신 어머니!

어머니가 보고 싶다.

송재경 1974년 도미. NASA 년 근무 은퇴.

어머니와 '예수 할아버지'

신재동

미국 달력에는 추석이 빨간색으로 표시되어 있지 않다.

공휴일도 아니다. 교포들은 추석에 별로 관심이 없다. 한국마켓에 갔다가 송편이 많이 나와 있기에 그나마 추석이라는 느낌이 다가왔다. 추석이면 떠오르는 것이 송편이다. 지금이야 먹을거리들이 많아서 송편 정도는 거들떠보지도 않지만 내가 자랄 때는 송편이 귀한 음식이었다. 추석을 며칠 앞두고는 집안이 어수선할 정도로 바쁘게 돌아가곤 했다.

추석준비의 절정은 가족이 둘러앉아 송편을 빚는 일이다. 무슨 이야기가 그리도 재미있는지 깔깔대면서 웃음꽃이 멎을 줄 몰랐다. 송편을 예쁘게 빚으면 예쁜 딸을 낳는다는 말 하나만 가지고도 그렇게들 좋아하면서 웃었으니 말이다.

요새 송편은 솔잎 향도 없고 조그마한 게 일률적으로 속에 깨만 들어 있다. 웃을 줄 모르는 기계가 찍어내는 송편이 오죽하겠는가. 내가 어렸을 때는 송편도 크고 다양한 속이 들어 있었다. 대소쿠리에 담아놓은 송편에는 솔잎이 덕지덕지 붙어 있는 것도 있었다. 흰 송편과 쑥 송편이 있는데 솔잎을 뜯어내고 보면 송편 속에 무엇이 들어 있는지 어림잡아 볼 수 있다. 밤, 대추, 흰 팥, 깨, 흑설탕, 고구마도 들어 있었다. 내가 좋아하는 송편은 흑설탕이 들어 있는 송편이었다.

6·25전쟁이 나기 전, 내 고향 춘천에서는 추석이면 집집이 송편을 만들었다. 나는 커다란 소쿠리를 들고 어머니를 따라 솔잎을 따러 산에 갔다. 어머니는 새 솔잎만 따라고 했다. 새 솔잎은 파란 데 비해서 묵은 솔잎은 거무튀튀하다. 솔잎은 따기보다는 뽑아야 했다. 몇 가닥 솔잎을 뽑고 나면 그중에 한두 잎은 끝에 잎집이 붙어있어 잎집을 제거하고 솔잎만 소쿠리에 담았다. 여러 번 솔잎을 따다 보면 손가락이 끈적끈적했다. 솔잎에서는 솔잎 향이 진하게 풍겨 나왔다. 내 손에도 솔잎 향이 묻었지만 싫지 않았다.

'제3회 재외동포 사진 공모전' 대상작 '121 코커스 만세'

추석과 송편과 보름달은 떼어 놓을 수 없는 삼 종 세트다. 추석은 일 년에 한 번 어김없이 찾아온다. 그중에서 누구에게나 잊을 수 없는 추석은 있기 마련이다. 내가 가장 소중하게 여기는 추석은 어렵게 살던 시절의 추석이다. 전쟁이 끝나갈 무렵이었다. 피난 나갔다가 서울로 돌아와 돈암동 산동네에서 살고 있을 때다. 아버님은 내가 한 살 때 폐병으로 돌아가셨으니 나는 기억도 없다. 서른아홉 젊은 나이에 갓난 아기를 포함해서 네 명이나 되는 어린 자식들을 두고 떠나는 아버님이 온전히 눈을 감을 수 있었겠나 짐작해볼 뿐이다.

어머니는 신장염을 앓고 계셨지만 어린 자식들을 데리고 당장 먹고살게 없던 때라 얼굴과 손발이 퉁퉁 부은 몸으로 삯바느질을 하셨다. 한 입이라도 덜어내려고 위로 두 누님과 형님은 시골친척집으로 보내고 막내인 나만 어머니와 함께 있었다. 어린 마음에도 힘들어 하시는 어머니를 도와 살림을 거들었는데 물 긷는 일은 내 몫이었다. 생철로 만든 물통에 물을 반만 담고 물지게 양편에 하나씩 매달고 일어선다. 언덕을 오르지만, 힘이 든다고는 생각하지 않았다. 길어온 물은 부엌에 있는 커다란 물독에 부어 채웠다. 어려운 살림에 끼니를 늘여가며 먹느라고 쌀은 조금만 넣고 멀건 아욱죽을 끓여 먹었다. 어머니는 밖에 나가 뛰어놀면 배가 금방 꺼진다고 나가 놀지 말라고 했다.

그때도 추석은 어김없이 찾아왔다. 추석 전날이었는데 쌀독에 쌀이 한 톨도 없었다. 추석이라고 송편은커녕 밥도 굶게 생겼다. 어머니는 한숨만 쉬고 계셨다. 옆집에서 여러 번 쌀을 꾸어 오고도 갚지 못해서 더는 꾸러 갈 염치가 없었다. 나는 궁리 끝에 '예수 할아버지'가 생각났다. '예수 할아버지'는 이북에서 피난 나와 언덕 위의 집에서 살고 계셨는데 예수를 열심히 믿어서 우리는 그 할아버지를 '예수 할아버지'라고 불렀다. 할아버지는 집사님이라고 했고 할머니는 권사님이라고 했다. 할아버지는 일요일과 수요일 저녁에는 동네 아이들을 집에 모아놓고 예배를 드렸다. 그때 난생처음으로 예수님의 이야기를 들었다. 예배가 끝나고 나면 삶은 감자를 내주셔서 감자 먹으러 가곤 했던 집이다. 빈 쌀자루를 들고 '예수 할아버지'네 집으로 갔다. 대문 앞에서 차마 안으로 들어갈 용기가 나지 않았다. 문 앞에서 기웃거리다가 그만 할아버지에게 들키고 말았다. 할 수 없이 죄지은 사람처럼 고개를 푹 숙이고 죽어가는 목소리로 쌀 한 양재기만 꾸어달라고 했다. '예수 할아버지'는 아무 말 없이 쌀 한 양재기하고 반 양재기를 더 담아 주셨다. 얼마나 고마운지 날아갈 것 같은 기분이었다. 추석날 아침에 어머니와 둘이서 흰 쌀밥을 해 먹었다. 평생 먹는 게 쌀밥이지만 그때만큼 맛있고 행복했던 적이 없는 것 같다.

나이가 들면 옛 추억이 그리워지기 마련이다. 가난에 찌들어 살던 시절이었건만 거기서 맛본 정취와 행복만이 진정한 것이었다고 믿고 싶은 심정이 어쩌면 늙어가면서 더해가는 향수병의 발로인지도 모르겠다. 서울에 갔을 때 내가 살았던 동네를 찾아가 보았다. 아직 재개발되지 않아서 집은 옛집이 아니지만 좁은 골목은 그대로였다. 옛날 인자하시던 '예수 할아버지'는 안 계시고 그 집터에는 구세군 교회가 서 있다. 뾰족한 탑 맨 위에 십자가가 서 있는 것이 미치 '예수 할아버지' 같아 보였다.

어머니를 여읜지도 어언 반세기가 넘었다. 허공에 덩그러니 떠 있는 추석 달을 보면서 어머니를 그려 본다. 한국에서 보는 달이나 미국에서 보는 달이나 그달이 그달이다. 오늘이 추석이라고 송편을 사다 먹었다. 나의 어머니는 나보다 젊다. 나는 돌아가신 어머니 나이보다 두 곱은 더 살고 있다. 어머니가 사시던 그때는 먹을 게 부족했던 시절이었지만 그 나름대로 재미도 있었다. 도깨비 이야기며 귀신 이야기에 푹 빠지던 추억이 그립다. 등잔불 밑에서 '예수 할아버지'의 성경 이야기가 옛날이야기처럼 들렸었다, 가난해도 좋으니 그 시절로 돌아갈 수만 있다면 가고 싶다. 너무나 긴 세월이 흐른 지금 나는 아들, 딸, 며느리, 사위 그리고 손자들까지 대가족을 이루고 있다. 내 가족 중에 나의 어머니를 본 자식은 아무도 없다. 내 어머니는 나 혼자만의 어머니다. 칠순이나 된 나이에 어머니가 그립다고 훌쩍인다면 가족 중에 누가 나를 이해하겠는가. 이층 발코니로 나가 둥근 추석 달을 바라보았다. 까맣게 잊고 지냈던 소월의 시가 불현듯 떠올랐다.

봄가을 없이 밤마다 돋는 달도
'예전엔 미처 몰랐어요'
이렇게 사무치게 그리울 줄도
'예전엔 미처 몰랐어요'

달이 암만 밝아도 쳐다 볼 줄은
'예전엔 미처 몰랐어요'
이제금 저 달이 설음인 줄은
'예전엔 미처 몰랐어요'

달은 예나 지금이나 그대로인데 세상은 상상도 못 할 만큼 바뀌었다. 살다 보니 먹을 게 너무 많아서 한 번도 배고파 본 적이 없다. 먹고 싶은 건 다 먹고산다.

어머니는 누구보다도 송편을 예쁘게 빚었다. 어머니는 송편을 무척 좋아하셨다. 일 년 내내 송편을 먹을 수 있다면 좋겠다고 하셨다. 어머니는 미역국과 떡국도 좋아하셨다. 일 년 내내 미역국과 떡국을 먹을 수 있으면 좋겠다고 하셨다. 드디어 어머니가 바라시던 그런 시대는 오고 말았다. 송편, 미역국 그리고 떡국을 일 년 내내 먹을 수 있는 세상이 되었다. 좋은 세상은 왔건만, 어머니는 안 계시다. 가난해서 먹을 게 없어 굶주리시던 어머니를 기억해 본다.

거실에는 자식, 손자들이 다 모여 있다. 자식들은 맛없다고 안 먹고, 다이어트 중이라고 안 먹고, 먹을거리 사태가 났다. 세상이 변해도 어쩌다가 먹을 게 너무 많아서 어떻게 하면 덜 먹을까 고민하는 세상이 올 줄을 감히 누가 짐작이나 해 보았겠는가?

둥근 보름달이 어머니의 얼굴과 겹쳐 웃으며 다가온다. 어머니 그리고 '예수 할아버지'는 내 마음에 영원히 살아서 숨 쉬고 있다. 지금 내 나이가 그때 말없이 쌀을 퍼주시던 '예수 할아버지' 나이이다. 나도 '예수 할아버지'처럼 누군가의 심장에 영원히 남아 숨 쉬는, 그런 삶을 살았으면 하는 마음 간절하다. 돌이켜보면 나에게 가난은 축복이었다. 가난이 없었다면 아름다운 추억도 감사하는 마음도 느끼지 못했을 것이다.

신재동 1970년 도미. 수필가. 제3회 재외동포 사진공모전 대상. 2016년 미주 중앙일보 신인문학상 단편 최우수상, 저서 『미국 문화의 충격적인 진실 35가지』 『크루즈 여행 꼭 알아야 할 팁 28가지』

어머니의 운동장

양안나

어머니는 목련을 좋아하셨다. 진흙 속에서 곱게 피는 연꽃처럼 나무에 핀 목련도 꽃망울이 깨끗하고 큼지막해서 좋다고 하셨다. 어머니는 통통하시고 키가 작은 여인이었지만 긍정적이고 인심이 후하셨다.

엄마는 내가 수십 번 들은 지난 세월의 이야기를 똑같은 톤으로 말씀하시곤 했다. 놀라운 것은 몇 년 만에 만나 어머니가 아주 왜소해 보일 때도 내게 이야기를 처음 시작하시는 것처럼 조곤조곤 말씀하시곤 했다. 나는 그 이야기들이 슬프다거나 재미있다고 생각해 본 적은 거의 없었다. 이야기 중에는 30대의 어머니와 운동장에서 느리게, 혹은 빠르게 걷는 여자아이도 간혹 나오곤 했다. 어머니의 가슴에는 자라지 않는 아이가 한 명 있었다.

내가 초등학교에 입학할 나이가 되자 엄만 오래전부터 계획한 일을 실행에 옮기셨다. 수업이 끝난 텅 빈 학교의 운동장에서 내 손을 꼭 잡으시고 걷기 시작했다. 어린 나이에 운동장의 길이가 지구의 둘레만큼 길어 보였다. 나는 그것이 모든 아이가 입학 전 거치는 과정인 줄로만 알았다. 명랑한 성격이었던 나는 입학한다는 기쁨에 걷고 또 걸었다. 그날 엄마의 가슴에 비가 내렸다는 사실은 아주 커서 알 수 있었다.

여름날에는 쉬엄쉬엄 걷다 나무 그늘에 앉아 쓰르라미 소리를 들으며 아이스케키를 먹기도 했다. 언니와 오빠 몰래 먹는 맛은 어떤 명품의 아이스크림 맛과 비교할 수 없는 악마의 얼음과자였다. 때로는 자전거와 사람들이 북적거리는 신작로로 나가서 사람들과 부딪히지 않게 한쪽 길로 걸을 것을 당부하셨다. 화가 박수근의 작품 가운데 함지박을 머리에 인 여인 옆을 한 어린아이가 보폭을 맞추기 위해 팔을 높이 흔들며 걷는 잔잔한 그림이 있다.

엄마와 함께 대구 달성공원 돌담길을 타박타박 걸었던 내 기억 속의 흑백 사진과 흡사하다. 그림 속의 여인도 "그래, 그렇지 아이고, 잘하네. 앞을 똑바로 보고 손을 흔들며 걸어라."라고 당부했을 것이다.

학교생활에 적응하기 위해서 미끄럼틀과 그네 타기의 주의사항, 특히 아이들에 밀려 넘어지지 않게 요령껏 타는 법도 세심하게 가르쳐 주셨다. 넓은 운동장에 어른은 오직 엄마 한 분뿐이었고 운동기구에 따라 어머니의 긴 치맛단은 조금씩 올라가기 시작했다. 많은 시간이 바뀌어서 내가 놀이터에서 그네에 앉은 아들의 등을 밀어주던 중 내 안에 어머니가 들어있는 것을 불현듯 깨달았다. 어머니가 천천히 주의사항을 말하며 외손자의 등을 부드럽게 밀었다. 아이가 더 세게 밀라고 큰소리로 외쳤다.

그 당시 호적이 잘못되었거나 어떤 사유로 나처럼 여덟 살에 입학하는 아이들이 더러 있었다. 어머닌 내가 혹시라도 아이들에게 기가 죽을 것을 염려하여 서두르지 않으셨다. 다행히 눈이 커서 왕방울이라 놀리는 아이들은 있었지만, 어머니의 염려와 달리 학교생활은 신이 났다. 늦은 나이에 입학한 탓에 키가 컸고 글을 읽을 수 있어서 콩나물시루 같은 교실에서 선생님의 총애가 없어도 줄반장 정도는 할 수 있었다. 나는 자립심이 강한 아이가 되어갔고 입학과 동시에 어머니의 등교는 끝이 났다.

어머닌 인정이 많으셨다. 넉넉하지 않은 살림 가운데서도 배고픈 자에겐 먹을 것을, 옷이 없는 자에겐 옷을 내주셨다. 김장김치나 장을 담그는 날엔 이웃 아주머니들이 마당을 가득 채웠었다. 나는 어린 마음에 엄마가 남들에게 지나치게 인심을 쓰는 것이 마음에 들지 않았고, 조용히 보내고 싶은 주말에 사람들이 자주 드나드는 것이 때론 귀찮았다. 그러나

이러한 베풂이 가족의 복, 그중에서도 특히 나를 위한 것이라 하셨으니 어머니의 자비와 덕에 감사한다.

나는 세 살 무렵 소아마비를 앓았다. 그러나 어머니의 지극한 사랑과 사람을 좋아하는 성격 덕분에 누구와 크게 차이가 난다고 생각지 않고 밝은 어린 시절을 보냈다. 어머니는 운동장 이야기를 가족 외의 타인에게 꺼내시는 적은 거의 없었다. 아마도 당신 혼자 묻어둔 시린 저장고를 열고 싶지 않으셨을 것이다. 이제, 먼 세월 돌고 돌아서 내가 그 문을 활짝 열어드리고 있다. 어머니, 그곳에도 넓은 운동장이 있나요? 이제 편히 쉬세요.

이승의 / 진달래꽃 / 한 묶음 꺾어서 / 저승 앞에 놓았다.
어머님 / 편안하시죠? / 오냐, 오냐,
편안타, / 편안타.(조태일의 어머니를 찾아서)

다시 어린아이가 되어 어머니가 들려주시는 이야길 들으며, 목련꽃 환하게 핀 돌담길을 주름진 손을 꼭 잡고 걷고 싶습니다. 그리운 어머니, 오늘은 어머니께서 좋아하시는 열무김치와 보리밥에 수저를 올려 드리겠습니다.

양안나 오클랜드 상수리 독서회 회원, 버클리 문학협회 회원

종이비행기와 반짇고리

정은숙

"아이고 우짜믄 좋노…" 옥이 언니의 목소리가 들리는가 싶더니 언니는 그야말로 바람 같은 기세로 나를 에워싸고 있던 아이들을 헤치고 뛰어들어 내 손에 들려있던 종이비행기를 빼앗고는 아이들을 향해 험상궂은 표정으로 소리를 쳤다

"저리 안 가나. 야들이 도독놈아이가… 얼라 한테 이기 무슨 일이고... 내 너그 엄마들한테 콱 일러줄끼다."

옥이 언니의 서슬 푸른 꾸지람에 둘러섰던 아이들이 와아 하고 흩어졌고 언니는 나를 낚아채듯이 업고 집으로 달려갔다

나는 직감적으로 뭔가 대단히 무서운 일이 일어난 것을 느꼈지만 그 일이 무엇인지는 알 수가 없었다.

방문을 열자 엄마는 경대 앞에 앉아 계셨고 맞은편엔 동생이 앉아있었다

"옥이 니도 들어온나."

엄마는 문밖에 서있는 옥이언니와 나를 바라보시면서 한번도 들어본 적 없는 낯선 목소리와 표정으로 짧게 한마디 하셨다

"예."

풀죽은 목소리로 언니는 대답을 하고 내 손을 잡고 방으로 들어섰다. 갑자기 섬뜩하게 몰려온 두려움을 깨고 옥이 언니가 울먹이는 목소리로

"지가 잘못했어예. 그라이께..그기..지가...그기..잠깐 다른 일 하다보이께예.."

옥이 언니의 울먹이는 목소리를 자르고 엄마의 목소리가 차가운 방안공기를 흔들었다

"시끄럽다. 니는 하는일이 얼라들 챙기는 일인데 뭐한다꼬 아들(아이들)은 안보고 이래 사단을 벌이노."

"잘못했심니더.."

내 곁에 앉아있던 옥이언니 손등위로 눈물이 툭 떨어지는 것을 보자 나도 그만 울어야할 것 같은 마음이 들었지만 옥이언니처럼 눈물이 손등위로 떨어지지는 않았다

옥이언니의 훌쩍거리는 소리에도 어머니는 말없이 앉아계셨다. 나와는 연년생인 동생은 순한 눈만 깜박이며 앉아있었다. 그 침묵은 마치 깊은 수렁 같은 정적으로 방을 채우고 있었다. 한동안을 말없이 앉아 계시던 엄마가 드디어 말문을 열었다.

"여기 있던 돈 누가 손댔노?   숙이 니가 그랬나?"

한 번도 본 적이 없는 엄격한 표정과 목소리의 엄마 모습에 나는 말할 수 없는 두려움이 순간 몰려왔다. 나는 엄마가 왜 이렇게 화가 났는지 알 수가 없었지만, 왠지 뭔가 잘못된 일이 있는 거 같았지만 영문을 몰라 고개만 가로저었다.

돈이 어떻게 생긴 건지 무엇에 쓰는 물건인지는 알 수가 없었지만, 엄마에게 그 돈이란 것이 몹시 중요한 물건인 것 같았다.

이런 나를 삼시 쳐나보고 있던 엄마가 동생을 보고 물어보셨다

"억이 니가 엄마 경대위에 있던 돈 갖고 갔더나?"

늘 따뜻하고 부드러운 엄마의 모습만 보았던 동생은 웃음기 없이 차가운 표정의 엄마를 보고 진작부터 잔뜩 겁에 질려 있는 듯했다. 더구나 내가 모르는 돈이라는 것을 동생은 더 더욱 무엇인지 알 수가 없었을 것이다.

나와 마찬가지로 동생도 고개를 가로젓기만 했다. 이런 동생과 나를 바라보시던 엄마가

"옥이 니 가서 반짇고리 갖고 오너라" 하셨다.

옥희언니가 어리둥절한 표정으로 엄마를 쳐다보자 엄마는 옥이언니를 재촉했다

"뭐하노. 반짇고리 갖고 오라카는데."

엄마의 엄한 채근에 놀란 옥이 언니가 나가서 반짇고리를 들고 왔다

엄마의 반짇고리는 마치 보석함처럼 고운 비단으로 장식된 바느질 함이었다. 반짇고리를 열고 가위와 실패와 바늘을 꺼낸 엄마는 갑자기 동생과 내 손목을 끌어 실로 감기 시작하는 것이었다. 동생과 나는 그때서야 뭔가 굉장히 무서운 일이 일어날 거라는 예감이 들었다. 실로 우리들의 손목을 묶으면서 엄마는 가위를 꺼내 들었다

"엄마한테 거짓말하는 아 들은 이담에 커서 다른 사람한테도 거짓말 할끼다. 그런 아 들(아이들)은 손이 없어야 남의 물건에 손 안댈끼고 거짓말하는 입은 바늘로 묶어야 거짓말 안할끼다."

마치 엄마 손의 가위가 금방이라도 우리의 손목을 자를 듯한 공포심에 나와 동생은 와앙-하고 울음을 터트렸다. 옥이 언니도 새파랗게 질려서
"잘못했어애..잘못.."하면서 울음을 터트렸다.

이층 창문으로 내다보이는 공터는 동네 아이들의 놀이터였다. 겨울 햇살이 화사한 남향의 공터엔 늘 아이들의 떠드는 소리가 왁자했다. 옥이 언니는 동생이나 내가 언니 없이 바깥으로 나가는 것을 허락하지 않아서 나와 동생은 그 공터엘 나가 아이들과 뛰어놀 수는 없었지만 대신 창밖으로 아이들이 노는 모습을 신기해하며 바라보았다. 가끔씩 내가 서 있는 창가를 아이들은 힐끔거리듯 올려다보기도 하며 내가 한 번도 해본 적이 없는 놀이들을 하며 해가 저물도록 왁자지껄하게 뛰어놀고 있었다. 옥희 언니의 말로는 그 놀이의 이름이 제기차기, 고무줄놀이, 술래잡기, 땅따먹기라고 했다. 아이들은 가끔씩 하늘 높이 올라가는 연이라는 것을 날리기도 하고 종이비행기를 날리기도 했다. 그 종이비행기가 어떤 땐 우리 집 창문 가까이 까지 날아오기도 했는데 종이비행기가 하늘 높이 날아오르는 모습이 내겐 너무 신기했다. 옥이 언니를 졸라 종이비행기를 접는 방법을 배운 나는 내가 만든 종이비행기를 날리기 시작했다. 내가 날리는 종이비행기를 보고 아이들이 우리 집 창문을 올려다보는 모습이 신기해 종이만 보면 비행기를 만들어 공터에 날려 보내곤 했다.

어느 날 종이비행기를 만들 종이를 찾을 수가 없어서 종이를 찾으러 다니다 엄마 경대위에 놓여있는 종이를 보았다. 반듯한 종이가 잔뜩 있었다. 그 종이를 몇 장 가져다 종이비행기를 만들어 창밖으로 날려 보냈다. 잠시 후 공터에서 놀던 아이들이 내가 만든 종이비행기를 잡으려 창문 아래로 모여들었다. 전처럼 잠시 창 쪽으로 올려다보는 게 아니라 공터에서 놀던 아이들은 모두 우리 집 창 아래로 모여들었다. 그 후 내가 발견한 것은 엄마의 종이로 만든 비행기를 아이들이 더 좋아한다는 것이었다. 그걸 알게 된 후 나는 엄마 경대에 종이만 보이면 비행기를 만들어 창 아래로 날려 보냈고 내가 창가에 보이면 아이들은 창 아래로 모여들었다. 비록 공터로 나가 놀 수는 없었지만, 동네 아이들에게 종이비행기를 만들어 보내는 일은 내게는 즐거운 놀이가 되었다.

엄마 경대위의 종이가 돈이라는 것을 알게 된 것이 언제인지는 기억도 나지 않지만 무엇이든지 거짓말을 했을 때는 비록 거짓말이 무엇인지 모르고 했더라도 거짓말을 한 손과 입술을 꿰매게 되는 벌을 받아야 한다는 교훈을 어린 나와 동생에게 엄마는 가르쳐 주셨다.

경대위의 종이를 엄마 허락 없이 가져다 동네 아이들에게 나누어 주고도 모른다고(그 당시에는 돈이 무엇인지 알 수 없었던 어린아이였지만) 거짓말을 한 것에 대해 이 세상에 태어나서 처음으로 받을 뻔한 체벌은 가장 무섭고 공포스러운 체벌의 형식이었고 그때의 두려움은 평생 기억 속에 자리하고 있다가 순간순간 내 삶의 기로에서 큰 지표가 되어 주었다.

세상을 살아오면서 무의식적으로는 타인에게 폐를 끼치거나 불편을 줄 때가 있을지 모르겠으나 의식적으로 타인에게 불이익을 주게 되는 일은 조금이라도 삼가 하려 애를 쓰는 것은 어린 동생과 나를 두고 일찍 떠나신 어머니가 남겨주신 반짇고리 교훈 덕분인 것을 마음에 새긴다.

정은숙 1979년 도미. 버클리 문학협회 회원. 시집『당신의 빛, 그 투명함으로』버클리 문학협회 회원.

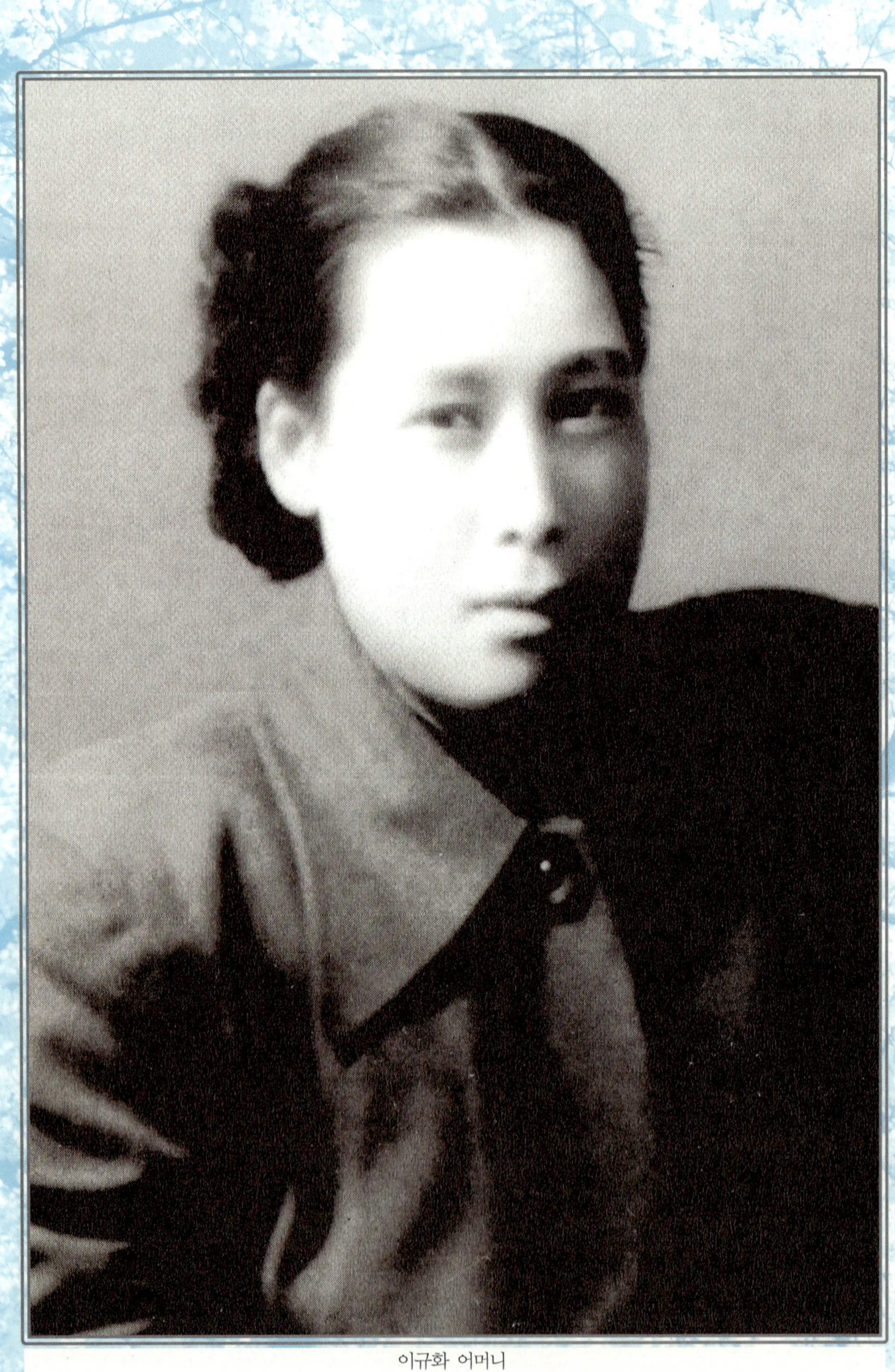

이규화 어머니

4부. 어머니는 강하다!

지혜롭고 쿨 하신 어머니

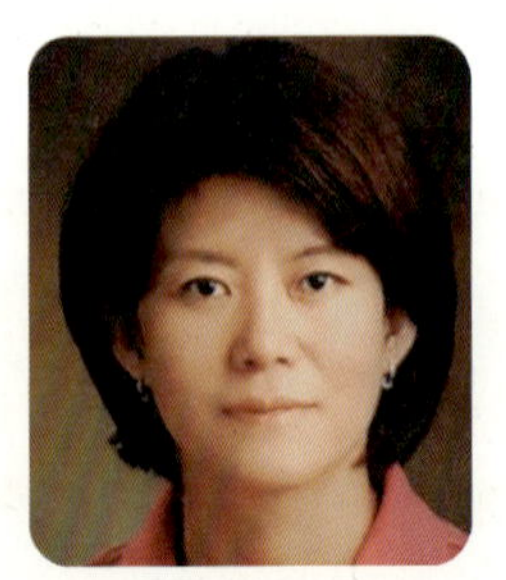

김광순

나는 4남 1녀의 막내이며 외동딸로 태어났다. 얼핏 생각하면 네 오빠들 틈에서 사랑만 받고 어리광만 부리고 살았을 것 같지만 나의 성향은 그렇지 않았다. 말이 많지는 않지만 필요하다 싶은 말은 꼭 해야 직성이 풀리고 남의 잔소리나 귀여움을 받는 것도 어려서부터 거부할 정도로 독립적이었다. 예쁜 옷을 사다주면 난 이런 스타일이 싫다든지 등 내 의견을 정확하게 말해서 사 준 사람을 무색하게 만들며 어찌 보면 스스로 사랑을 박찼던 것 같다. 목소리를 내지 않는 삶을 거부하며 훈계나 지적 질을 잘하며 주체가 없는 삶은 내 것이 아니라는 생각을 가지고 있었다. 아버지의 바람이나 노름 등 부당한 행동을 늘 참아주고 봐주는 엄마와 같은 무조건적으로 순종적인 삶을 살지 않으려고 결혼 생각도 잊고 살았다.

여의도 증권가에서 직장 생활을 잘 하던 내가 42살에 결혼을 하고, 머나먼 미국까지 오게 된 것을 생각하면 인연이나 섭리라는 말이 실감난다.

결혼 2년 전 어느 날, 나는 자원봉사로 어떤 봉사모임에 나가게 됐다. 내가 상처한 남편을 상사의 소개로 만났을 때, 내가 2년 간 했던 일이 하나님의 예비한 계획이었던 듯 그의 딸은 나의 도움이 필요한 상황이었다. 가족을 떠나 미국으로 가는 일, 재혼이라는 점, 돌봄이 필요한 딸이 있다는 점 등이 초혼인 나로서는 결정하기 쉬운 일은 아니었지만 운명처럼 우리는 결혼했다. 원래 내가 반골 성격을 가진 지라 결혼 초에는 의견충돌도 많았고 때론 내 삶이 단조롭고 지루해 어려움도 있었다. 지금은 서로 이해하고 개선해 나가면서 안정을 찾았지만 만일 그때 시어머니의 개입이나 잔소리가 있었다면 쉽지 않았을 것이다. 왜냐하면 고부간의 갈등이 부부관계를 악화시키는 것을 보아왔기 때문이다.

시어머님을 한마디로 표현하자면 '쿨 하다.'는 말이 가장 어울릴 것이다.

'쿨 하다.'는 것은 자신의 감정을 섣불리 드러내지 않고 초연한 듯한 태도를 보이는 것을 말한다. 시어머님은 남편에게 순종적이어서 당연히 두 분은 사이가 좋으시다. 조용하지만 아버님께 웃으며 순종하시는 어머니를 뵈면 본이 되고 느끼는 바가 많다. 지혜로운 순종이라고 해야 할까? 할 말, 하지 않을 말을 정확하게 아시고 남편의 뜻을 잘 알고 따른다.

2남 1녀 아들딸을 자랑스러워하시는 어머님의 자식들에 대한 무한지지 또한 본받을 만하다.

자식들이 무슨 결정을 하든 무슨 일을 하든 믿어주고 잘 한다고 응원하며, 뭐가 잘 안 됐어도 정색하는 것을 본 적이 없다. 그래서인지 남편의 어머니에 대한 믿음과 지지 또한 완강하고 무한긍정이다.

'우리 엄마는 그런 사람이다 또는 우리 엄마는 그런 사람이 아니다.'

이 두 말이면 더 이상 대화가 이어질 수 없다. 처음에는 어떻게 이런 모자관계가 있을까 생각했지만 시간이 갈수록 이러한 신뢰는 하루아침에 생긴 것이 아니고 상대적이며, 그로 인해 모자관계가 더욱 돈독해지는 것을 본다.

"엄마, 별일 없으세요?" 매주 전화하고 다정하게 묻는 남편을 보며 시어머님이 부럽다는 생각도 든다.

어머님은 매사에 최선을 다 하신다. 잠시도 손을 놓고 있거나 허투루 시간 보내는 것을 본 적이 없다. 집안 일이 없으면 텃밭이라도 가꿔 항상 움직이며 건강을 관리해 자녀들을 안심시킨다.

며느리 입장에서 시어머님이 쿨 하다고 할 수 있는 또 다른 가장 큰 이유는, 며느리에 대해 꼬치꼬치 묻거나 참견을 안 하신다는 점이다. 어디를 가느냐, 어디를 다녀왔느냐, 어디를 갈 거냐 등 때로는 이런 저런 잔소리를 하거나 물을 법도 한데 절대 묻지 않으신다. 며느리가 이것저것 못 마땅한 점도 보일 테고 바라는 바도 있으실 법 하건만 내색조차 않으신다. 듣기 싫은 소리를 않으시니 얼핏 보면 며느리에게 지는 것 같아 보이나, 당신 생각을 조용하나 기분 나쁘지 않게 강력히 말씀하시는 지혜가 있으시다. 이런 어머님 덕분에 원만한 고부관계를 유지할 수 있으니 감사할 뿐이다.

상대를 받아들이고 인정하는 것이 쉽지 않은 일이다보니 우리는 누구나 상대에게 사랑받고 인정받고 칭찬받을 때 행복을 느낀다. 시어머님이 잔소리나 참견 그리고 핀잔만 한다면 남편과의 생활도 행복하기 어려울 것이다.

어머님의 신세지지 않으려는 노력도 대단하시다. 미국에 여러 번 오셨지만 몸이 아파도 어떻게든 견뎌보려 하시며 우리에게 부담이 될까 노심초사하신다. 어머님을 쿨 하다고 하는 또 다른 이유는 남의 탓을 절대 안 하신다는 점이다. 그 연세 정도면 이런저런 핑계나 구실로 자녀를 나무라거나 푸념이나 원망, 남의 탓을 할만도 하지만 한 번도 그런 말씀이 없으시다. 이렇다보니 시어머님과의 관계가 어긋날 일이 없다. 늦게 결혼했는데 고부간의 갈등이 있었다면 얼마나 힘들었을까? 어쩌면 내 곰살 맞지 않은 성격을 알고 하나님은 내게 이런 시어머님을 만나게 해주셨는지도 모른다.

내가 시어머님과 고부관계의 연을 이은지도 17년이 되어온다.

한국에 나가면 항상 며느리를 따뜻하게 맞아주시고 고맙게 여기시니 나도 어머님을 진심으로 챙기게 된다. 시어머니가 싫어 시금치도 먹지 않는다는 사람들에 비하면 나는 얼마나 감사한지 모른다.

평범(平凡)이라 함은 보통 平에 사람들 凡으로 '보통 사람들'이라는 뜻이다. 자극적이고 과장된 것에 익숙해진 요즘은 평범한 것에 별 관심을 갖지 않지만, 소박하고 평범한 시어머님을 뵈면 그것이 내려놓는 내공과 감정제어의 필사적인 노력이 동반되어야 하는 결코 쉬운 일이 아니라는 생각이 든다. 늘 편안하게 며느리에게 자유와 안정을 주시는 어머님께 감사드리며 운동에 열심이신 아버님과 건강하고 평안하시기를 기원한다.

김광순 2002년 도미. 쌍용투자 증권, 굿모닝 신한증권 근무.

어머니와 '우리 오빠'

김지숙

어머님은 맏아들을 낳고 딸 셋을 나으신 후 아들 쌍둥이를 낳으셨지만 바로 잃으셨다고 한다. 슬픔이 크셨을 텐데 그 후 막내로 태어난 나는 워낙 몸이 약해 온 가족의 걱정이 더 컸단다. 저것이 얼마나 살까 걱정을 했고, 조금 커서도 내가 뭐든 먹기만 하면 온 식구가 박수 쳐주고 칭찬을 했던 탓에 지금도 무얼 먹으면 잘한 느낌이 들기도 한다.

부모님은 내가 태어나자 고등학교 2학년이던 나와 20살 차이나는 오빠를 불러놓고 나를 당부하셨단다. "이제 우리는 나이 들어 이 아이를 잘 기를 수 없을지 모르니 네가 맡아 길러라." 그래서 오빠는 일단 내 이름부터 지었다. 자신의 중학교 때 첫사랑 이름 지숙이라고. 나는 돌 때 목도 못 가눌 정도로 약해서 밤 삶은 물로 키웠다고 한다. 몸이 약한 어머니가 41세에 나은 나는 어머니의 아픈 손가락이었다. 부모님이 나이 든 것이 싫었지만 언니들이 엄마처럼 오빠는 아버지처럼 나를 잘 지켜주었다.

외갓집에서는 부잣집 딸로 태어난 어머니에게 가난하지만 착한사람과 살라고 데릴사위로 아버지를 데려왔다. 하지만 아버지는 편히 살 수 있는 길을 버리고 밖으로 돌았다.

아버지는 불같았고 어머니는 냉랭하셨다. 돌아보면 표현이 서툴러서 그렇지 아버지가 어머니보다 정은 많으셨던 것 같다. 집에 오실 때 밤늦게 추운데 고생한다고 그 사람들이 불쌍하다고 남은 걸 다 사 오시고, 자는데 깨워 먹이려 하셨다. 비몽사몽 졸면서 먹던 군고구마나 군밤 등을 기억한다. 그래도 어머니가 행상들에게 밥상을 차려주시는 모습은 종종 보았다. 그때마다 나는 저 숟가락을 날 주면 안 되는데 그런 걱정을 하곤 했다.

어머니는 아버지를 많이 좋아하셨다. 당신의 어머니를 일찍 여읜 탓에 아버지를 많이 의지했다. 내 유년의 아랫목엔 늘 아버지의 밥주발이 수건에 둘둘 감긴 채 자리했다. 언제 오실지 모르는 아버지를 오시든 안 오시든 생선이면 가운데 토막을 떼어놓아 아버지 것은

늘 최고로 갈무리했다. 그것이 어머니의 아버지에 대한 사랑의 표현이었다. 하지만 아버지는 삼림산업을 하며 자수성가로 돈을 벌자 바깥으로 눈을 돌렸다. 어머니도 강한 성격인데 바람을 피우고 들어와도 큰소리치며 핑계조차 대지 않는 남편에 대한 원망을 안으로 삭이다보니 몸이 매일 아팠다. 양갓집규수였던 어머니는 자존심에 크게 상처를 입고 그런 아버지를 용서하지 못해 아예 입을 다물어버렸다. 성격이 불같고 말해 봤자 소용이 없는 아버지에 대항하지 못 한 탓도 있었을 것이다.

아버지로서는 차라리 대들고 악이라도 쓰면 좋으련만, 살림을 못 하는 것도, 애들을 잘 못 키우는 것도, 게으르지도 않으니 어머니를 흠 잡지 못 해 음식 타박을 하셨다. 어머니는 냄새를 잘 못 맡았는데 이건 제철 생선이 아니다, 음식을 미련스럽게 많이 담아 밥맛을 떨어트린다, 재수 없게 적게 담았다 등등. 돌이켜보면 어머니에게 인정받지 못 하는 스트레스와 열등감을 그런 식으로 표현하신 것 같다.

그래서 나는 늘 어머니 편이였으나 나이가 들고 보니 조금은 아버지도 이해가 된다. 늘 자리 보존하고 누운 어머니와 찬바람 쌩쌩 부는 집안 분위기, 툭하면 바른 소리만 하는 어머니 곁에 오래 머물고 싶지 않았을 것 같다. 말소리가 크지도 않고 웃지도 울지도 않았던, 있는 듯 없는 듯 한 어머니셨지만 어머니가 하시는 말씀은 무엇이든 반드시 들어야 할 것 같은 압도적인 그 무엇이 있었다. 자신의 감정은 죽이고 사셨지만 아이들의 자존감을 키워주는 일이나 반듯하게 살아가라는 교훈적인 말씀은 많이 해주셨다.

전쟁 중인지 오빠가 나무를 더 해오겠다며 지게를 사달라고 했더니, 어머니는 "너는 지게 질 사람이 아니다. 그냥 있는 대로 하라."고 하시고, 내게는 "네 귀를 보면 너는 사람들이 주시하는 인물이 될 거다."라는 등 뜻 모를 이야기지만 우쭐하게 해주시곤 했다. 자녀들을 야단도 욕도 한 적 없이 귀하게 여겨주시고 자신감을 키워주셨다. 동네 사람들이 망할 놈,

미친 놈 등 이런 욕을 하면 말이 씨가 된다며 자녀에게 그런 말 하는 사람을 좋지 않게 여기셨다. "작은 것도 더해지면 큰 일이 되니 조심해라." 등 나는 가끔 내 아이들에게 이런 말을 하는데 알고 보면 그것이 모두 예전에 어머니가 하시던 말씀이라는 것을 알게 된다.

아버지의 최고의 칭찬은 "지숙이가 강아지보다 낫네."이었지만 나는 어머니보다 아버지 사랑을 더 받았다. 내게 아버지의 사랑보다 더 큰 사랑을 준 오빠는 여러 면에서 아버지의 아바타였다. 불같은 성질이 그랬고 20대에 새로운 세상에서 살아보겠다고 홀연 단신 캐나다 행을 택한 것도 그랬다. 하나 밖에 없는 아들이 캐나다로 간다고 했을 때 말리지 않으신 것을 보면 두 분 다 대범하셨던 것 같다. 고등학교 1학년을 마치고 오빠가 부르는 캐나다로 나를 보낼 때도 그러셨다. 그때만 해도 외국을 간다는 것은 다시 만나기 어렵다고 여기던 때였는데, 그만한 각오 없이는 하기 힘든 결정이었을 것이다.

미 8군에서 회계 일을 봤던 오빠는 거기서 본 것이 있었는지 나를 사교계 거물로 키우고 싶은 욕심이 있었던 것 같다. 내가 캐나다에 도착하자 사교춤도 가르치고 고등학생인데도 나이트클럽에도 데리고 갔다. 술도 한 잔 정도는 배우도록 기르쳤고 심지어는 담배 에티켓도 가르치려 했다.

오빠는 나를 여름과 겨울 방학이면 일 년에 두 번씩 한국으로 보내 부모님과 지내도록 했다. 그때도 어머니와 살가운 대화를 한 기억은 없다. 다만 어머니는 내가 도착한 날부터 내가 있다는 것을 즐기지 못 하고 보낼 걱정으로 쓸쓸해하셨다. 훗날 내 아들이 대학에 갔을 때 나는 옛 생각이 나서 거의 1년을 울었다. 하지만 아들에게 가보면 아들은 멀쩡해서 그제야 내 옛 무심함이 얼마나 어머니 마음을 아프게 했을까 뒤늦게 깨달았다.

나를 박사까지 시키고 싶어 했던 오빠는 훗날 자신의 아이들에게 하는 것보다 나에게 10배는 더 잘 했다. 그야말로 성실하게 자신의 임무를 완성했다. 밤이 먹고 싶다면 큰 쓰레기 백 하나 가득 사와 껍질까지 까준다. 어머니는 늘 며느리 편을 드셨고, 내가 무엇을 사든 꼭 같은 것을 2개 사서 가져가도록 했다. 나를 잘 봐달라는 뇌물성이었을지언정 어머니는 그러셨다.

"네가 시집가서 애 낳고 살 때까지 내가 살 줄 알았다면 절대 너를 캐나다로 보내지 않았을 거다." 훗날 어머니의 회환 섞인 말씀인데, 당신의 몸이 아프다보니 언니들에게 천덕꾸러기가 되거나 새엄마를 만나 구박이나 받을까 두려웠다는 것이다.

어머님의 결혼관은 단순했다. 내 머리를 빗기면서 너는 꼭 착한 사람을 만나라고 당부하셨다. 다행히 나는 그런 남편감을 만났지만 오빠는 시아버지가 목사고 남편이 신학교 다닌다고 결혼식장에도 안 왔다. 밴쿠버에서 동생 사랑으로 소문난 사람이었을 정도였던 오빠는 내 결혼에 여러 이유를 대며 동생을 아까워했다. 그래도 오빠가 나를 공항에 데려다 주며 자신이 마음을 비운 이유를 말해줬다. 내가 눈을 똑바로 뜨고 "이 사람을 놓치면 평생 후회할 것 같다. 아니면 결혼 안 할지도 모른다."고 했기 때문이라고. 내가 대학 4학년 때 결혼해 미국으로 떠나자 오빠는 한 달 이상 잠을 못 자며 줄담배를 피웠다고 한다. 오빠는 아마 내가 누구를 만나도 마땅치 않았을 것이다.

부모님은 내 결혼식 때 큰돈인 10만 불을 주셔서 우리가 미국에 자리 잡게 도와주셨다. 우리 이민 초창기 미국에 오셨다가 사는 꼴이 한심했는지 그 후로는 오지 않으셨다. 시아버님의 특별한 사랑을 받았지만 내가 최고인줄 알고 살다 처음 시부모님과 살게 되자 갑자기 존재감이 없어져 힘들었다.

아버지는 암인 것을 아신 후 모든 치료를 거부하시고 딸들 효도 잘 받으시다 편하게 돌아가셨다. 4년 후 어머님은 내가 34살 때 손자 13명 손녀 1명 이렇게 14명 손주 모두를 만나보고 가셨다. 그때 나는 막 비즈니스를 시작해 이제는 용돈을 보내드릴 수 있겠다 했는데 결국 나는 부모님 용돈 한 번 못 드리는 불효를 했다. 어머니는 아버지를 평생 미워하셨지만 아버지가 돌아가신 후 "그래도 네 아버지는 여자를 집에 들이지 않았고 한 집을 정해 놓고 가신 것도 아니잖니?" 라고 하셨다. 그것도 잘한 일이라고 스스로 미움을 덜어내셨다.

우리 집은 오빠를 구심점으로 똘똘 뭉쳐 살았다. 오빠가 돌아가실 때까지 우리 가족의 20여 년 전통은 12월 25일부터 연말까지 오빠 집에서 보내는 일이었다. 오빠는 서울에서 오는 동생들과 미국 동생 만나는 재미로 그날을 기다리며 살았다.

올케와는 하소연을 나누는 친한 시누올케였지만 오빠는 당시에 "결혼은 또 할 수 있지만 동생은 바꿀 수 없다." 고 동생 편을 들었다니 올케가 얼마나 섭섭했을까? 무슨 일이든 나와 의논해 주고 나도 그러다보니 나는 결혼 후에도 수시로 오빠를 찾았다. 오죽하면 남편은 '우리 오빠' 소리만 들어도 현기증이 난다고 했다.

오빠는 췌장암으로 70에 세상을 떠났다. 2년 반 전에 갑자기 뇌출혈로 사망한 동생의 죽음이 과부 동생을 잘 챙기지 못 한 자기 탓으로 자책하다 우울증이 왔고 병을 얻었다. 이제는 언니 한 명만 남아 어머니와의 끈을 이어가고 있다.

나는 오빠를 통해 내 인생의 여러 장애물을 넘을 수 있는 인내심과 힘을 키웠다. 언어도 문화도 다른 이민 사회에서 내가 당당히 설 수 있었던 것도 "우리 지숙이! 우리 지숙이!"라던 오빠의 추임 때문이고, "네가 누구냐? 넌 신지숙이야!"라며 늘 기를 세워준 오빠의 북돋음 때문이다. 당신의 아픔은 뒤로 한 채 어린 나를 멀리 보내시던 어머니의 용기와 오빠라는 튼튼한 울타리로 나를 지키게 하신 어머니의 선견지명에 감사드린다.

김지숙 2002년 도미. 경제 및 부동산 동향 세미나 강사. 평통 자문위원 역임. 북가주 부동산 융자 협회 부회장. 현 Mortgage World 대표.

사회활동에 헌신하신 신여성

양효숙

어머님 현영성(玄永成)은 일찍부터 향학열이 남달랐다고 한다. 결혼도 않고 일본으로 유학해 미국선교사가 세운 나가사키(長崎) 갓스이(活水) 여학교에서 공부하셨는데, 모처럼 공부할 기회가 주어지니 어찌나 좋은지 남들 잘 때도 골방에 들어가 책을 읽었다고 한다. 하지만 두통이 심해 졸업을 못 하고 귀국해 동대문 부인병원에서 일하다 결혼하셨다. 한국인으로는 두 번째로 동경제국대학을 나오신 아버지는 맏아들이 다섯 살 때 상처하신 후, 중매로 어머니와 결혼해 아들 넷을 더 낳으시고 마지막으로 기다리던 딸인 나를 낳아 공주같이 키우셨다.

신여성이셨던 어머니는 같은 환경에 있던 친구들과 교류가 많았는데 결혼식 때는 한국감리교 초대 총리 양주삼(梁柱三)목사의 부인인 매륜여사와 서로 들러리를 서기도 했다고 한다. 어머님은 자신이 키가 작고 코가 낮다고 생각해 코를 높인다고 코가 빨갛게 될 때까지 잡아 다니고 굽 높은 구두를 늘 신고 다니셨단다.

아버지는 당시 한국인으로는 첫 번째 임명된 외교관으로 1921년에는 만주 봉천에서, 1925년에는 미국 하와이 호놀룰루에서 관직에 계셨다. 공관에는 지나다 들리는 교포들로 모친은 늘 접대에 바빴다고 한다. 봉천에 사실 때는 교포들 생활환경 개선에는 여성도 직업을 갖는 것이 급선무라고 생각해 아버지의 협조로 그곳에 여성 직업학교를 세워 열심히 운영하셨다고 한다. 기독교인이셨던 어머님은 그때 두 아들이 성홍열로 고생하자 둘 다 살리기 어려우면 큰 아이를 살려달라고 기도하셨다는데, 둘 다 살려주셔서 하나님 은혜를 많이 받으셨다고 말씀하셨다. 하지만 북적이는 아버지 손님들 때문에 어머니는 주일을 지키지 못 하고 부흥회나 새벽기도회에 나가시는 것으로 만족하시며, 자식들도 잠자리에 들기 전에 기도하는 습관을 길러주셨다.

어머니 미국 이름은 Jessie로 미국에 사실 때 영어 쓰기와 말하기를 열심히 공부해 영어에 능통하셨다. 학교 졸업을 못 하신 것이 한이 되셨는지 무엇이든 배우는데 열심이셨다. 붓글씨를 배우셨고 피아노도 배우셔서 일본교회와 한국교회에서 반주를 담당하셨다. 어머님은 매우 활달하신 성격이라 승마도 하셨다는데, 집으로 돌아갈 때는 말이 빨리 달려서 말에서 떨어지지 않으려고 애를 먹었다는 얘기를 하시곤 했다. 아버님의 해외 관직 덕분에 해외 독립운동가를 도우시고 한국 초대 여성 서양화가 나혜석(羅惠錫) 등 신여성들과 교류하시며 사회활동을 많이 하셨다.

어머님은 걸인이 오면 늘 대접해 아버지가 청주 관직생활을 끝내고 서울로 이사할 때, 그들은 그동안 어머님께서 베푼 호의에 감사한다며 캔 산나물을 선물로 주었다. 어머니의 넉넉한 성품을 엿볼 수 있는 일이었다.

서울로 온 후 오빠가 전학할 때 일이다. 당시 초등학교에서는 자리가 없으면 학생을 받지 않던 때였는데, 학교 측에 전학에 대해 문의하자 교실에 자리가 모자라 학생을 더 이상 못 받는다고 했다. 그때 어머니께서는 책상과 의자를 집에서 가져오겠으니 전학을 받아달라고 간청해 어머님 열의에 감동한 학교 측은 오빠의 전학을 받아주었다.

나는 아버지와 어머니께서 다투는 것을 본 일이 없다.

서울 집으로 이사하자 아버님은 생전 어머님께 해 준 것이 없었다며 목수에 부탁해 옷장, 경대 등을 만들어드릴 만큼 어머니에 대한 사랑이 각별하셨다. 어머님은 생활력도 강하셔서 뒤쪽 공터에 연근, 토란, 가지, 호박 등을 가꾸어 살림에 보탰다. 당시 집 전화기는 마치 공중전화기처럼 동네 사람들이 자주 들러 사용했는데 싫은 내색을 하는 것을 한 번도 본 적이 없다. 어머님은 또한 의협심이 많으셨다. 한 겨울 아침 서울역 구내에 동사한 행려병자 시체를 혼자 힘으로 한구석에 끌어다 놓고 파출소에 신고하실 정도였다.

어릴 적 추억은 좋은 것이 많지만 초등학교 때 아버님이 돌아가신 후로는 고생이 많았다. 아버님은 이사 가면 방앗간을 차리겠다고 하셨는데 이사도 하기 전 심장마비로 1946년에 돌아가셨다. 아버지는 관직에 계셨지만 청렴하신 분이라 재산이라고는 집 한 채만 남기셨다. 그 후 어머님은 골동품 등을 처분하거나 여학교 친지인 양주삼 목사 부인 댁에 가 절제회나 교회 일을 하시고 금전적, 물질적 도움으로 살림을 꾸려가셨다. 6.25 때는 어머니가 구해오신 보리쌀로 죽을 쑤어먹으니 당시 어머니는 우리들의 희망이셨다. 1.4 후퇴 때도 어머니 주선으로 미 5공군의 차를 타고 대구로 피난을 갔고, 그곳 미 공군에서 통역하시며 우리를 키우셨다.

내가 미국에서 귀국한 후 어머니를 모실 때 나에게 뒤질까 영어 성경을 읽고 단어를 열심히 외우셨다. 늘 긍정적인 경쟁하는 자세로 불가능해 보이는 일도 해결해 내시는 어머님의 태도에 영향을 받아 자녀들도 무슨 일이든지 해 봐야 성공의 가능성도 있다는 것을 알게 됐다. 막내 오빠와 나는 아버님의 자서전을 내면서 어머님이 소장했던 자료에서 귀중한 사실을 알아내고 어머니를 재발견하는 기회가 됐다. 그리고 어머님께 왜 좀 더 효도를 하지 못했나 하는 자책감으로 괴로웠다.

어머니는 박카스를 드시면 기운이 난다고 매일 한 병씩 드시곤 했다. 내가 미국에서 목회자의 아내로 있을 때 한국에서 전보가 왔다. 어머님께서 별세하셨다는 소식이었다. 돌아가시기 전 해에는 몸이 불편해 누우셨다며 떨리는 필체로 미국에 와서 같이 살고 싶다는 편지를 보내 오셨다. 막내오빠도 미국에 살기에 모셔오기로 하던 차에 돌아가셨으니 더욱 안타까웠다. 어머님께서는 아들 가운데 누군가 목사로 부름받기를 원하셨지만 대신 목사 사위를 두셨다. 이제는 부모님도 여럿이든 오빠들도 떠나고 이 세상에는 오직 막내 오빠와 나만 남았다. 86세로 세상을 떠나 동래온천 제일교회묘지에 누워 계시는 어머님, 나는 어머니에게 죽는 날까지 빚진 딸이다.

양효숙 목사 사모

가족도 조국도 내려놓고

오혜숙

어머니는 1921년 충남 한산에서 8남매의 막내로 태어나셨다. 당시 큰 삼촌은 독일 유학 중이었고, 큰 이모는 미국 동부로 유학한 개화의 물결을 타던 인텔리 집안이었다. 부유한 집 덕분에 일본 동경으로 유학한 어머니는 혜천 여학교를 마치고 서울로 돌아와, 당시 여성 독립 운동가를 많이 배출했던 기독교 학교인 정신여자고등학교를 졸업했다. 그 후 다시 경성 여자 사범학교 졸업 후 공주에서 교편을 잡다가 만주에서 적십자 일을 하셨다. 그때 중매로 중,고등 군의관이던 아버지 오형석 씨를 만나 결혼하셨다. 만주에 사는 교민들 교육의 필요성을 절감한 어머니는 중국 흑하(黑河)에 자신의 이름을 딴 조선국민학교를 설립하고 교장 및 책임자로 3년여를 근무하다가 첫 딸 명숙이 태어나자 딸을 데리고 서울로 돌아왔다.

넷째인 나를 포함해 5남매를 낳고 결혼생활을 하며 사회봉사활동에 여념이 없던 어머니가 삶의 전환점을 맞게 된 사건이 있었다. 둘째 딸과 차를 타고 가다 대형 교통사고를 당해 중상을 입고 8개월간 병원신세를 지게 된 것이다. 많은 친지와 가족들의 방문과 기도로 몸을 회복한 어머니는 그때 다시금 하나님을 만나게 되었다. 자신이 믿는 가정에서 태어나 그때는 은혜롭게 살았는데, 자신이 물질적으로 풍부하게 되면서 전과 같은 믿음은 아니라는 생각이 든 것이다. 자신이 죽을 목숨에서 살아난 것은 무슨 뜻이 있으리라 생각한 어머니는 퇴원 후 그길로 순복음 신학교에 입학하고 열심히 공부해 졸업하셨다. 그 외에도 국제대학 야간 가정과를 졸업하는 등 어머니는 자식들에게 언제나 공부하는 모습을 보여주셨고, 자녀들이 학교에 가면 타인을 위한 사회사업에 전력투구 하셨다.

세 개의 학사모를 쓴 어머니는 성경은 물론 자신이 터득한 학문의 지식과 지혜를 하나도 낭비하지 않았다. 양재, 재봉, 미용 등 수많은 자격증을 따고 그것을 도구로 활용하여, 가정

이 어려운 사람들이나 영혼치유가 필요한 이들의 정신적 지도자역할을 자청했다. 사회 봉사단체인 대한어머니회의 주요 멤버로 적극 사회활동을 하시며 적십자에서도 일하였다. 신학교 졸업 후에는 자신이 일본말에 능하고 그들이 하나님을 모르는 것을 안타까이 여겨 일본을 선교지로 마음속 깊이 작정하셨다. 언어 외에도 아버지가 일본 의사자격증이 있다는 것이 어머니에게 더욱 용기가 되었다.

1975년 연세대학교 교수였던 아버지가 63세에 조기은퇴하자 어머니는 아버지와 함께 일본 선교여행을 떠났다. 여담이지만 아버지 교수 시절에는 장애자 합격이 어려웠기에 아버지 도움으로 합격한 강영우 박사는 훗날 미 백악관 국가장애위원회 정책 차관보로 일하시며 장애인을 위해 훌륭한 일을 많이 하셨다. 어머니는 아버지가 연세대학교에서 의학박사 학위를 받을 때까지 양장점을 운영하며 물질적 지원을 하였기에, 아버지 또한 은퇴 후에는 어머니가 하고자 하는 영혼구원사업에 동참할 차례라고 당연히 생각했다. 그때 어머니 나이는 56세셨고 나는 대학 2학년이고 막내가 막 대학에 입학했었다. 하나님의 부르심을 따라 일본으로 떠나는 부모님에게 섭섭한 마음이 없지 않았다. 그러나 방학 때 일본에 가 보면 그곳에서 얼마나 어머니 아버지를 필요로 하는가를 보고나면 투정조차 할 수 없었다.

어머니가 처음 선교를 시작한 곳은 후쿠오카 일본 교회였으며, 멀지 않은 시모노세키에는 일제강점기 때 강제로 징용됐던 우리의 많은 동족들이 막노동을 하며 살고 있었다. 닭공장, 위험한 곳에서 노동을 했던 그들은 심하게 다쳐도 하찮은 동물보다 가볍게 여겨지며 치료조차 받지 못했다. 건강상태는 말이 아니었고 가정문제와 생활고 등으로 어려운 삶을 영위하며 살고 있었다. 그들의 사정을 본 어머니는 동족으로서 안타까움을 느끼고 주말이면 신간센을 타고 시모노세키로 가셔서 2박 3일을 체류하시며 거기서 가가호호를 방문해 기도와 따스한 손길로 동족들을 돌보고 상담하면서 그들의 집안 대소사를 도왔다. 그들의 신앙생활 지도자로 카운슬러 역할을 감당하며 17년 반이라는 긴 세월을 보내셨다. 우리는 방학 때만 되면 설레면서 그곳을 찾았지만, 응석을 부리거나 부모님을 반가워할 겨를도 없이 봉사활동에 나서 우리도 바빴다. 한 번은 큰 오빠가 가스중독으로 무의식 상태에 있다가 깨어난 적이 있는데, 그런 일들은 오히려 가족을 뭉치게 하고 하나님께 더욱더 가까이 나아가며 감사하는 계기가 됐다.

어머니는 자신이 부족하다고 생각되는 부분은 쉬지 않고 교육을 받으며 채워나갔고, 자신이 배운 것을 사장시키지 않고 열성적으로 이웃과 나누는 일에 평생을 바쳤다. 자신의 몸을 한 개인의 소유로 보지 않고 국가와 사회 그리고 영혼구제에 쓰며, 그야말로 원수의 나라까지 가서 봉사하는 참 그리스도 정신을 보여주셨다. 그들의 변함없는 봉사와 의료 활동에 진정한 사랑을 깨달은 일본인들이, 자신의 나라가 저지른 36년간의 침략만행을 개인적으로 두 분에게 사과했다니 부모님은 민간외교관 역할을 톡톡히 남낭하신 셈이다.

1989년 68세에 미국으로 이민 오신 후 산마테오 순복음 교회에 참석하시면서 전도사로 봉사하셨다. 그때도 어머니의 향학열은 수그러들지 않아 80세까지도 School에 다니시며 계속 영어공부와 교양과목을 수강하셨다. 운동 삼아 버스를 타고 종점까지 오가며 하나라도 보고 듣고 배우는 일을 게을리 하지 않으셨다. 선교사 시절처럼 매일 아침 점심 저녁 한국을 위해 세 번 정기적으로 기도하셨고, 자녀들에게도 가족예배를 보는 습관을 물려주셨다. 어머니는 그런 자식들에게 늘 '고맙다, 행복하다'는 말로 감사를 표하셨다.

우리들에게 남긴 '믿음의 유산'으로 5남매 모두 각자 자기 몫을 하며, 넷은 미국에 그리고 막내는 한국에 살고 있다. 맏딸과 함께 사시다가 88세로 아버지가 돌아가신 후 어머니는 나와 함께 생활하시다가 2013년 92세로 하나님의 부르심을 받으셨다. 사랑하는 가족과 조국까지도 내려놓고, 편견과 관습을 타파하며 적국 일본까지도 용서와 사랑으로 변화시키려던 어머니를 존경한다. 당신의 이름 김근검(金勤儉)처럼 부지런하고 검소하게 평생을 향내 나는 휴머니스트로 살아오신 믿음의 어머니가 계셨기에 나는 힘이 들어도 다시 일어설 수 있다.

오혜숙 1983년 도미. 산호세 한인침례교회 전도사

멋쟁이 할머니, 성경 할머니

이규화

나의 어머니는 신여성이셨다.

재력가이시던 외할아버지께서 진명여고를 나온 어머니와 아버지를 결혼시키셨다. 선린상고를 졸업하고 일본으로 유학을 갔다가 고생하고 돌아온 아버지를 데릴사위로 삼으신 것이다. 외증조부님은 평생 독립운동을 하시다 옥사하신 분이라 외갓집은 철저한 애국자 집안이었다. 자산도 많으셔서 일남 오녀 육남매였던 우리들은 외갓집 덕을 톡톡히 보고 살았다. 어머니는 주로 바깥에 나가 사회활동을 하시는 신여성 어머니여서 우리는 주로 외증조할머니 손에서 자랐다. 어머니는 1남 3녀의 장녀로 태어나셨는데 두 살 때 어머니가 돌아가시는 바람에 외할머니 손에 금이야 옥이야 온갖 호강을 하며 자랐고, 부유한 조부모 덕에 어머님은 누릴 것 다 누리고 사셨고, 우리 자녀들도 혜택을 많이 받았다.

일찍이 개화의 물결을 타고 서구화된 가정에서 자란 탓에 어머니는 유치원부터 다니며 신여성으로 기초를 닦았다. 학교에서는 정구선수로 활약하는 등 재능도 다양했다. 대한부인회 중부지부 지부장 일을 맡아 하셨는데 그 일로 6.25 때는 인민재판을 받으며 고통을 당하셨다. 그때 친구 아버지 등 많은 사람들이 총살을 당했는데 어머니도 차례가 되어 공포 속에 있는데, 우리 집 근처 서울역에서 대규모 폭격이 있자 놀란 인민군이 우왕좌왕 흩어져 방공호로 숨는 사이 어머니는 극적으로 탈출에 성공하셨다. 아버지는 피난시절 중풍을 맞아 그때부터 고생하시다 내가 고등학교 2학년 때 돌아가셨다.

어머니는 미 군정청에서 영어와 타이핑을 배우셨는데 외출할 때는 뾰족구두를 신고 다녀, 여자가 그런 걸 배우러 다니는 것을 이해하지 못한 동네사람들은 모이면 수군거렸다. 사회활동에 열심이셨지만 어려움이 없이 자라서인지 어머니는 어떤 때는 자신밖에 모르는 사람 같았다. 당시 부모님은 이미 침대생활을 하셨고 그처럼 특별한 환경에 사는 것이 남들

입에 자주 오르내렸다. 우리들도 어머니가 다른 어머니들처럼 다소곳이 한복을 입고 있지 않고 늘 화려한 양장차림의 의상을 입고 다니는 것을 자랑스러워하기보다는 불만이었다. 남들의 주목을 받고 다른 어머니와 다른 것이 불편했다.

큰 언니가 이화여중에 다닐 때였다. 빨간 모자에 멋쟁이 튀는 옷차림을 한 어머니가 교정에 들어서자 친구들이 "저기 뾰족구두 온다."고 난리치는데, 언니는 창피해서 이모라고 했다고 한다. 나도 친구들과 길을 가다가 화려한 어머니를 길에서 만났는데 어머니는 우리를 호수그릴이라는 멋진 양식집으로 데려가 점심을 사주시고 다방으로 데려가 영국제 티까지 마시게 했다. 그때 친구들은 그런 어머니를 몹시 부러워했지만 나는 다른 엄마들처럼 인정 많고 따뜻한 엄마가 더 부러웠다.

어머니는 6남매를 혼자 키우셨지만 늘 당당했고 봉사활동에 바쁘셨다. 그러다보니 누군가 집일을 맡아야 했다. 나는 6남매의 셋째 딸로 위로 언니가 둘 아래로 남동생과 여동생 둘이 있었다. 어머니는 큰 언니와 남자동생과 막내만 챙기고, 나는 중간에 끼어있다 보니 뭐든 차례가 오지 않았다. 서럽고 억울했지만 어머니의 편애는 심해서 처음 얻은 자손이고, 외아들이고, 안쓰러운 막내여서 나름대로 챙기는 이유가 다 있었다. 그래서 난 늘 외로웠고 불만이 많았다. 둘째 언니와 나 바로 아래 동생 이렇게 셋은 찬밥이었다. 나는 온갖 심부름을 도맡아 하며 이 일이 끝나면 저 일이 기다리는 형국이라 몹시 힘이 들었다. 나라는 존재는 내세울 수 없다보니 나도 모르게 남을 우선으로 여기고 양보하는 성격이 형성됐다. 그것은 하나님께서 나를 훈련시킨 것이라는 것을 나중에야 알게 됐다.

내가 셋째 딸로서 셋째 딸은 선도 안 보고 데려간다는 말이 왜 나왔을까 곰곰이 생각해 본 적이 있다. 아들을 선호하던 시절에 태어난 셋째 딸을 말하는 것일 테니 당연히 구박도 받고 눈치도 보다보니 성격이 무난해질 수밖에 없고, 남을 우선으로 하다 배려하는 성품으로 바뀌기 때문에 붙여진 말이 아닌가 경험자로서 그런 생각이 들었다.

어머니는 재주가 많으셨는데 어머니는 당신의 끼와 재능을 자녀들에게 고스란히 물려주셨다. 미술에 음악에 춤에 골고루 재능을 주셨다. 내가 춤에 미쳐 김백봉 선생의 제자가 되어 무용과를 나온 후 학교에 무용반을 창설하고, 홀로 태평양을 건너 무용을 배우러 미국

유학까지 오게 된 것은 모두 어머니의 재능을 물려받은 탓이다.

그리고 외교문화 사절단처럼 무용으로 한국을 알리고 한글학교에서 고전무용을 가르쳤던 것도 어머니에게 물려받은 진취적인 성격과 무관하지 않을 것이다.

훗날 미국에 오신 어머님은 늘 전도를 다니며 성경을 가르치셨다. 그런 어머님을 사람들은 '성경 할머니' 또는 '멋쟁이 할머니'라고 불렀다. 영어를 잘 하니 필요한 분들의 통역은 물론 아픈 분들을 병원에 데리고 가는 일도 맡아하셨다. 소셜 시큐리티 사무실에 노인들을 모시고 가서 돈 타는 법등 여러 혜택을 받도록 매일 바쁘게 일하셨다. 옛날 한국에서는 신여성이라고 비난도 받았지만 본인이 미국에 오셔서는 적성에 딱 맞게 그 능력을 마음껏 발휘하시며 여러 봉사로 크게 쓰임을 받으셨다. 영어와 일본어에 능통할 뿐 아니라 음악에 조예가 깊으셨던 어머니는 새로 나온 음악은 다 아시고 CD를 사 모으셨고, 기타를 배우러 다니기도 했다. 부잣집 딸로 태어나 부러움 없이 하고 싶은 것 다 하시고 온갖 영화는 다 누리셨다, 우리가 어렸을 때 우리들은 일하는 사람이 돌보았는데 덕분에 우리 형제는 우리끼리 챙겨가며 우리끼리 자랐다.

나는 특별히 외로움을 많이 타는 편이라 어머니 사랑이 언제 나에게까지 올까 기다리며 항상 잘 울어 울보라는 별명을 가지고 있었다. 우리가 자랄 때 어머니가 딸은 다섯이나 되고 아들은 하나인지라 동네 사람들은 어머니가 불쌍하다고 혀를 내두르며 한심하고 측은한 눈으로 보았었다. 헌데 웬걸, 미국에 오신 후 여러 딸들이 누구도 따르지 못 할 정도의 지극한 효도로 어머니를 호강시켜 드렸다. 그들의 동정이 무색해진 것이다.

모든 예술에 조예가 깊으셨던 어머니가 특별히 사랑하신 것은 클래식 음악으로 그에 대한 열정은 대단하셨다. 한국 라디오 프로그램 중에 클래식 음악을 틀어주는 시간이 있었는데, 매번 '길자'라는 이름으로 음악을 신청하셨다. 흔한 곡이 아니라 전문가나 알 수 있는 곡을 신청해 시청자들을 새로운 음악세계에 눈뜨게 하는데 일조하셨다. 그 시간은 어머니

에게 말 할 수 없는 행복한 순간으로 매일 그 시간을 열렬히 기다리셨다. 당시 그 프로를 맡은 아나운서는 어머니를 몹시 존경해 유대감을 갖고 보고 싶어 하셨다. 그 분은 어머님이 돌아가시자 백장미를 한 아름 안고 먼 장례식장까지 찾아와 고인의 넋을 위로해 주셨다. 어머니는 미국에 사시는 동안 아들 딸 손자 손녀의 사랑 속에 행복한 나날을 보내시며, 어렵고 필요한 사람들에게 자신의 남은 에너지를 아낌없이 쏟아내어 하나님 복음 전하기에 충실하며 후회 없이 살다가셨나.

말년에는 딸들이 한 달에 3천불이 드는 고급 요양원에 계셨는데 어머님 적성에 딱 맞는 곳이고 서비스 환경이 좋아 본인 스스로 너무 만족하시고 오히려 즐기셨다. 한인들은 양식이 싫고 영어를 못 하니 꺼려하는 곳이나 어머니에게는 문제가 되지 않았다. 그곳에서 '시스터 신'으로 불린 어머니는 교수, 지식인 등 배운 사람들이 많은 그곳에서도 단연 두각을 나타내셨다. 피아노도 고치고 텔레비전 등 간단한 고장은 손을 다 보니 인기 만점이었고 어머니는 그것을 즐기셨다. 어머님이 돌아가시니 그분들 전체가 모임을 갖고 모두 아까운 사람이 갔다고 아쉬워했으니 어느 사회에서든 어머니는 쓸모 있는 분이셨고 스스로 봉사의 자리를 만드셨다. 1996년 84세를 일기로 돌아가실 때까지 어머님의 일생은 참으로 하나님 일 많이 하시고 역동적으로 끝없이 베푸는 삶이셨다. 당당하게 자신의 길을 내며 성공적인 삶을 마감하셨다고 생각한다.

이규화 1962년 도미. San Francisco Ballet of Theater Art. 샌프란시스코 한국무용 연구소 창설, 샌프란시스코 한글학교 설립위원 겸 무용담당 교사. 샌프란시스코와 오클랜드 노인회 무용교사로 20년 봉사

불쌍한 우리 엄마

이명숙

엄마는 19살까지 가족과 일본에 사시다 한국으로 돌아오신 분이다. 외갓집은 돌아온 후 대구에서 목장을 하며 부유하게 살았다는데 미군부대로 발령이 난 아버지가 외갓집에서 하숙 비슷하게 살게 되셨단다. 그때 마음이 맞은 두 분이 결혼을 하고 싶었는데 부모님 반대가 몹시 심하셨다고 한다. 그때 엄마는 부모님 말씀을 들었어야 했을까? 내가 고작 돌이 막 지났을 때 아버지는 다른 여자를 만나 떠나가셨다. 아버지가 생활비는 조금 보태셨다지만 그때부터 엄마는 고생길에 들어서셨다. 그나마 다행인 것은 어머니가 아버지를 보러갔다가 생긴 동생이 있어서 우리 세 모녀는 그 후 똘똘 뭉쳐 서로를 의지하며 어려운 시간을 견뎌냈다. 그래도 미국에 이민 오신 아버지 초청으로 나도 이민을 왔으니 아버지 도움을 받은 것이라 할 수 있겠다. 기혼자녀 수속으로 시간이 많이 걸려 막 오려던 차에 미국에 계신 아버지가 돌아가셨다. 못 오게 되는 줄 알았는데 다행히 입국심사에서 통과가 됐으니 아버지가 주신 마지막 선물이었나 보다. 어렸을 적에는 아버지를 원망하는 마음이 크고 슬픔도 많았지만, 언젠가부터 미움도 원망도 사라지고 평정심을 갖게 된 것도 신기하다. 아버지는 재혼했던 분과는 헤어졌지만 가끔 전화로 안부를 묻는 나보다 한 살 어린 동생 하나도 선물도 남겨주셨다.

엄마를 설명하자면 '불쌍하다.'는 단어 외에는 떠오르는 말이 없다. 우리 둘을 키우기 위해 식당도 운영하고, 남의 집에서 일도 하는 등 고생을 정말 많이 하셨다. 동생이 결혼해 미국으로 먼저 가고 내가 결혼해서 한국에 살 때였다. 엄마는 마치 무엇에 홀린 사람처럼 일본에 자꾸 가고 싶어 하셨다. 이유는 있었다. 당시 한창 인기가 있던 소니 등 일본 전자제품을 들여와 팔아서 살림에 보태겠다는 것이었다. 나도 애 둘을 키우며 빠듯하게 살던 때였는데 비행기 값과 물건 사올 값 등을 마련하는 것이 쉽지 않았다. 하지만 고집도 있고 활동

적이셨던 엄마는 막무가내셨다. 그래서 다녀오고 나면 결국 파는 일도 내 몫이고 남는 것은 돈 대신 물건이라 살림에 별 도움이 되지 않았다. 더구나 비자기간이 15일 밖에 안 되니 다녀오면 또 다시 비자가 나오기만 기다리는 사이클이 반복됐다. 모름지기 10년 가까이 일본에 가시려하며 안달을 하셨는데, 돌이켜보면 우리가 미국에 살지만 마음은 고국을 향해 있듯 엄마도 20년 가까이 살아온 고향에 회귀하고 싶은 본능이 아니었을까 싶기도 하다. 어쨌든 내가 보기엔 엄마가 어떻게든 한국에서 달아나려는 것처럼 보였고 철없는 어린애처럼 조르셨던 생각이 난다.

그때가 지금으로부터 25년 전 일인데 나는 친구에게 2천만 원을 빌려 엄마의 일본행을 도왔다. 어쨌든 무리하게 진 빚만 남고 엄마의 꿈이 끝날 위기가 있었지만, 나름대로 해피엔딩이 있어서 엄마는 그 후 한국으로 돌아와 풍족하진 않지만 그럭저럭 살고 계신다. 그 일은 어쩌면 평생 고생만 하고 산 엄마를 불쌍히 여긴 신의 한 수였는지도 모르겠다.

먼저 미국에 왔던 동생이 미국으로 엄마를 초청하고 아버지를 오시게 해서 두 분을 만나게 해드렸단다. 수십 년 만에 만난 두 분, 아버지 첫 말씀이 "미안해."였다나. 그 한마디로 엄마의 오랜 한이 조금은 풀렸을까?

어릴 적 생각을 하면 고생했던 거밖에 기억에 없다. 아버지와의 추억이 있을 수 없고 가족으로 오순도순 살아본 기억도 없다. 옷소매 걷어붙이고 언제나 발걸음 당당하게 새끼들 입에 먹이를 물어 나르셨던 엄마, 이제야 허리도 못 참겠다며 휘어버려 재작년에는 허리 수술을 하셨다. 드시던 밥그릇이나 간신히 치우고 화장실 가는 것 말고는 할 수 없으시다. 알맹이는 다 빠져나가고 껍데기만 남은 몸, 목에 가시같이 아프던 두 딸들을 보시며 시커멓게 탄 그 속을 어찌 견디셨을까?

엄마는 올해 미수(米壽)라고 하는 88세시다. 엄마의 생애가 속절없이 저물고 있다. 올해도 가까이 살며 서로 의지하는 동생과 한국에 나가 한 달 이상을 엄마와 지내고 왔다. 엄마의 지나온 걸음마다 눈물뿐일 터이니 병들고 늙은 엄마를 보면 눈물이 먼저 앞선다. 엄마의 좀처럼 보여주지 않는 그 눈물을 양분으로 우리 두 딸은 자랐을 것이다. 어디를 모시고 가고 싶어도 갈 수가 없다. 그래도 엄마의 고생에 보상 받는 것일까? 10년 전 쯤에 우리 가족에게 본의 아니게 큰 상처를 주었던 분이 계셨다. 그 분이 우리에게 속죄하는 마음으로 엄마와 함께 살면서 식사도 챙겨드리고 말동무도 하고 은행 일도 봐주고 있다. 멀리서 마음만 동동 구를 판인데 얼마나 다행인지….

엄마를 생각하면 그저 '불쌍하다'는 생각뿐이다. 두 딸에게 자신의 일생을 올인 하셨던 엄마, 당신에게는 전부였으나 우리는 이국땅에서 생각만 하는 불효자로 살고 있다. 그래도 엄마는 우리만 보면 이렇게 말씀하신다. "미안하다. 엄마가 돼서 제대로 해 준 것이 없는데 잘 커줘서 고맙다." 나는 엄마에게 이삼일에 한 번씩 전화를 드린다. 웬만해서는 울지 않으시는 엄마, 옛일은 다 잊은 듯 목소리는 항상 행복하고 긍정적이다. "나는 오래 살 끼다. 너희도 아프면 바로 병원가라."

엄마와 나는 어떤 때는 한 시간도 넘게 통화를 나눈다. 엄마가 말로라도 위로 받기를 바라는 마음도 숨어 있다. 전화를 끊고 나면 아무리 슬픔을 다독여도 엄마가 참아온 88년 긴 눈물이 내 마음으로 강이 되어 흐른다. 엄마 미안해!

이명숙 99년 도미.

평생을 꿈과 열정으로

장순기

나의 어머니, 키는 작지만 강하고 총명하신 나의 어머니는 현재 91세의 아픈 곳 많은 노인으로 지금 서울에 살고 계신다.

아주 작은 키 148cm의 어머니는 그 당시로는 큰 키 178cm의 아버지와 1956년 노총각, 노처녀로 만나 결혼하셨다. 전쟁을 겪고 피난에서 돌아와 학교 마치느라 때를 놓치셨다. 돈 많은 신흥지주인 외할아버지께서는 어머니를 가문 좋은 집에 시집보내려 신랑감을 찾으셨는데 키 크고 성품 좋고 가문이 번쩍번쩍한 아버지가 꼭 마음에 드셨다고 한다. 울 아버지의 결혼조건은 부인될 사람이 키가 좀 컸으면 좋겠다는 바람이었는데, 키 작아도 너무 작은 어머니를 만났을 때 키 작은 것을 못 느꼈다니 아마도 첫눈에 반하셨던 모양이다.

두 분의 결혼 당시 집안 상황은 좋지 않았다. 명성왕후의 직계 손인 여흥 민 씨 할아버지와 4대 대통령 윤보선 집안 해평 윤 씨인 할머니 사이의 장손인 아버지는 고대 법대를 졸업했지만, 조선호텔, 대한여행사 초대 사장이셨고 서울 타임스, 신문예를 처음 창간하신 할아버지의 가업을 이어받아 법을 아는 사업가가 되라는 할아버지의 뜻을 따르기 위해 사법고시를 보지 않고 사업가의 길을 택하셨다. 6.25사변으로 할아버지는 이북으로 끌려가셨고 아버지는 5.16혁명 시 윤보선 전 대통령이 고모부인 이유로 현직에서 강제로 물러나야 했기 때문이다. 가문 좋은 집만 믿었던 돈 많은 집에서 고생 모르던 어머니에게는 감당하기 어려운 생활이 시작되었다.

1950년대 말 전쟁을 겪고 물론 나라가 어려운 시절이었지만 아버지의 사업은 운을 따라주지 않고 하는 일마다 쉽게 풀리지 않았을 때, 어머니는 좌절하지 않고 여자의 몸으로 살 길을 찾으셨다. 7남 2녀 중 둘째로 남자 형제들 틈에서 자라며 정치, 경제에 관심이 많으셨

던 어머니는 여자인데도 불구하고 형제들 사이에서 지기 싫어하는 것은 물론 모두를 선도할 정도로 총명하셨다. 이때 가정형편에 도움이 될까 주식을 하기 시작했는데 운이 좋기도 했겠지만 적성에 딱 맞는 걸 찾은 듯 주식에 집중하게 되셨다. 거동이 불편해서 나가시진 못하나 그것이 인연이 되어 91세이신 울 엄마는 아직도 집에서 컴퓨터로 주식을 하신다. 멋진 엄마!

결혼 전 어머니는 유엔 한국위원회에서 일하셨다. 직장생활을 했기 때문인지 어머니의 하루는 틀에 짜인 듯 일사불란하고 시간 관리에 철저하시다. 아침에 일어나시면 9시 주식장이 설 때부터 3시 종장까지 점심시간 외에는 컴퓨터방에서 안 나오신다. 신문보고 그래프로 분석하시고 어찌나 심각하신지 그 시간에는 누구도 그 방에 들어가면 안 된다. 심심풀이로 하시지만 엄청 심각하시다. 지켜보는 우리는 치매 예방에 좋은 것 같아 권장한다. 가끔 어머니께 "제 돈도 불려 주세요." 하며 용돈을 드리곤 하는데 그 돈은 모았다가 되돌려주신다. 왜냐하면 아직도 주식으로 어머니 용돈은 충분하시기 때문이다. 오히려 내가 한국에 가면 내 손에 용돈을 쥐어주신다.

어머니는 욕심이 많으셨고 자식에 대해서는 더 하셨다.

외할머니는 정신여학교를 나온 어머니에게 너는 여자이니 이화여대 가사과(가정대)를 가라고 하셔서 갔지만, 2년만 다니고 적성에 안 맞는다고 숙명여대 국문과로 옮기셨다고 한다. 그 시절 웬만하면 그냥 다녔을 법도 한데 그만큼 주관이 뚜렷하고 자신이 원하는 바를 꼭 관철시키셨던 분이다. 그처럼 자식도 자신의 뜻대로 하기를 강요했다. 1남 2녀 모두에게 지극하셨지만 특히 맏이였던 내게 거는 기대는 대단하셨다. 나는 내가 원하는 바를 모를 정도로 필요한 것을 채워주시고 생각할 겨를도 없이 나를 만들어 나가셨다 그러다 보니 나는 철이 없었다.

울 엄마 치맛바람은 내 친구들 사이에도 유명했나 보다. 옛 친구들이 "정말 대단하셨지!" 라며 어머니를 기억하는 것을 보면 남이 보기에도 그랬던 모양이다. 일찍이 동경 미대를

나오시고 국전에서 최고령자로 대통령상을 받으셨던 시어머니(내 친할머니)의 영향을 받으셨는지 딸 둘 다 미대를 보내고 비싼 수업료까지도 감당하셨다. 내가 뭘 하고 싶은지조차 모르고 어머니 계획대로 움직인 삶이 때로는 억울한 것 같아 원망하기도 했지만 지금 생각해 보니 내가 선택했어도 어머니보다 나은 선택을 했을 거라는 자신이 없으니 남은 건 감사뿐이다.

어머니는 선거 때가 되면 바빠지신다. 시사에 관심이 많으셔서 신문 읽는 건 기본이고 정계 인사들을 꿰고 계신다. 요즘은 자방지치제라 선거가 아주 복잡한데도 선거 때가 되면 심각하시다. 누가 어느 당이고 선거 방식은 어떤 건지 분석하시느라 친구들과 전화로 토론하느라 바쁘시다. 선거 날이 가까워져오면 우리들에게 살며시 물어보신다. “너희는 누구 찍을 거니?” 우리가 커닝하려고 “어머니는 누구 찍으실 거예요? 하면 “그건 말해 줄 수 없지.” 그 정도로 진지하시다.

어머니는 멋쟁이 패션니스트다. 연로하셔서 몸이 불편한데도 외출하실 때는 치장하는데 그야말로 2박 3일이다. 외출 이틀 전부터 이 옷 저 옷 입어보며 미리 꺼내 준비해 놓고, 머리도 구리프로 말고 후까시까지 넣어 우아하게 손질하신다. 노령이어도 여전히 여자다운 멋을 내려놓지 않으시는 어머니, 나는 아직도 어머니 패션 감각을 따라가지 못한다.

어머니는 고집 있고 자존심이 강한 분이시다. 29살 결혼 때까지 미스꼬시 백화점에서 옷을 사 입고 하이힐만 신는 화려한 시절을 보낸 어머니의 콧대는 높으셨다. 한때 집안 형편이 어려웠을 때는 자존심을 지키려고 친정 식구도 친구도 만나지 않으셨다. 관절이 안 좋아 잘 걷지 못할 때까지 어머니는 하이힐을 신으셨다. 자신의 키 때문인지 늘 우리들 먹는 것을 중요시 해 잘 먹여 주셨다. 내가 큰 키를 갖게 된 것은 미제 치즈와 우유를 끊이지 않고 먹여 주신 어머니 덕분이다. 나는 그렇게 어머니에게 많은 빚을 진 딸이다.

어머니는 50년 가까이 아버지와 해로하셨다.

두 분은 참 많이 닮으셨다. 아버지의 사업실패로 잦은 부부싸움을 하셨지만 언제나 아는 지식을 가지고 토론하셨고, 서로를 진심으로 사랑하셨다. 2005년 83세로 아버지가 돌아가시던 날, 아버지의 마지막 남긴 말도 "여보 사랑해!"였다.

91세이신 어머니, 고혈압에 당뇨, 관절염도 심하시고 심장도 안 좋으신 나의 어머니, 나는 미국에 살고 어머니는 한국에 사시니 이제 볼 수 있는 날이 얼마나 될까? 마음이 조급해진다. 그래서 되도록 일 년에 두 번씩 한국에 가려고 노력한다. 그때마다 주어진 삶에 최선을 다해 열심히 사시는 어머니의 모습을 보며 '작은 고추가 맵다'는 말을 생각나게 한다.

꿈과 열정이 없다면 인간은 단지 생명을 소비하는 존재밖에 되지 않을 것이다. 어머니는 평생 꿈을 꾸며 그 꿈의 실현을 위해 무한한 열정을 바치셨다. 아직도 꿈을 꾸고 자신을 계발하며 도전하는 모습을 보여주시는 어머님이 존경스럽고 감사하다. 어머님 사시는 날까지 맑은 정신으로 주식을 하실 수 있기를 바라며 대박 한 번 더 터트려 주신다면 얼마나 더 감사할까?

장순기 1984년 도미.

엄마를 부탁해

주대식

지금 내 나이 70대, 손자가 다섯이나 되는 할아버지지만 아직도 나는 어머니 이야기만 나오면 가슴 한 쪽이 먹먹하다. 이 세상 모든 자식들이 그렇듯이 나도 이 날 이때까지 어머니가 퍼주시는 무한대의 사랑을 먹고 살았다. 특히 나는 장남이었기에 더 그랬다. 그 많고 많은 사랑은 '하늘을 두루마리 삼고 바다를 먹물 삼아도' 다 석시 못한다. 내 어미니는 '위대한 분'이셨다. 그에 비하면 나는 '죄인'이다.

아버지가 돌아가셨을 때 어머니는 하늘을 향해 눈물을 뿌렸다. 땅에 뒹굴면서 울었다. 울음 때문에 잘 알아들을 수는 없었지만 그 통곡에는 남편을 잃었다는 슬픔 외에도 자식들을 향한 섭섭함도 섞여 있었다. 나는 그게 무슨 말인지 안다. 그리고 나서 어머니는 30년 가까이 노인 아파트에서 혼자 사셨다. 어느 날 가사 도우미로부터 연락이 왔다. 어머니가 넘어지셨다는 것이다. 가서 보니 혼자 계시기에는 여러모로 무리다 싶어 그 날로 내가 사는 집으로 모셔왔다.

"밥 안 먹냐?"

좀 전에 저녁 식사를 마쳤지만 어머니는 반쯤 울상으로 또 밥을 먹자고 하신다. 집사람은 하루에도 몇 번씩 그런 채근을 받아야했다. 한밤중에 우리 침실에 들어와서는 병원에 가야한다고 나를 흔들어 깨운 적도 있다. 그래도 어떻게 해보자고 힘을 쏟았지만 두 달을 넘기지 못하고 나는 형제들과 의논을 했다. 요양원에 모시자. 그렇게 해서 어머니는 87세 되는 해 봄에 치매 환자들을 수용하는 요양원에 입원을 하게 된다. 상태를 아무리 좋게 보려고 해도 다시 집으로 돌아온다는 것은 말이 안 된다. 나는 어머니가 사시던 아파트 측에 통보를 하고 어머니의 살림을 정리하기 시작했다.

부엌에 붙어있는 옷장부터 열었다. 우리는 앞으로 꼭 필요하다고 생각되는 옷 몇 가지만 건져 놓고는 '샐베이션 아미'를 불렀다. 다음 날 아침 그들은 복도에 내 놓은 어머니의 옷 뭉치를 거둬갔다. 그동안 어머니의 몸을 감싸왔던 옷가지들은 순식간에 연기처럼 사라졌다. 옷장 속에는 옷 이외에도 온갖 잡동사니로 가득했다. 찹쌀가루가 들어있는 단지에는 벌레가 우글거렸다. 나는 단지채로 쓰레기통에 버렸다. 어머니는 어려운 세월을 살아오신 분이라 뭣이든지 함부로 버리지 못했다. 둬두면 언젠가는 쓸모가 있다는 것이다. 선반에도 크고 작은 상자들이 빼곡히 들어차 있었다. 그것들은 마치 만원 버스에 사람들이 서로 몸을 비비고 있는 모습 같았다. 침대 밑에는 한국에서 가져온 이불 홑청과 베개, 한복, 등등이 수십 년의 역사를 간직한 채 고요히 때를 기다리고 있었다. 보따리들을 열어보는 순간 타임캡슐 속에 갇혀있던 역사가 빛을 보는 것 같았다.

가난한 우리 어머니, 불쌍한 우리 어머니….

어머니를 요양원에 모셔 놓고 지난 2년간 나는 간간이 일기를 썼다.

…어머니가 여기 오신지도 벌써 2년이 지났다.

…그저께 아침에 요양원에서 폐렴과 발작증세 때문에 병원으로 보냈는데 브레인을 다시 찍어 보니 스트로크 현상이 나타났다고 한다.

…눈동자는 돌아가는데 말을 하지 못하신다.

…병원에서는 호스피스 팀과 연결을 시켜주겠다고 한다.

…간호사에게 단도직입적으로 물었다. 간호사는 내가 실망할까봐 여러 번 망설이더니 어렵사리 입을 연다. …글쎄…어려운 질문인데…한 일주일?…혹 한달?…메이비 투 먼스?

…호스피스 팀에서는 그 동안의 경과로 봐서 한 5~7일 정도 더 견디실 수 있을 거 같다고 한다.

…그 동안 어머니를 가까이서 보면서 여러 안타까운 상황들이 많았지만 울지 않았는데 그러나 이제는 자꾸 눈물이 나네.

…전화 벨 소리에 잠이 깼다. 요양원이다. 드디어…가슴 한 쪽에서 쿵-하는 소리가 들린다. 오늘 아침 7시 45분에 영면하셨다고 한다.

어머니가 돌아가셨다는 소식이 서울에 있는 친구들에게도 알려진 모양이다. 카카오 톡 음악 동아리에 있는 L군이 E-메일로 음악 한 곡을 부쳐왔다. '오늘은 모짜르트의 레퀴엠(진혼곡) 라크리모사(슬픔의 날)를 보낸다.' 나는 답장을 썼다.

…장례식에 앞서 가족들만 입회하는 순서가 있었다.

나는 체온이 식은 어머니의 뺨을 한 번 쓰다듬고는 기도했다. 지난 89년간 살아계신 동안의 삶에 감사했고 지금은 세상의 번민과 육신의 고통에서 해방되어 가장 좋은 곳에 가 계신다는 확신을 가지고 또 다시 감사했다. 지금 우리 어머니는 가장 좋은 곳에 계신다.

나는 장례순서를 집전하는 목사에게 '요단강 건너가 만나리…' 대신에 베토벤의 9 심포니에 나오는 '환희의 합창'을 꼭 넣어 달라고 청했다. 어머니의 관을 땅 아래로 내린 다음 흙을 덮고 나는 조객들과 함께 환희의 합창을 힘차게 불렀다. '레퀴엠'이 '환희'로 거듭나기를 바라는 마음이었다.

* 제목 '엄마를 부탁해'는 신경숙의 소설 제목을 빌려왔다.

주대식 1978년 도미. 25년간 중앙일보 샌프란시스코 판에 '주대식 칼럼'에 연재한 글을 『황야에 서다』(2008) 단행본으로 출간.

어머니의 유서

채수호

사랑하는 나의 아들딸들아

네 영혼이 잘됨같이 범사에 잘되고 강건하기를 내가 원하노라.
그동안 불편한 에미를 잘 보살펴 주어 고맙다. 나는 이 세상 어느 노인들보다 행복했다.
그것은 너희들의 한결같은 효심 때문이었어. 뼛속 깊이깊이 감사한다.
나는 불우한 시대를 타고나 전쟁도 두 번이나 치렀고 어렵고 힘들게 살았다.
고생도 많았지만 이렇게 문명이 발달한 이 좋은 세상도 보고 살았구나.

정말 세상은 아름다워.
오랫동안 이 땅에 살게 해주신 하나님께 감사하며 효도하는 착하고 좋은 자녀들을 주신 것 감사한다. 에미는 중도실명을 하고 남몰래 울기도 많이 했어. 왜 이렇게 앞을 못보고 자식들의 짐이 되어버렸을까? 눈 감고 있는 세상이 야속했지만 너희들의 효심이 지극 정성하여 그저 자식들 보는 재미로 인내하며 살아왔다. 한없이 고마울 뿐이야.

사랑하는 내 아들딸들아. 한 가지 부탁이 있어.
외겹줄 보다 삼겹줄은 쉽게 끊어지지 않는다. 형제들이 연합하여 의좋게 똘똘 뭉쳐서 손을 잡고 울타리를 든든하게 만들어라. 그래야 아무도 넘보지 못 할 거야.
서로 사랑해라. 단결하여 채 씨 가문을 든든히 믿음으로 세워나가기 바란다.
성경 말씀에도 기록되어 있다
'형제가 연합하여 동거함이 어찌 그리 선하고 아름다운고' 하셨다
그리고 불쌍한 원자 세상 떠나거든 49제를 꼭 해주도록 하여라.

원자의 평생소원이었어. 불교 믿는 사람들은 필수인가 봐.

이제 에미는 수한이 다-되어 나그네의 여정을 청산하고 하나님 예비하신 곳으로 가거니와 너희들도 성실하게 주님 잘 섬기다가 먼-훗날 우리 다시 천국에서 만나보자.

에미가 시신 기증한 것 알고 있지? 강남 성모병원에 연락하여 우선 사망한 것을 먼저 알려라. 그러면 무슨 말이 있을 거야. 그대로 따르면 돼. 꼭 지키도록 해다오. 시신기증 카-드는 손가방 속에 있다.

에미가 세상 떠났다고 미국에 있는 수호 혜숙은 허겁지겁 오지 말라고 해라. 거기가 어디인데 공연한 경비 들이고 시간 없애고 와야 시신도 못 볼 터이니 마음 가라앉치고 그곳 그 자리에서 묵념이나 하라고 일러주려무나. 천국 가는 길에 여유가 있다면 에미가 미국에 들려서 그 애들을 보고 갈 거야. 유언장이나 보내주도록 해.

사랑하는 나의 아들딸들아. 고마웠다 그리고 너희들을 많이많이 사랑했다.

원자야, 경자야, 수웅아, 수호야, 혜숙아, 수인아, 수일아

마지막으로 내 정든 아들딸들의 이름을 불러본다

내 사랑하는 자부들아

조금옥 김선옥 이영희 그리고 이종화

채 씨 문중으로 시집와서 나를 잘 보살피고 남편들을 잘 섬기고 채 씨 문중의 며느리로서 동기간에 우애하도록 애쓰고 수고한 것 정말 고맙다. 앞으로 더욱 가정을 화목하게 이끌어나가고 애쓰는 현숙한 아내들로서 부족함이 없도록 부탁한다.

그리고 훌륭한 두 사위 정말 고마웠다네. 내 딸들을 아끼고 사랑해주어 진심으로 감사해요.

너그럽고 착한 심성에 더욱 고맙기 그지없었다오.

고마워요 이태동 교수 그리고 닐.

너희들을 통해 자그마치 21인의 손자 손녀를 보게 하고 증손들을 보게 해 주었으니 노년에 더할 나위 없이 행복했었구나. 모두모두 고맙다

풍성한 열매를 맺고 가게해주신 하나님께 감사한다. 잘 있거라.

어머니는 우리 칠남매에게 위와 같은 유서를 나눠주셨다.

외할머니는 아들을 기다리는 집에 시집가서 딸만 넷을 낳으셨다. 둘째 딸로 태어나신 나의 어머니는 딸임에도 불구하고 부모님이 극진히 사랑하셔서 이름도 금지옥엽 같은 딸이라고 금옥이라고 지으셨다. 재롱둥이로 하는 짓마다 아버지를 웃겨서 외할아버지는 어머니를 놀리느라 '뚝배기'라고 부르셨단다.

어머니는 어릴 때 당신의 아버지 친구 분들이 사랑방에 모여 가야금, 거문고, 비파, 퉁소 등 이름 모를 악기들로 방안이 가득한 가운데 풍류를 즐기는 것을 보고 자라셨단다. 그래서인지 여러 면에 재능이 다분하셨다. 문학소녀를 꿈꾸던 어머니는 소설이면 소설, 시면 시 보는 대로 읽어치우시고, 학창시절엔 연극 주연도 하시고 음악에도 두각을 나타내셨다. 하지만 가난해서 하고 싶은 것을 못 하신 것을 후회하며 사셨다. 안성에서 여고 졸업 후 교편을 잡으시던 어머님은 해방 2년 후 채 씨 가문에 시집을 가셨다.

시집에 도착해 보니 신랑에게는 이미 전처의 삼남매가 있었으니 그야말로 마른하늘에 날벼락이었다. 남편과 중신애비가 짜고 한 일인 줄 뒤늦게 알았으나 어쩌랴! 10년 위인 남편은 약 도매상을 하며 10여명 종업원을 거느리는 대 살림집이었다. 동네에서 호랑이로 소문난 시어머니를 모시며 어머니는 그날부터 부엌때기가 되어 그 많은 식솔들 밥을 해대야하셨다. 일제 강점기를 보내고, 태평양전쟁, 해방, 동강난 나라 육이오, 이쪽 저쪽 부대끼며 살아온 어머니의 삶도 더불어 힘드셨다. 남편을 도와 약국을 경영하며 전처소생 1남 2녀에 어머님께서 낳으신 3남 1녀까지 7남매를 정성으로 기르셨다.

문인이 꿈이셨던 어머니께서 공부를 더 하셨으면 분명 크게 쓰이셨을 것으로 믿는다. 우리와 함께 한 시간이 행복하고 고마웠다는 어머니 말씀이 나를 행복하게 한다. '어머니, 저희도 어머님과 행복했어요.'

채수호 2004년도 도미. 아시아나 항공 선전 실장. 광고회사 (주)인터애드 사장. 뉴저지 소재 세탁소 운영

엄마와 나, 그리고 우리 딸

한경신

2년 전 새해가 시작된 지 얼마 안 되어서 당시 91세이던 엄마가 뇌졸중으로 입원하셨다. 엄마와 함께 살던 여동생이 서울대학 병원에서 수간호사를 하다가 정년퇴직한 지 며칠 되지 않은 때였다. 여동생이 아침 7시까지 출근해야 하는 직업인데다 남편과 주말부부여서 엄마가 손자 둘을 키워주며 평생을 함께 사셨다. 당연히 엄마를 돌보는 일은 여동생이 주로 하게 되었다. 게다가 간호사였으니 말이다.

그런데 여동생은 워낙 완벽주의자여서 24시간 간병인이 있는데도 종종 걸음으로 다니며 관리하고 우리 형제들을 3부제로 나누어서 간병 보조를 시켰다. 워낙 저질 체력인 나는 방학 때 제대로 쉬지도 못하고 3월이 되어서 학교에 나가려니 죽을 맛이었다. 그런데 동생은 내가 정성이 부족하다며 불평을 했다. 직장에 다녀도 일주일에 한번은 다녀가야 하지 않느냐는 거였다.

환자 돌보는 일이 얼마나 고된지를 아니까 그냥 알겠다고 하고 전화를 끊었다. 그리고는 미국에서 고등학교를 다니고 있는 딸에게 하소연을 했다. “니네 이모는 왜 저렇게 완벽주의자여서 지 고생하고 남 고생시키냐, 힘들어 죽겠다.” 어쩌구 했더니 “엄마, 그럼 이모한테 엄마 형편을 잘 설명해보지 그래?” 했다. 그래서 “내가 힘들다고 하면 ‘언니보다 내가 더 힘들어’ 할 텐데 어떡해. 그리고 사실 걔가 더 힘들고.” 그러고 끊었는데 곧바로 우리 딸에게서 카톡이 왔다. “엄마, 내가 이모한테 방금 카톡 보냈어.” 아이고, 동생에 대한 불평을 어지간히 늘어놓았던 터라, 깜짝 놀라서 답장했다. “뭐라 했는데? 그거 나한테 전달해봐.”

그런데 우리 아이가 이모에게 보낸 카톡은 이런 내용이었다. “이모, 할머니 간병하느라고 많이 힘들지? 내가 멀리 있어서 도와주지 못해서 미안해. 그래도 할머니가 많이 좋아지

셨다니 다행이야. 그게 다 이모가 극진하게 간병한 덕분일 거야. 할머니도 이모 같은 딸을 두어서 참 행복하실 거야. 나도 이담에 가족이 아프면 이모 같은 딸이 되고 싶어. 이모, 힘내. 파이팅. 사랑해." 그리고 그 뒤에 하트를 뿅뿅 날렸다.

아, 이 아이는 갈등을 이렇게 해결하는구나. 남의 마음속에 들어갈 줄 아는구나. 이 아이는 나와는 아주 다른 재능을 지녔구나. 이런 생각이 들며 엄마와 나, 그리고 우리 딸로 이어지는 관계에 대해 여러 가지 생각이 머리를 스쳐갔다.

엄마는 어릴 적 교육을 제대로 받지 못했다. 어깨 너머로 한글을 뗀 정도였다. 그 당시는 여자를 밖으로 내돌리면 큰일 나는 줄 알던 시대였다. 외할아버지는 아들들은 다 교육시키면서도 엄마가 몰래 학교에 갔다가 들키자 노발대발하며 재떨이를 집어던졌다고 한다. 엄마는 재떨이에 맞은 무릎이 아직도 아프다고 하셨다. 열일곱엔가 시집갔다가 일찍 사별하고 육이오전쟁 이후 혼자 월남한 아버지랑 재혼해서 우리 형제들을 낳았다.

아버지는 은근히 자신의 학식을 뽐내는 분이었다. 가끔 무식하다며 엄마를 무시하는 언행을 하기도 했다. 어릴 적 나는 그게 무척 못마땅했다. 이제야 나도 나이가 들어 이런 얘기를 할 수 있지만, 사춘기시절 이런 건 내게 상처 같은 거였다. 그런 면에 일찍 눈이 뜬 나는 중학교 이학년 때, 60년대 말의 교실에서 친구들한테 이렇게 선언했다. "나는 여자로서가 아니라 한 인간으로서의 삶을 살 거야. 그러려면 여자가 경제적으로 독립해야 해." 그러자 한 친구가 말했다. "대부분의 남자들은 그런 여자 안 좋아하는데…." 그 때 나의 대답은 이랬다. "결혼을 대부분의 남자랑 하냐? 한 남자랑 하지. 그리고 결혼은 필수가 아니라 선택이야."

엄마는 헌신적인 분이어서 나는 별 불만이 없었다. 그러나 이담에 결혼을 하면 엄마가 내게 하지 못한 '지적인 안내자'의 역할을 할 수 있는 엄마가 되고 싶었다. 엄마보다 좋은

시대에 태어난 나는 최고의 교육을 받고 결혼을 하고 늦둥이의 엄마가 되었다. 그리고 우리 부부의 철학에 따라 자유로운 교육을 시켰다. 그런데 늘 행복하던 우리 딸은 중학교에 들어간 후 입시 위주의 학교생활에 적응을 하지 못했다.

우리는 공부를 잘 하라던가 일류대학을 가라는 요구를 한 적이 없지만, 공부에 관심 없고 끼가 넘치는 우리 딸에게 엄마는 아무리 노력해도 넘을 수 없는 벽 같은 존재였다. 아이가 힘들어 할 때 담임선생님을 만나러 가며 이런 생각이 들었었다. "우리 엄마는 내가 공부를 잘해서 늘 학교 가면 대우받고 행복해 했는데, 우리 딸은 자기 엄마가 공부 잘한 게 행복하질 않구나."

결국 우리는 아이를 경쟁의식을 덜 느낄 수 있는 미국으로 보냈고 자신의 적성을 찾아 예술 분야로 진학했다. 내가 하고 싶었던 '지적인 안내자' 역할은 많이 못했지만 넓은 세계를 보여줄 수는 있었다고 생각한다.

엄마는 내게 지적으로 도움을 주지는 못했지만 그보다 훨씬 더 크고 넓은 것을 보여준 분이었다. 내가 고등학교 때쯤, 70년대 초만 해도 육이오전쟁 중 불구가 되어 행패를 부리며 다니는 상이용사들이 많았다. 어느 날 대문 두드리는 소리에 나가보니 목발 짚은 상이용사가 대뜸 소리를 질렀다. "나 배고프니까 밥 좀 주쇼." 하는데 충혈 된 눈이 분노에 차있는 듯했다. 내가 겁이 나 있는데, 엄마가 나오더니 말했다. "우리가 점심식사를 끝낸 터라 반찬이 없는데 밥이랑 김치라도 해서 드실래요?"

엄마는 작은 상에 밥과 김치, 그리고 국그릇에 보리차를 담아 내어왔다. 그 사람은 마루에 걸터앉아 보리차에 밥을 말더니 허겁지겁 한 그릇을 다 먹고 일어났다. "감사합니다." 하고 나가는 그의 눈은 이글거리던 빛이 한결 순화되어 있었다. 나는 지금도 그 광경을 떠올릴 때면 내게 이런 모습을 보여준 엄마에게 감사한다. 우리가 인간과 삶에 대한 따뜻함을 갖게 되는 건 말로 하는 교육이 아니라 부모가 몸소 실천하는 이러한 모습들을 통해서가 아닌가 생각한다.

몇 해 전 봄날, 공원을 산책하는데 활짝 핀 벚꽃이 너무 아름다웠다. 그 순간, 이 나이의 내게 아직도 이런 아름다움에 감탄하도록 만들어준 게 누구일까, 그건 부모가 아닐까, 하는 생각이 스쳐갔다. 그래서 미국에 있는 딸에게 그런 생각을 카톡으로 보냈다. 끝에 이렇게 썼던 기억이 난다. "니가 이담에 엄마를 떠올릴 때 이런 느낌으로 기억될 수 있다면, 엄마가 참 행복할 거 같아."

쓰러지셨던 엄마는 다행히 많이 회복되어서 지팡이 짚고 거동도 가능하다. 무엇보다 키워준 손자들이 치매기가 약간 있는 할머니를 껴안고 아이처럼 다루며 보살핀다. 대학생인 손자들이 병원에서 할머니 기저귀를 아무렇지 않게 갈면서 놀아주는 걸 보고 사람들이 감탄했었다. 우리 딸도 한국에 가면 할머니랑 그렇게 시낸다. 이런 걸 노복이라고 한단다.

엄마의 마음이 내게로 왔고 나의 마음이 우리 딸에게로 이어져 간다. 인생에 대한 사랑과 감사의 마음을 내게 심어준 엄마. 엄마를 떠올리면 마음속에 아련한 그리움과 감사가 잔잔히 물든다. 우리 딸에게 나도 그런 엄마가 되고 싶다.

한경신 서울에서 고등학교 영어교사로 재직. 서울대 강사 역임. 『아빠는 내 친구』 저자

전성애 아버지와 어머니

5부. 믿음으로 사신 어머니

성경 175독의 믿음으로

김정수

내 나이 22살 때였다. 내가 군에서 제대하고 복학하던 날 어머니께서는 처음으로 둘째 아들인 나에게 아버지에 대한 원망의 말씀을 들려주셨다.

어머니는 1921년 황해도 해주에서 3남 3녀 중 넷째로 태어나셨고 아버지는 1918년 평양 대동군에서 3형제 중 둘째로 태어나셨다. 1938년 결혼하신 두 분은 북경, 만주, 봉천 등 중국에 사시며 아들 둘을 낳고 사시다 이남으로 돌아오셨다. 어머니께서는 17살에 시집을 간 후 이북에 계시는 친정 부모님과 오빠 언니 동생들이 보고 싶어 거의 10년 만인 1947년 6살 된 형과 2살 난 나 이렇게 두 아들을 데리고 처음으로 친정을 방문하셨다. 충남 임천에서 황해도 사리원까지 걷고 기차도 타고 노숙도 하는 등 온갖 고생을 하고 가까스로 친정에 도착해 그토록 그리던 가족과 기쁨의 재회를 했다. 하지만 시간이 갈수록 어머니의 걱정은 커갔다. 친정에 가 있으면 곧 데리러 오겠다던 남편이 한 달이 넘도록 연락이 없었기 때문이다. 대신 들리는 소식에 의하면 시어머니께서 아들이 이런 하수선한 시국에 북으로 갔다가 38선이 막혀 돌아오지 못하면 어떻게 하느냐며 가지 못 하게 하셨다는 것이다. 어머니는 이 소식을 듣고 아이들을 데리고 남으로 가겠다고 나서자 어머니보다 4살 어린 외삼촌이 누님과 어린 두 조카를 데려다주고 오겠다며 길라잡이로 나섰다. 외삼촌이 동행한 덕에 나를 포함한 우리 세 식구는 무사히 아버지가 계시는 임천에 도착했다. 어머니께서는 그 이후 외삼촌이 집에 잘 도착했다는 연락을 받기까지 1년 가까이 교회에서 철야하시며 동생을 위해 기도하셨다. 어머님 말씀을 듣고 보니 그때 어머니의 아버지에 대한 섭섭함과 원망은 꽤 컸을 것 같다.

어머님은 3남 1녀의 둘째였던 내가 한국에 있을 때 10년 간 우리와 사시며 우리 아이들인 남매를 잘 키워주셨고, 미국에 있는 딸이 세 아이를 낳을 때마다 오셔서 산후 조리를

해주시는 등 자식을 위해 온 몸을 바치셨다. 외할머니의 믿음을 이어받아 신실한 믿음을 가지셨던 어머니는 자식들에게 사는 동안 어떻게 살아야 하는 지 분별하는 능력의 기준을 늘 이렇게 말씀하셨다. "성경에서 하라고 하는 것만 하고 하지 말라는 것은 절대 하지 않으면 된다." 할머니가 살아계실 때 제사 드리던 기억이 나는데 어머니는 함께 음식준비는 하여도 제사에는 절대 참석하지 않으셨다. 절하는 제사가 아니라 추모하는 예배를 드려야 한다고 하시면서 그 자리를 피하셨다.

70년대 할머니를 모시던 장손이 어머니의 노환이 심해져 대소변을 받아내는 상황이 되자 형편상 못 모시게 되었다. 그때 누가 모실 것인가를 상의하던 중 둘째며느리인 어머니가 나서 내가 모시겠다고 하시고 바로 다음날 할머니를 집으로 모셔왔다. 그때 어떻게 그렇게 빨리 결정하셨는가 여쭈었더니 어머님은 "부모님 모시는 것은 타협할 일이 아니다. 자식이라면 당연히 모셔야지."라고 단호하게 말씀하셨다. 어머니가 3년을 할머니 대소변을 받아내시며 전도하시던 어느 날, 할머니는 며느리 손을 붙잡고 네가 친정에 갔을 때 아들이 살아서 돌아오지 못 할까봐 너희들을 데리러가지 못 하게 했다며 미안한 표정으로 사과하셨다고 한다. 그리고 "네가 우리 집에 들어와 네 가정만 예수를 믿게 했으나 앞으로는 제사 드리지 말고 이제 우리가족 모두 다 예수를 믿으라."고 말씀하셔서 그날부터 제사가 없어지고 추모예배로 지내고 있다. 73년 여름 할머니 장례식을 7일장으로 정하고 준비 중 어머니가 보이지 않아 찾아서 연유를 여쭈니 "3일장, 5일장, 7일장은 관계없지만 7일장이면 주일이 될 텐데 주일에는 장례식 하는 게 아니다."라고 하셨다. 나는 어른들 앞에 나가 어머니 의견을 말씀드리고 날짜를 조정해 6일장으로 장례를 치렀다.

매년 신년이 되면 어머니께서는 아들, 손주, 며느리, 딸에게 한해의 기도제목을 받으시고 그 제목으로 매일 매일 기도하신다. 2005년 둘째 손주가 가족 중 처음으로 교회에서 목자임명(구역장)을 받았을 때 할머니께 기도를 요청했다. 기도의 제목은 첫째는 주일을 잘 지키는 주일성수, 둘째는 구역반인 목양을 믿음으로 잘 이끌어 갈 수 있도록 해달라는 것이었다. 그해 여름 LA에 사시던 어머님이 내가 사는 산호세에 오셔서 다음 해에 목사 안수를 받을 어머니의 장손에 대해 말씀하셨다. "목사 안수 받는 날을 금년 내로 받을 수 없을까? 그리고 둘째 손주가 주일을 지키려면 토요일까지는 내 장례 일정을 다 끝내야 하지 않겠니?" 나는 자신이 돌아가실 날짜까지 미리 준비하시는 어머님의 확신 있는 말씀에 놀라서 하나님께서 주신 어떤 말씀을 받으셨느냐고 물었으나 답이 없으셨다. 나는 LA에 있는 동생들에게 다음 토요일에 갈 테니 시간을 비워놓으라고 하고 먼저 조카가 목사 안수 받는 것을 금년으로 당기도록 했다. 12월 마지막 주였다. 호주에 사는 목사인 형까지 형제자매가 모두 어머니 집에 모였다. 어머니의 장례를 위해 모인 가족들이 밖으로 나가려는데 어머니께서 같이 가자고 하셨다. "어디 가는 줄 아세요?" 하고 여쭈니 "내 관 준비하려는 것 아니냐?"라고 하셨다. 직접 어머니를 모시고 가니 관부터 꽃 등 장례에 필요한 모든 물품과 순서지, 찬송, 기도 순서까지 본인이 정하셨다.

목사가 된 손주가 장례식장에서 할머니를 추모하며 자신의 경험을 나누었다. 어렸을 때 상처 난 손을 내밀며 투덜대자 할머니는 "감사해야지. 웬 투정이냐?"라고 하셨다. 이 말에 손주가 "손이 하나 없어져두요?"라고 하자 "그럼 다른 한 손이 남았잖니? 그러니 감사해야지."라고 하셨단다. 할머니 손주들은 긍정적인 할머니의 성품과 믿음을 본받아 자신들에게 하나님께서 맡겨주신 사명을 기쁨으로 감당하며 축복의 통로로 귀하게 쓰이고 있다.

딸 초청으로 62세이던 1983년 미국에 오셔서 LA에 사셨는데, 1992년 71세에 오렌지카운티로 이사해 2005년까지 한인교회에서 봉사하셨다. 어머니께서 들고 다니시던 성경책에는 오렌지카운티 한인교회 등록일인 1992년 5월부터 돌아가시기 전달인 2005년 11월까지 13년 동안 읽으신 성경통독 기록이 적혀있다. 2003년까지 98독, 2004년 한 해에 41독을 하셨다. 2005년 12월 28일 자손들을 남겨두고 하나님께 가시던 그 해에도 36독을 하셨다. 심장병이 있으셨던 어머니는 84세로 돌아가시기 마지막 5년은 홀로 사시며 오직 성경만 읽고 기도의 삶을 사시다 가셨다.

맏아들이 자신의 아들보다 늦게 늦깎이 목사가 되고 아들 딸 며느리 손주들이 목사, 장로, 사모, 권사, 집사로 믿음의 가족을 이룬 것은 온순하신 어머님의 기도 덕분이다. 어머님은 항상 '나의 갈 길 다가도록 예수 인도 하시니….' '주안에 있는 나에게 딴 근심 있으랴' 이 찬송을 평생 부르셨다. 찬송대로 당신의 길 예수 인도 따라 가시고 이제 딴 근심 없이 평안하신 어머님, 그립습니다.

김정수 1991년 도미. 한인 암환우회 및 가족후원회 회장, 월남 참전 전우 회장.

복 받는 비결을 유산으로

김홍식

나는 우리 어머니의 학력을 알지 못합니다. 옛날 시골이었기에 아마도 초등학교도 다니지 않으셨으리라 짐작합니다. 그런데 이처럼 학벌 없는 어머니가 학식 많은 어느 누구보다도 세상살이 처리의 지혜에서는 훨씬 뛰어난 모습을 보면서 지혜와 지식과는 완전히 별개라는 것을 확실히 실감하고 있습니다. 어머니께서는 언제나 물질적인 것보다 인간관계 같은 정신적인 것을 더 우선으로 두셨던 것 같았습니다. 아마도 교훈을 확실하게 남겨주고 싶으셨던지 돌아가시기 얼마 전 양로원을 방문한 우리에게 또다시 옛날애기를 들려주셨습니다. 그것은 옛날 아버지께서 병원을 하시며 한참 돈을 잘 벌고 계실 때 땅을 사두라고 주변 사람들이 권하는 데도 유산 남기는 것은 형제간 우의를 이간시키는 것이라는 굳은 신념을 가지시고는 물질적인 유산은 한 푼도 남기지 않으시기로 작정하셨다고 하십니다. 물려줄 유산은 교육뿐이니 다른 기대하지 말라고 선포하시며 일곱 자녀를 끝까지 교육시키셨습니다. 나는 지금까지도 형제간의 화목을 유지할 수 있는 가장 큰 이유 중 하나는 부모로부터 한 푼이라도 물질적 유산을 물려받은 사람이 하나도 없었기 때문이라고 확신하며 그 지혜를 가지셨던 어머니께 감사합니다.

어머니께서 철저하게 경계하신 것 중 한 가지는 가족끼리의 금전거래였는데 돈이 개입되면 언젠가는 반드시 형제간 우의에 문제가 생기게 된다는 철학을 가지고 계셨습니다. 돌아가시기 얼마 전에 저희 부부를 앉혀 놓고 자기 장례식 마친 후 단돈 $1이라도 남거든 전액 멕시코 선교에 헌금하라는 유언 비슷한 말씀을 하셨는데 물론 선교 자체에도 관심이 많으셨겠지만 남겨둔 돈으로 인해 형제간에 생기게 될지도 모를 문제를 염두에 두신 것 같았습니다. 자신의 돈 관리를 제 아내에게 맡기셨는데 돈이 얼마나 남아있는 지를 거의 방문할 때마다 묻곤 하시고는 남아있다고 하면 손 자녀들 선물 사주라고 하셨습니다. 처음엔

기억력이 약해지셔서 같은 질문 반복하시는 줄로 생각했었는데 가시기 전 남아 있는 돈 다 없애려는 의도였던 것을 뒤에야 눈치 챈 것입니다.

어머니는 딸보다 며느리를 아들보다 사위들을 항상 먼저 배려하셨는데 가정의 화합을 생각하시며 겉으로나마 그렇게 하시는 지혜를 가지셨던 것 같습니다. 며느리들을 부르실 때는 항상 처녀 때 이름을 그대로 부르시는 친근감을 보이셨고 고령이신데도 수십 명 손자녀들의 이름과 생일을 거의 기억하시고 때가 되면 꼭 배려하시기 때문에 대단한 인기 할머니셨습니다. 양로원에서 98세로 돌아가실 때까지 환자 회장을 하시며 휠체어 타고 다른 환자들을 심방하셔서 환자들과 간호사들로부터 가장 인기 많은 환자였습니다.

뭐니 뭐니 해도 어머니의 가장 큰 특기는 역시 손 대접입니다. 그것이 원래 타고나신 성품이기도 하겠지만 '주는 것이 받는 것 보다 복이 있다' '과도히 아껴도 가난하게 될 뿐이니라… 구제를 좋아 하는 자는 풍족하여질 것이요' 이 같은 성경 말씀을 늘 하셨습니다. 친척이나 이웃에 필요한 것 없는지 스스로 찾아다니시고 누구에게나 베풀고 거저 주시려는 것이 일평생 몸에 밴 생활이어서 우리 집엔 언제나 손님들이 끊이질 않았는데 특히 식사시간에는 우리 가족 수는 9명이었지만 항상 30명 정도는 먹었던 것 같습니다. 우리 집 부엌엔 누구든 아무 때나 스스럼없이 들어가 식은 밥이라도 퍼서 먹기가 일수여서 우리 집엔 형님들 친구, 내 친구, 동생들 친구들로 항상 들끓었습니다.

6.25 때는 집 아래로 멀리 내려다보이는 신작로에 끝도 없이 밀려오는 하얀 옷 피난민 행렬에게 큰 가마솥에 밥을 지어 마당 돗자리에서 온종일 먹이시던 모습 지금도 선합니다. 유난히도 거지들이 많았던 시절인데 병원 집에 가면 얻어먹을 수 있다는 소문에 우리 집에는 늘 거지 떼도 많았습니다.

나는 더 나이 들기 전 해외여행 한번 해볼까 생각하다가도 그 돈이면 탈북자 몇 명 더 구출할 수 있는데 하는 경비 계산과 겹쳐 엄두를 내지 못합니다. 밖에 나갈 때면 주머니에

$5짜리 이상의 지폐를 항상 넣고 다니며 구걸하는 노숙자를 일부러 찾는 습관이 있습니다. 그것은 내가 마음이 좋아서나 신앙심이 깊어서가 아니라 어머니로부터 물려받은 몸에 밴 습관 때문인 것 같습니다. 복 받는 비결을 무언의 교육으로 나에게 유산으로 남겨주신 어머니께 감사하며 내 자식들도 그 유산 물려받도록 본보이려 노력합니다.

한국전 때는 지방 반공청년단장 가족이라 하여 친정 식구 8명이 하루아침에 자식들이 보는 앞에서 공산당에 의해 대창으로 찔려 학살당했습니다. 살려둔 어린 세 조카를 데려와 우리와 같이 살았는데 지금 생각하면 친정식구 데려온 것은 시집 눈치가 보이는 어려움도 있었을 것 같습니다. 제집 사람은 딸만 다섯인 집의 큰딸이었는데 19세 이전에 양친이 거의 동시에 돌아가셔서 졸지에 젖먹이부터 시작하여 네 동생을 먹여 살려야 되는 소녀 가장이 되었습니다. 저와 가까이 지내던 그녀를 어머니도 좋아하셨지만 결혼문제엔 난색을 표하셨던 것 같습니다. 표면적 이유는 그녀의 어머니가 그 당시만 해도 유전적 요소가 있는 것으로 인식되어 있던 폐결핵으로 돌아가셨기 때문이라고 하셨지만 아마도 네 명의 어린 동생들을 먹여 살려야 되는 책임을 내가 떠맡아야 하지 않을까 하는 염려 때문이었을 것입니다. 그렇지만 일단 결혼을 하고 난 후에는 네 명의 동생들을 몽땅 우리 집으로 데려 와 살게 하셨는데 그 당시에는 당연한 것으로 생각 했었습니다. 하지만 지금 와서 만약 내가 그런 입장이었다면 도저히 허락할 수 없는 일이요, 그렇게 배려해 주는 시어머니 흔치 않을 것 같습니다. 집사람이나 모든 처제들도 평생을 어머니를 '엄마'라고 불렀습니다.

우리가 양로원 방문을 할 때면 아들인 내가 시샘할 정도로 며느리에게 다정스럽게 옛날 얘기를 해주시면서 그때 결혼을 반대했던 것 미안하다는 말씀을 아마도 열 번 이상은 하신 것 같고 돌아가시기 며칠 전에도 또 그 말씀을 하셨습니다. 집사람이 나에 대한 불만을 얘기할 때면 '얘야, 그래도 네 남편은 내 남편보다 낫다'고 농담하시고 돌아가시기 직전의 고통 중에서도 입에서 나오는 모든 대화가 농담조여서 모든 사람을 웃기시는 위트를 가지셨습니다. 며느리를 친 딸처럼, 아니 며느리에게 딸들의 흉허물을 털어놓으실 정도로 친딸보다 더 가까이 대해주시고 사랑해주셨던 어머님, 그리고 시부모를 솔직히 친아들인 나보다 더 걱정하며 진심으로부터 우러난 마음을 써주었던 집사람에게 진심으로 감사하다는 말을 드리며 소위 고부간 사이는 피차 하기 나름 같습니다.

마음에 걸리는 것은 이곳에 6남매의 자식들이 있었지만 자식들에게 신세지는 것을 거절하시고 독립생활을 원하셨기에 mobile home에서 손수 살림을 하시다가 뇌졸증으로 양로원으로 옮겨지신 8년 후 98세를 일기로 아무 고통 없이 주무시는 상태로 편안히 주님의 품으로 가셨습니다. '주는 것이 받는 것보다 복이 있다.'는 무언의 교훈을 우리들의 가슴속에 확실히 심어 주시고. 자녀가 잘 되도록 가르치고 싶은 것 모든 부모의 소원일 것인데 참 교육은 말로 하는 것 아닌 이처럼 무언의 실행 같습니다. 돌아가시기 직전까지도 유언처럼 늘 하신 말씀은 "부자 되는 것보다 형제간에 우애하고, 돈 많이 버는 것보다 예수 잘 믿으라."고 하셨습니다.

어머니의 빈자리

98세의 어머니를 떠나 보내드린 후 어머니가 없는 첫 번째 어머니날을 맞으면서 또 다른 형태의 감회에 젖습니다. 흔히 말하는 은혜니 고마움이니 하는 것들이 아닌 엄습해 오는 후회 때문입니다. 살아계셨을 때, 가시기 전, 왜 그것을 못해드렸을까? 그것은 어떤 거창한 배려를 얘기하는 것이 아니요 "엄마, 사랑해요, 고마웠어요, 고생하셨어요."와 같은 간단한 한마디입니다. 마음이야 있었지만 어색해하고 숫기 없는 나의 성격 때문에 때를 놓쳐 버린 것이 한이 되는 것입니다. 물론 어머니께서도 나의 속마음을 알고는 계셨겠지만 그래도 가시기 전 말로 표현해 드렸더라면 얼마나 기뻐하셨을까….

세상을 통틀어서 가장 소중한 존재 하나를 들라면 두말할 것 없이 '어머니'일 것입니다. 그런데 참으로 이상하게도 그렇게 중요한 위치의 그에게는 어디를 가도 고정 책상도 전용 의자도 없습니다. 어머니는 고생을 해도 그것은 당연한 것이요 희생을 해도 고맙다는 말을 하지 않는 것이 오히려 자연스런 존재입니다. 모든 가족들의 쏟아 붓는 퉁명스런 불평들을 당연히 다 흡수해 주어야 되는 이상한 존재입니다. 이미 없어져 빈자리가 되어버린 지금에야 비로소 엄청났던 그 자리를 인식하며 왜 그것을 진즉 알지 못했을까, 고마움을 표현해 드리지 못했을까 뒤늦은 후회를 합니다. 마음이 중요한 것이지 그런 걸 꼭 말로 표현해야 되느냐고 평소 늘 얘기해 왔던 나의 말이 덫이 되어 나 자신이 걸려 넘어진 것입니다. 나를 낳아 주신 분도 어머니지만 또한 나의 자식을 낳아준 여인도 똑같이 '어머니'입니다. 남아 있는 어머니에게는 같은 후회를 되풀이하지 말아야지 하고 다짐해 봅니다.

무릎 수술을 받고는….

얼마 전에 별로 크지 않은 무릎 수술을 받게 되었습니다. 옆에서 간호하며 마사지 해주는 집 사람의 따스한 손길을 느끼며 어머니 생각이 떠오릅니다. 어머니께서는 평생을 무릎이 아프다고 하셨습니다. "내가 먹은 아스피린 다 합치면 몇 트럭은 될 거야."라는 말씀을

가끔씩 하셨습니다. 많은 한국의 어머니들이 그랬듯이 일제와 한국전의 어려웠던 시절을 거치면서 대 가족의 끼니 해결을 위해 갯벌에서 밭에서 산에서 쪼그리고 앉아 끊임없이 해야 했던 노동의 결과였을 것입니다. 급기야는 지금의 내 나이보다 일곱 살이나 많으셨던 연세에 인공 무릎관절로 바꾸는 큰 수술을 받으셨습니다. 수술 후 누워 계시는 동안 집사람과 도우미 아줌마가 몇 달에 걸쳐 계속 물리치료와 마사지를 하고 있었던 기억이 살아납니다. 어머니께서는 "집에 의사들 있어봤자 아무 소용없어."라고 농담조로 늘 말씀하셨지만 진담이었음을 이제는 알 것 같습니다. 남편과 두 아들이 의사였지만 지금 생각하니 평소에도 그랬지만 수술 받으신 후에도 어머니의 무릎 한번 만져드린 기억이 전혀 없습니다. 만져드리는 것 고사하고 빈말이나마 얼마나 아프시냐는 말 한마디 해드린 기억도 없습니다. 늙으면 으레 그러려니 생각했던 것 같은데 얼마나 섭섭해 하셨을까 내가 아파보니 이제야 알 것 같습니다. 어머니날을 맞이하여 선물 드린다. 밥 사드린다 법석들입니다. 지금 내가 그 위치에 서보니 그런 것 하나도 반갑지 않음을 알게 됩니다. 아무리 성격이 그렇더라도 살아계셨을 때 비록 빈 말이었을지라도 "어머니 얼마나 아파요? 고생하셨어요, 고마워요, 사랑합니다." 이런 말 한 마디라도 해 드리지 못하고 보내 드렸는지…. 아들로는 못했더라도 의사로라도 수술자국 한번 만이라도 만져드리지 못했던 것이 이렇게도 후회가 됩니다.

김홍식 1973년 도미. University of Michigan affiliated hospital 근무. 내과와 정신과 전공.
1981년 California Los Angeles 지역 내과 개인 병원 운영. 50년간 의사로 활동.

이웃 사랑을 실천하며

김홍은

평안북도 선천은 처음으로 한국에 기독교가 전파된 곳으로 예부터 신앙심이 깊은 분들이 태어나신 곳이다. 1930년 그곳에서 태어나신 나의 어머님 조의실은 어머님의 친 할머님 때부터 예수님을 믿기 시작한 독실한 기독교 가정에서 자라나셨다. 어머님은 생전에 말씀하시길 온 가족이 선천장로교회에 다녔고 교회 앞의 개울을 건너면 어머님 집이 있었나고 하시곤 했다.

1946년 러시아인들이 많아지고 그들의 만행이 심해지자 딸의 안위를 염려한 외조부모님께서 2남 2녀의 맏딸인 어머니를 15살에 이남으로 보내기로 결단하고 동네 분들과 함께 가게 하셨다. 외할아버지의 옳다고 하는 것에 양보하지 않는 분의 성정을 닮아 워낙 강직하고 순수한 마음을 타고난 어머님은 오래전부터 김마리아 선생님의 애국정신과 투철한 신앙심을 본보기로 삼고 입학만 하면 먹고 잘 수도 있다고 들은 오직 정신고녀 입학에 목표를 갖고 계셨다. 다행히 당시 정신고녀 김필례 교장선생님의 도움으로 입학은 했지만 집도 가족도 없었기 때문에 학교 다락방에서 숙식을 해결하며 사셨다. 학교 등불이 꺼진 후에는 촛불을 켜고 열심히 공부해 학업 성적은 항상 최고였고, 키가 작았음에도 불구하고 투철한 애국정신 때문인지 학창 시절 내내 연대장인지 대대장인지를 했다고 한다. 졸업할 즈음 김필례 교장선생님과 선교사님의 강력한 추천으로 미국 유학의 길이 열렸으나 부모님의 반대와 세 동생들에 대한 책임감으로 어머님은 포기할 수밖에 없었다.

영락교회에 다니셨는데 결혼 후에도 유학을 포기한 것이 마음에 맺혀서인지 대사 부인들과 교류하시며 영어 공부를 한마디라도 더 하시려고 끊임없이 노력하셨다. 어머님은 주위 분들에게 '똘똘이'로 불렸는데, 내가 어릴 때 교회나 시장 등에서 미국 사람들의 말을

하얀 저고리 입으신 분이 어머님

통역하는 어머님을 볼 때 정말 자랑스러웠다. 어머님은 코스모스 백화점에 옷 가게를 2개 하셨지만 점원에게 맡기고 전도와 봉사를 다니셨다. 어머니의 일생을 한 마디로 표현하자면 굳건한 신앙심을 토대로 한 믿음의 삶이셨다. 미국으로 이민 오신 후 직장을 풀타임으로 다니실 때도 새벽4시에 일어나 2시간은 기도하시고 퇴근 후에도 문 닫고 한 시간정도는 기도를 마치고 방을 나오시곤 했다. 하지만 자녀들에게 강요는 절대 안 하셨다.

한번은 내가 "엄마, 힘들지 않아?" 하고 물었더니 "나는 내가 받은 은혜 때문에 이렇게 지내지만 쉽지 않아. 너희도 이렇게 살라고는 못 하겠다."고 솔직히 답하셨다.

어머님의 손과 핸드백 안에는 항상 교회에서 발행하는 전도지가 있어서 시간과 장소를 가리지 않고 수시로 전도하셨다. 택시를 타면 운전하시는 분을, 버스를 타면 앞 뒤 승객들을, 시장에서는 장사하시는 분들을 전도하시고, 힘든 일을 당하신 분들을 보면 도움의 손길을 꼭 펼치셨다. 매년 성탄절 즈음에는 우리 삼남매를 데리고 주변에 청소부, 경찰, 배달부, 두부장사, 구두닦이 등 가난한 이웃에게 전달하기 위한 성탄 선물을 며칠씩 싸곤 했다. 경제적으로 나보다 못 한 사람에게 나눠주어야 한다는 생각을 가지고 계셨다.

미국으로 이민 오기 몇 년 전에는 서울시에서 주는 '모범 시민상'을 받으셨다. 어머님은 누가 칭찬을 하거나 상을 받으실 때면 한결같이 당연히 해야 할 일을 한 것뿐이라며 겸손해 하시며 참석도 안 하셨다. 당시 우리 가정이 여유롭게 살았음에도 불구하고 어머님은 철저하게 근검절약을 실천하셨다. 옷 가게를 하는데도 불구하고 내 기억으로는 겨울 코트는 쑥색 한 벌로 그야말로 단벌신사였고 보석으로는 항상 손에 끼고 계시던 보라색 유리반지가 전부였다. 하지만 경제적으로 어려움을 겪고 있는 분들에게는 빌려주는 것이 아니라 흔쾌히 그냥 주시곤 하셨다. 그런 도움을 받은 분들이 어머님의 모습을 보고 예수님을 믿게 되었다는 말을 여러 번 들었다.

어머님에 대한 또 다른 기억은 어머님이 남의 험담하는 것을 본 적이 없다. 대신 매일 새벽 마당 한 구석에 기도처를 잡고 나라와 교회, 가정을 위해 기도하셨다. 어머님은 평생

그늘지고 어두운 곳에 작은 빛을 비추는 세상의 빛이 되기를 원하는 삶을 사셨다. 영적으로 늘 깨어있는 믿음의 어머니를 뿌리로 내가 자라난 것은 하나님의 축복이다. 어머니의 모교에 진학해 다니는 동안 나는 구석구석 어딘가 묻어있을 어머니의 손때들을 보았다. 마침 어머님과 동기동창이셨던 분이 담임을 맡았는데 "네 엄마 안 닮았다."고 하시며 수시로 어머니에게 선의의 고자질을 하셔서 평소 자식들에게 잔소리 안하시는 어머님께 공부 열심히 하라는 말씀을 몇 번 듣기도 했다.

1남 2녀의 막내인 내가 아이를 낳자 산후조리 오신다고 하시던 중 어머니께서 머리가 아프다고 쓰러지셨다. 뇌졸중 가운데도 집에서 불리던 내 이름 미나를 부르시며 "미나 딸 보러 가야 하는데…."를 반복하셨다고 한다. 나는 4월 10일 애를 낳았고 어머니는 4월 19일 55살에 그리 사랑하시던 하나님 품으로 가셨다. 정신이 잠깐 나면 '여호와는 나의 목자시니 내게 부족함이 없으리로다.'로 시작하는 시편 23편을 외우셨다고 한다. 나는 어머니의 임종도 장례에도 참석하지 못 하는 불효를 저질렀다. 남편과 나는 그 당시 텍사스에서 대학을 다니고 있었는데 시댁어르신들이 심장이 안 좋은 상태로 아이를 낳은 내 산후건강과 아이를 염려한 탓으로 갈 수가 없었다. 어머니는 평생 내게 다 주고 딸을 챙기셨지만 나는 돌아가시는 길조차 배웅해 드리지 못했다. 그래서인지 언니는 꿈에 어머니를 만나면 반갑고 좋아서 우는데 내 꿈 속 어머니는 늘 살아계셔서 반가워 울지도 못 해 깨고 나면 속이 몹시 상한다. 큰 딸인 어머니에게 많이 의지 하셨던 외할머니는 어머니가 돌아가시자 사위 혼자 못 산다고 재혼을 추진하셔서 아버님은 그 후 재혼하셨다. 새 어머님과 28년을 함께 사시고 93세로 6년 전에 돌아가셨으니 외할머니의 결단도 대단하셨다.

자신에게는 철저했고 완벽에 가까웠지만 이웃에게는 한없이 관대했던 엄마.

남으로 홀로 내려오던 15살 엄마의 춥고 무서웠을 두려움, 전쟁 통에 아름다운 꿈을 접어야했던 20살 엄마의 참담함, 결혼 후에는 힘든 남편과 자식 뒷바라지로 한숨도 제대로 못 쉬었었던 분이 바로 울 엄마다. 하나님의 말씀대로 살려고 발버둥 치셨던 엄마를 생각하면 한없이 보고 싶어진다. 그리고 미안하다. 엄마와 함께한 시간이 많지 않아서….

"엄마 많이 미안해. 많이 고마워. 그리고 너무 많이 보고 싶어."

김홍은 1976년 도미.

40년을 목회자 사모로

오희열

어머니는 목사 사모로 일생을 오로지 아버지의 목회를 내조하며 사셨다. 그래서 어머니를 이야기하자면 아버지 이야기를 먼저 해야 한다. 우리 사회는 상대를 직함으로 부르는 것이 당연하나 유독 '사모'만은 어떤 남편의 아내라는 특별한 호칭이다. 특히 목사 사모라는 의미는 목사의 아내로 적합했나 평가하는 의미인데, 그런 의미에서 꼬박 40년을 목회자 사모로 사셨던 어머니의 삶을 돌아본다.

1910년 평북 선천에서 출생한 아버지 오덕유는 친할아버지가 독립운동을 하다 세상을 떠나자, 형과 대한독립단에 가입해 중국군관학교에서 훈련을 받은 후 귀국해 독립운동을 하다 용산경찰서에서 2년 옥살이를 하셨다. 1933년 용산교회 전도사 시절 어머니 최난희를 만나 결혼해 슬하에 1남 7녀를 두셨다. 결혼 후 평양신학교를 나와 이태원 교회에서 목회하시고, 전쟁 중에는 제주도 화순교회를 설립하셨다. 1953년부터 10년은 종로 묘동교회 목사로 시무하시는 동안 묘동교회 50주년 기념 새 성전을 건축해 1963년에 헌당식을 하셨고, 내가 10살이던 그해 아버지는 8대 안동교회 목사로 부임하셔서 1973년까지 10년을 역임하셨다.

그때 교회는 분쟁으로 한 바탕 난리가 난 후라 상처가 깊었는데, 그때 인품이 온유하고 모나지 않았던 아버님께서 상처 난 교인들을 감싸주는 치유의 목회로 분열 직전의 교회를 안정시키셨다. 재정도 많이 약해진 터라 아버지는 충분한 생활비를 받지 못했지만 어머니는 그 가운데서도 많은 자녀들을 양육하고 교육시키셨다. 그 시기에 언니들이 출가하는 등 어려웠지만 온화한 성품을 가지셨던 어머니는 늘 조용히 일을 해결하셨다. 1969년 안동교회 창립 60주년 때는 93회 대한예수교 장로회 정기노회에서 노회장이 되시는 등 아버지는 장로교에서 큰일을 맡아 하셨다. 사모는 목회자를 돕고 소리 내지 않는 것이 미덕이던 시

절, 어머니는 40년을 변함없이 그 무게를 달게 감당하시며 조용히 아버지를 내조하셨다.

어머니의 달란트는 구제였다. 당시 전쟁 후라 거지들이 많았고 그들은 배가 고프면 교회를 찾았다. 우리는 주로 교회 사택에 살았는데 그들이 교회로 오면 어머니는 상을 차려주고 밥을 꼭 먹여 보내셨다. 누가 집에 오면 그들을 빈손으로 보내지 않으시고 간장, 된장, 고추장이라도 꼭 챙겨주셨고 양말이라도 쥐여 보냈다. 오갈 데 없는 사람들이 교회 사택으로 찾아오면 어머니는 한 사람도 거절하지 않고 며칠, 몇 달, 심지어 2년도 데리고 계셨다. 그래서 우리 집에는 숙식하며 집일 돕는 분이 몇 명이나 될 때도 있었다. 나는 딸 일곱 중 여섯째인데 우리는 늘 교회 사택에 살며 교회가 내 집이고 놀이터로 알고 살았다. 어머니는 8남매를 키우시면서 결코 큰 소리를 내지 않으셨고 야단치는 법이 없으셨다. 그래서 어머니를 생각하면 그런 내공이 어디서 나왔는지 참으로 대단하시다는 느낌이 제일 먼저 든다.

신앙인으로 모범을 보여야 하고 제약이 많은 자리가 목사 사모라는 자리다. 그 일이 쉽지 않아 특별한 부르심이 없다면 할 수 있는 자리가 아니다. 사위 셋이 목사로 언니 다섯 중 셋이나 목사 사모가 되었으니 이것은 부모님의 간절한 기도에 대한 응답이리라. 남편도 나와 결혼 후 형부가 시무하시는 상항 반석교회에서 수십 년을 헌신하는 믿음의 아들이고 다른 자녀들 모두 믿음 안에 있다. 어머니 성품을 제일 많이 닮은 넷째 언니 유미라는 유무길 목사님의 사모로 어머님의 성품을 제일 많이 닮았다. 유 목사님은 불편한 몸을 이끌고 목회를 하시다 은퇴하셨는데 목사 사모로 오래 믿음의 본을 보이는 언니가 존경스럽다.

1974년 미국에 오신 부모님은 자녀들을 옆에 두고 교민을 위해 봉사하시다 아버님은 1987년 어머님은 1988년에 1년 사이에 돌아가셨다. 넷째 언니인 유미라 사모가 어머님을 마지막까지 모시며 돌봐드렸다. 어머니 마지막 가시는 길까지 8남매가 잘 배웅해 드린 것도 축복이었다.

아버지는 자전적 수기인 『민족의 십자가를 지고』를 남기셨는데, 평생 자신이 한 일을

네 가지로 분류하셨다. 첫째는 국가와 국민을 위해 독립운동 하던 일, 둘째는 민족의 참 생명을 구해보려 노심초사하던 40년 목회 생활, 셋째는 목회자에게는 무거운 짐이었던 1남 7녀를 기르고 가르친 일, 네 번째가 미국 이민 와서 자녀들 가정과 이민 교포 돌보아 주는 일이라고 하셨다. 생명을 구하는 40년 목회도 대단하지만 어머님의 고생과 희생을 어찌 다 말 하리요!

물론 쌍둥이이긴 하지만 나는 아이 둘을 기르면서 힘들어 쩔쩔맸는데, 어려운 시절 목회자로 8남매를 먹이고 키우고 시집 장가보내신 부모님의 능력은 하나님의 은혜로밖에 설명할 길이 없다. 어머니는 평생을 교회에 사시며 안에서나 밖에서나 있는 듯 없는 듯 조용히 인자하게 하나님의 사랑을 본보이신 분이다. 조용히 성도들을 섬기며 어려울 때도 항상 인내하셨다. 그런 어머니를 보고 자라면서 우리도 어머니의 성품을 본받으려 노력했고, 어려움을 감내하고 감당할 힘을 얻었다. 주어진 상황에 최선을 다하고 결과는 하나님께 맡기는 기도의 삶을 사시며 눈물어린 기도와 희생과 섬김, 말 없는 헌신의 삶을 선하게 살다 가신 어머니에 대한 평가는 아버지도 인정하셨다. 어머님의 내조 덕분에 목회를 잘 할 수 있었다고.

동역자, 돕는 배필, 조력자로서 특히 사역자의 아내라는 녹록치 않은 삶을 성공적으로 감당하시고 어려운 가운데서도 온화하게 8남매를 키워주신 어머님, 영적으로 하나님과 친밀한 가정을 만들어주신 어머님께 감사드리며 자손들의 삶을 통해 이 땅에 하나님의 나라가 세워지길 간절히 소망한다.

권희열 1973년 도미

복음의 길을 여는 통로로

이우정

우리 삼남매만의 엄마인줄로만 알았던 엄마가 어느덧 6명 손자, 손녀의 할머니가 되어 버렸다. 또한 언제 집사였는지 기억도 나지 않을 만큼 나이 지긋한 권사님이 되셨다. 너무 가깝고 자연스러운 존재가 엄마이긴 하지만 새삼 엄마에 대해 말하려고 하니 조금은 어색하게 느껴진다. 엄마를 생각하면 엄마가 하셨던 명언 같은 말씀이 제일 먼저 머리에 떠오른다. "죄를 지어도 교회에서 지어라." 얼핏 들으면 어패가 있게 느껴지는 말씀이다. 엄마는 아버지가 신앙이 없으셨기에 우리 삼남매를 어떻게든 교회에 있게 하기 위해 애쓰셨다. 어쩌면 혼자서는 도저히 셋을 잘 키워 낼 수 없다는 것을 일찌감치 하나님 앞에서 인정하시고 의탁하셨던 것 같다. 엄마는 우리 셋을 키우는 동안 수시로 수없는 '맨손 스매싱'을 우리 등짝에 날리셨다. 그런 엄마는 당연히 우리에게 마냥 무서운 존재였다. 하지만 어느 날 우리가 좀 컸을 때, 엄마는 우리 셋을 앉혀 놓고 우리에게 날렸던 그동안의 모든 '스매싱'에 대해 용서를 비셨다. 그날 엄마의 진심어린 사과하던 모습은 내 머릿속에 고스란히 남아있는데 그때 나는 알았다. 전사 같은 엄마도 우리에게 용서를 이렇게 구하는 걸 보면 아직도 하나님께 무언가를 배우고 계시는구나.

나는 어릴 적부터 운동을 좋아해서 유도를 전문적으로 배우고 있었다. 하지만 연습 도중 팔이 부러지는 큰 사고를 당해 병원에서 수술을 해야 한다는 결정이 났다. 내가 너무 아파 숨조차 쉴 수 없을 만큼 고통스러워하고 있는 와중이었다. "그래도 하나님께 감사하자." 울먹이면서 하시는 엄마 말씀에 나는 순간, 엄마가 아들이 아프니 정신이 어찌되신 건 아닐까 하는 생각이 들 정도로 큰 충격을 받았다. 맨손 등짝 스매싱을 당할 때처럼 "역시 계모인지도 몰라."라고 다시 한 번 엄마의 나에 대한 사랑을 의심할 수밖에 없었다. 하지만 시간이 흘러 나도 하나님과의 깊은 관계가 형성되면서, 엄마의 그날의 고백은 정말 감사할 수 없는 상황에서 진심으로 감사할 줄 아는 아주 고차원적인 성숙한 고백이라는 것을 알았다. 엄마는 늘 그랬다. 더 많이 다칠 수 있는 여러 가지 위험천만한 상황 속에서도 하나님의 천군천사가 함께 지켜주셨다는 확고한 믿음이 있으셨다. 2년 후 다리를 아주 심하게 다쳐 복합골절 사고가 있었을 때도 엄마는 "하나님이 너를 정말 사랑하고 너를 위한 계획을 구체적으로 가지고 계시나보다."라는 말로 다시 한 번 나를 혼란스럽게 하셨다. 그 역시 하나님을 향한 진심어린 믿음의 고백이었다. 아들의 고통을 지켜보는 것이 쉽지 않지만 투철한 믿음으로 그 위기를 잘 견뎌내셨다.

엄마는 당신의 아빠 얼굴을 모르고 사셨다. 엄마가 아주 어릴 적에 돌아가셨다고 한다. 그러니 나에게 외할아버지는 상상 속에만 존재하는 가족이다. 내가 어렸을 때는 엄마와 하나님과의 관계를 생각하면 이 점이 제일 이해하기가 어려웠다. 평생 아빠의 얼굴을 기억하지 못 하고 그 존재의 부재를 안고 사셨음에도 어떻게 하나님 아버지의 존재를 인정하고 확실한 믿음으로 평생을 살아오실 수 있었을까 하는 점이었다. 엄마는 하나님 아버지의 보호를 순간순간 느끼고 모든 것을 의탁하고 순종하는 그야말로 효녀처럼 하나님을 섬기고 평생 사랑을 고백하고 사셨다.

엄마와 아빠 사이는 늘 행복했다고는 절대 말할 수 없는 사이로, 나는 잦은 부모님의 불화를 보고 자랐다. 아버지는 가장으로써는 책임감이 넘치셨지만 신앙이 없는 분이셨고, 엄마는 전업주부셨지만 신앙을 무조건 우선으로 하는 분이셨다. 아버지는 믿음 아래 있지 않은 탓에 가끔 엄마와 자녀들에게 세상적인 일로 상처를 주시기도 했다. 때로는 그런 일로 우리 가정과 엄마가 폭탄이나 쓰나미를 맞는 듯 위태로울 수도 있었지만, 엄마의 믿음을 어여쁘게 보셨는지 하나님은 우리 엄마와 가정을 끝까지 그의 날개 아래 두셨다. 그리고 한발 더 나아가 큰 누나와 우리 모 교회의 담임목사님 아들이 결혼하며 목사님 댁과 사돈까지 맺게 됐다. 그 시점부터 우리 아빠는 기수를 돌려 놀라울 정도로 빠르게 하나님의 자녀로 변해가셨다. 엄마조차도 늘 기도는 하면서도 반신반의 해오시던 일이 기적처럼 일어난 것이다. 다시 한 번 우리 가족 모두는 완전하신 하나님께서 우리 가정에 큰 사랑을 보내주신다는 놀라운 경험을 하게 됐다. 나는 이러한 일들을 통해 이 모든 역사가 하나님의 계획 안에 있고 엄마를 통해 실현시키신다는 확신을 가지게 됐다. 왜냐하면 우리 친가 7명의 아버지 형제를 비롯해 모든 가족들 중 단 한 분도 하나님을 아는 사람이 없었기 때문이다.

엄마는 그렇게 우리 가정에 복음의 씨앗을 뿌리셨을 뿐 아니라 우리 대가족을 진리로 이끄는 전도사 역할을 담당하셨다. 물론 우리 가정은 여러 친척 중 가장 하나님의 축복을 받으면서 잘 살고 잘 돕는 가정이다. 친할머니도 친척들 중 가장 인정하고 제일 좋아하는 이슈가 되는 가정으로 그 선한 영향력은 계속적으로 친척들 가정 구석구석으로 흘러들어갔다.

명절마다 본가의 친척 어른들은 큰 제사를 지냈다. 그날도 제사를 지내고 모두 모여 앉아 친할머니의 덕담을 듣는 자리였다.

"너희들 모두 길환이(아버지) 도남이(엄마)네 처럼 다들 예수 믿고 잘 살아라!"

밑도 끝도 없는 할머니의 폭탄 발언으로 온 가족은 난리가 났다.

남해도라는 섬, 섬사람들은 예수님과 멀어도 너무나 먼, 예수님이라면 이단과 같은 이상한 서방 종교에 미친 자들이 돈 내는 단체의 교주 정도로 알고 있는 외딴 섬, 더러는 예수라는 이름조차 들어 본적도 없이 영적으로 분리된 것 같은 섬, 그 섬에서 평생을 살아오신 할머니 입에서 그런 말씀이 나왔다고 하기에는 도저히 믿을 수 없는 핵폭탄 같은 발언이었다. 하나님은 그렇게 엄마를 통로로 복음의 길을 열고 엄마로부터 가정과 이웃 주변으로 흘려보내셨다.

올해 에바다 크로마 하프 찬양단 지휘를 맡으면서 음악을 전공한 사람들의 꿈의 무대인 카네기 홀에서 독창을 하게 됐다. 엄마에게 특별한 효도를 해드린 것이 없었는데 이것은 엄마에게도 큰 기쁨이 될 것이다.

남보다 공부를 더 많이 하신 것도 아닌 엄마, 어깨 좁고 아담한 엄마가 도저히 할 수 없을 것 같은 많은 일들을 하나님은 엄마를 사용해 이루고 계신다. 우리 가정에 믿음의 본을 보이시며 복음의 씨를 뿌리신 우리 엄마…. 나의 엄마는 하나님을 빼놓고는 이야기 할 수 없다는 것이 자랑스럽고 감사하다.

이우정 2011년 도미. New life Church 지휘자. 북가주 에바다 크로마 하프단 지휘자

성경 암송에 전력을

전성애

지금은 세계적인 수준의 공항인 인천국제공항에서 비행기를 타지만 42년 전 나의 부모님은 당시의 국제공항인 김포공항에서 미국행 비행기를 타고 이민 길에 올랐다. 어머니는 40대 중반이고 아버지는 50대 초반이셨는데 이모의 초청을 받아 미국으로 이민 오신 것이다. 21세 미만 자녀만 이민이 가능하던 때라 2남2녀 중 세 자녀는 한국에 두고 막내인 나만 데리고 오셨다. 그날은 마침 어머니날이어서 매년 어머니날이면 우리 가족의 이민역사가 생각난다. 당시 미국 이민 한 사람당 지참할 수 있는 액수가 $200이어서 먼 이국땅에서 세 식구가 정착하기에는 말도 안 되는 $600을 들고 태평양을 건넜으니, 당시 부모님의 용기를 생각하면 놀라울 뿐이다. 우리 세 식구는 San Francisco에 도착해 빨간 벽돌 4층 아파트에 새 둥지를 틀었다. 얼마 전 그 앞을 지나가자니 앞으로의 삶이 어떻게 펼쳐질지 설레기보다는 두려웠을 어머니 마음이 떠올랐다. 돌이켜보면 세 식구 모두 adult school에 등록해 함께 영어를 배우러 다니던 즐거운 추억도 있다. 어머님은 미국에 온 지 석 달 후 나를 San Francisco City College에 등록시켜 주시고 피아노 개인레슨도 받게 하셨다. 당시 아버지께서 받으셨던 시간당 임금이 $3 미만이었으니 30분에 $15이던 내 레슨비는 사실 가당치도 않은 일이었을 것이다. 그 일 하나만 생각해도 나는 부모님의 사랑과 희생에 감격할 수밖에 없다.

어머님은 요즘 외할아버지를 독립유공자로 추서하는 일을 사명으로 알고 그 일을 위해 자료 수집 등으로 몹시 바쁘시다. 외할아버지는 내가 태어나자 내 이름을 지어주셨다는데 그 해 돌아가셨다고 한다. 덕분에 요즘은 거룩할 성(聖)에 사랑 애(愛)라고 성경적인 이름을 지어주신 외할아버지에 대해 이런저런 이야기를 들으며 내 이름 안에 살아계신 외할아버지가 부쩍 친근하게 느껴진다. 외할머니는 성경을 88독 하시고 돌아가셨다니 얼마나 하

나님 안에 사시다 가셨는지 짐작할 수 있다.

어머님이 국민학교 6학년 때였다고 한다. 독립운동을 하시다 원산 경찰서에 감금되신 외할아버지 식사를 위해, 어머님은 학교가 끝나면 집에 와서 외할머니께서 밥과 반찬이 담긴 쟁반을 보자기에 싸서 주면 그것을 들고 경찰서로 가셨다고 한다. 그리고 외할아버지의 저녁 식사가 끝날 때까지 복도에서 기다렸다가 빈 그릇이 나오면 갖고 집으로 뛰어오셨다는데, 겨울에는 해가 짧아 어찌나 춥고 무서웠던지 혼이 났었다고 한다. 그 이야기를 들으면 어머니의 당신 아버지에 대한 염려와 두려움 등이 느껴지고 어린 나이에 얼마나 힘드셨을까 안쓰러운 마음이 든다. 한편 똘망똘망 했을 어릴 적 어머니 모습을 상상해보면 입가에 미소가 절로 지어진다. 외할아버지께서 금강산으로 며칠씩 기도하러 가시면 어머니도 따라가셨다고 하니 어머님의 오늘의 견고한 믿음 생활은 오랜 기도에서 나온 것 같다.

"누님은 어머님의 반쪽이며 누나는 엄마의 절반이고 누이는 어머니의 반달입니다."

외삼촌이 누이인 어머니에게 보낸 메모다. 무심코 한 자를 남겨도 외삼촌의 글에는 문학적 소양이 돋보인다. 또한 음악을 전공한 것도 아닌데 전공자들이 있는 성가대원을 이끌고 수십 년 지휘를 하셨다. 이모도 피아노를 전공하고 언니도 작곡을 전공한 것을 보면 외갓집에 음악적 소질이 있으신 것 같다. 외할아버지는 글을 맛깔나게 쓰신다고 당시 조미료를 뜻하는 '아지노모도'라는 별명이 있으셨다는데, 이모가 쓰신 시를 보면 문학에도 보통 자질이 있으신 게 아니다. 외할아버지의 자질은 어려서부터 책 읽는 것을 좋아한 어머니와 외삼촌, 이모 모두가 물려받으신 것 같다. 나에게 하나님 사랑과 나라 사랑에 혼신을 다하시고 청렴결백한 삶을 사시다 순교하신 존경스러운 목사님 외할아버지가 계신 것이 자랑스럽고, 그런 믿음의 가정에 나를 태어나게 하신 하나님께 감사드린다.

오늘도 어머니의 일상은 오직 한 가지, 성경 암송이다. 30년을 하루도 빠짐없이 변치 않고 이어왔으니 어머니 머릿속에는 엄청난 양의 성경 구절이 저장되어 있다. 성경 구절 기억은 타의 추종을 불허하셔서 얼마 전에는 90을 바라보는 연세에도 남가주에서 열린 성

경 암송대회에 나가 등수에 드셨다. 어머니 아버지는 평생 금슬이 좋으시다. 작년부터 부쩍 건강이 안 좋아지신 아버지를 1년째 어머니께서 돌보시는데 아버지가 살아주셔서 감사하다는 말씀을 자주 하신다. 2018년 올 11월은 부모님이나 우리 자녀들에게 특별한 해이다. 어머니는 당신의 오빠와 같은 군에 있던 아버지를 만나 일찍 결혼하고 70년을 해로하셔서 부모님의 70회 결혼기념일이 있기 때문이다. 아버지께서 사관학교를 나오고 중령으로 제대한 장교여서 집에 쌀 떨어지는 것을 모르고 지프차가 집에 와 있는 등 고생은 하지 않으셨다고 한다. 하지만 경험 없이 사업하시다 실패해 어려운 적도 있으셨다.

목사님의 딸로 자라신 어머니는 신앙도 확고하시지만 성품이 좋으시다. 자녀들을 나무란 적이 없어서 나는 자라면서 야단을 맞거나 공부 잘하라는 다그침을 받아본 적이 없다. 어머님께서 이민한 동기에 대해 말씀하신 적이 있다. 첫째는 아버지께서 직장생활을 하며 한국에서는 바른 신앙생활을 하기 어려워서였고, 둘째는 내가 이유로 남들은 유학도 보내는데 이민으로 내 음악 공부를 뒷바라지 해주고 싶어서라고 하셨다. 어머니는 내게 교회 반주는 할 수 있어야 한다며 내게도 어려서부터 피아노를 시키시며 대학도 음대에 가도록 독려하셨다. 대예배 반주자가 출타한 어느 주일에 초등학생으로 대신 반주를 했던 생각을 하면 지금도 진땀이 나려 한다. 하지만 어머니의 오랜 소망을 나는 2006년이 되어서야 풀어드렸다. 결혼과 출산 등 사느라 바빠서 계속 미루다 그때야 대학 졸업장을 땄다. 잘못하다가는 영영 졸업을 못 할 거 같아 미국 온 지 30년이 되는 해에는 꼭 졸업장을 선물 해야겠다는 결심을 하고 안간힘을 쓴 덕이었다. 어머님의 이민 목표를 이루게 해드렸을 때 기뻐하시던 모습을 잊을 수가 없다.

아버지는 작년 93세 때까지 매일 새벽예배와 주일 예배에 직접 운전하고 다니셨고, 나를 비롯해 여러 손자들 운전교육을 찬찬히 잘 가르쳐주셨다. 내가 고등학교 1차 시험에 떨어졌을 때 나를 동대문 스케이트장에 데려가셔서 위로해 주셨던 멋진 아버지시다. 어머니

는 암송을 많이 하시며 기억력도 발달하셨는지 12명이나 되는 손자와 증손들 생일까지 잊으신 적이 없다. 항상 예쁜 카드에 사랑이 가득 담긴 믿음을 격려하는 따스한 메시지를 적어 주시고 기도해 주시며 자손들에게 할머니 사랑을 듬뿍 주신다. 손자들이 어려운 일이 있을 때도 할머니의 기도가 있다는 것을 아니 지탱하고 극복도 한다. 당연히 어머니는 모든 손주들에게 인기가 짱이다.

이민 1세로 낯선 나라에 정착하느라 힘든 시간을 잘 감당하신 어머니 덕분에 나는 편안하게 이민 생활을 할 수 있었다. 은퇴 후에는 믿음과 기도의 본을 보이는 삶을 살고 계신 어머니가 곁에 계신 것이 얼마나 감사한지! TV도 안 보시고 손에는 늘 신앙 서적이 들려있으신 어머니의 일생은 평생 하나님과 동행하는 삶이다. 작은 오빠가 목사가 되고 내가 목사의 아내가 된 것도 온전히 항상 기도하시는 어머님이 계시기 때문이다. 이 순간에도 176절이나 되는 시편 119편 말씀 암송에 전력을 다하며 도전하시는 멋진 울 엄마! 하나님의 은혜 안에 사시는 울 엄마 파이팅!

전성애 1976년 도미. 목사 사모, Joyful Ringers Music Director

믿음의 길을 열어주시고

조광자

나의 시어머님을 생각하면 복잡한 마음이 된다.

일찍이 선교사에게서 예수님을 받아들인 어머님은 내가 시집을 가자 나를 몹시 핍박하셨다. 대대로 불교집안에서 자란 내가 기독교를 믿는 장손 집 며느리로 갔으니 어머니 보시기에 나는 그야말로 마귀새끼로 싸워야 할 적군이었다. 종교문제를 시작으로 며느리가 못마땅했던 어머님은 나와 극심한 갈등을 빚었다. 내가 시집가기 전 세상을 떠난 맏아들을 지키지 못한 설움과 분풀이를 하시는 것도 같고, 한마디로 내 결혼 타이밍이 안 좋다는 생각을 했었다.

4남 4녀 8남매를 키우면서도 화내는 것을 별로 보지 못 한 어머니의 맏딸로 사랑을 많이 받다가 그야말로 다른 세상이었다. 물론 나이 어린 내가 어머님 마음에 꼭 맞게 해드리지 못 했으리라는 생각도 들지만, 어머님은 내 믿음을 바로 잡겠다며 심하게 다루셨다. 그때 나는 다짐했다. 나는 어머님이 믿는 그런 예수는 절대 믿지 않으리라고.

그때는 시집 식구조차 내 편이 없는 것 같고 멀게만 느껴져 마음 둘 곳이 없었다. 그럴 때면 갈만한 곳이 없어 기도원을 찾았다. 내가 32살 때였다. 금식기도 하는 곳인지도 모르고 오산리 기도원에 갔다가 본의 아니게 며칠을 금식하며 부흥회도 경험하고 성경말씀을 접했다. 나는 그렇게 어머님을 피하다 하나님을 만났다. 그 후 우리는 나의 친정식구들이 와 있는 미국으로 이민했다. 매년 어머님을 미국에 모시며 함께 시간을 보낼 때 어머님을 조금은 이해할 수 있었다. 일찍 세상을 떠나신 시부모님 대신 시동생 8명을 거두어 가르치고 자신의 7남매까지 키우느라 평생 고생만 하신 어머님의 인고의 세월을 처음으로 알았다.

시어머님은 지금 당신의 사랑하는 막내딸이 정성으로 돌보고 있다. 한국에 나가 찾아뵈면 과거 생각이 나시는지 자꾸 미안하다고 하신다. 내가 다 잊었다고 괜찮다고 해도 며느리와 맺힌 매듭을 다 풀고 가시려는 듯 내 손을 잡고 우신다.

하나님은 놀라운 분이시다. 옛날 상처를 생각하면 마음 열기가 어려울 것 같지만 우렁차던 목소리도 옅어진 어머님을 뵈면 연민이 앞선다. 얼마 있으면 다시는 잡을 수 없는 손, 그 손을 잡아드리며 전해오는 따스한 온기도 곧 식을 것을 생각하면 나도 눈물이 흐른다.

2015년 북가주에 선교와 치유를 목적으로 에바다 크로마 하프 찬양단을 창단했다.

안으면 가슴에 딱 안기는 이 악기는 찬양하며 선교하기에 더없이 좋은 악기다. 한국 성음 크로마 하프단의 지부가 되어 창단 3년 만에 단원이 70여 명으로 늘었다. 이들은 자신들의 거주 지역 양로원과 카이저병원 등을 방문해 음악을 통한 복음사역과 환자 치유와 위로에 헌신하고 있다. 그동안 멕시코 교도소와 양로원 및 빈민촌을 찾았고, 올 봄엔 도미니카 공화국 선교사 부인들에게 크로마 하프 40대를 전달했다. 그들의 영성과 만인의 언어인 음악을 통한 복음사역에 힘을 보태려는 것이 목적이었다. 올 9월 30일에는 한국과 미국 단원 총 160여명이 카네기 공연을 앞두고 있다. 실력으로 치자면 최우수 연주자만 선다는 그곳에 설 자격이 없지만, 악기와 찬양으로 하나님을 선포하며 하나님 사업을 확장하는 중요한 계기가 될 것이다.

나는 음악에 뿌리가 있거나 노래에 소질이 있는 사람이 아니고 젊지도 않다. 그런 내가 이런 단체를 이끌고 하나님을 증거 한다는 것이 기적이 아니면 무엇일까? 놀라우신 하나님의 운행에 감격할 뿐이다. 나는 이러한 일들이 이루어지는 것을 보면서, 그 옛날 믿지 않는 집 딸이라고 핍박하시던 시어머님을 피해 기도원으로 갔다가 하나님을 만났던 일을 돌이켜본다. 그때 일들이 종국에는 나를 하나님 앞에 무릎 꿇게 하는 근원이 되었다는 것을. 예수님을 만난 후 변화된 내 삶의 간증과 변화를 어찌 이 좁은 지면에 다 말할 수 있을까? 다만 하나님께서 앞으로 어떤 장을 어떻게 열어 나를 어떻게 쓰실지 나의 하루하루는 감사와 기대와 기쁨의 연속이다.

예수님을 영접한 후 나에게는 중요한 사명이 있었다. 산에 가서 열심히 불공드리던 친정어머니와 아버님을 전도하는 일이 급선무였기에, 나는 거의 5년 동안 철야예배를 드리며 부모님을 위해 기도드렸다. 결국 미국으로 이민 오셔서 교회에 나가기 시작하신 어머님은 요즘도 아프지 않으면 새벽예배에 참석하신다. 옛날에 전도 받았을 때 바로 교회에 나가지 않은 세월이 아깝다는 말씀도 하신다. 친정어머님은 이미 천국가실 준비를 다 마치고 그때 부를 찬송과 입을 옷까지도 다 준비해 놓으셨다.

엄마 미안해

내가 하나님의 딸이 되도록 단련시켜주신 96세의 시어머님, 그리고 아직도 든든하게 맏딸을 지지해 주시는 93세의 친정어머님, 내 나이에 기도로 지원해 주시는 두 분 어머니가 살아계신 것은 어떤 특별한 의미가 있을 것이다. 오늘이라도 훌쩍 하늘나라로 떠나실 두 분의 평안한 하늘나라 입성을 기원하며 나 또한 두 분을 위한 기도를 쉬지 않는다.

조광자 1985년 도미. 에바다 크로마 하프단 창설. 한국 성음 크로마 하프단 샌프란시스코 지부장

감사하는 마음을 유산으로

최 민 애

복숭아꽃이 화사하게 핀 오월 봄날에 열여섯 살 갑순이가 시집을 갔더란다. 그러나 시집 간 첫날밤에 한 없이 울었더란다. 마음에 감추어 둔 갑돌이 때문도 아니요 고갯마루에서 베적삼이 흠뻑 젖도록 눈물짓던 어머니가 그리워서도 아니었단다. 혼인한 첫날밤 야속하게도 달빛은 왜 그리 은은하던지, 부모가 맺어준 도둑 같은 신랑에게 옷고름이 벗겨지는 것이 무섭기만 해 어린 각시는 밤새 울고 또 울었더란다. 이렇게 해서 신랑 최중양군과 신부 박갑순양 사이에는 두 명의 아들과 세 딸이 생겨났고 나 민애는 두 분의 늦둥이가 되어 거룩한 사명을 띠고 이 땅에 태어났다. 아버지 나이 쉰 둘, 어머니 나이 마흔 여덟에 최 진사댁 셋째 딸의 신분이 된 이후 '당신 밖에 난 몰라'라는 유별난 두 분의 금슬 속에서 나는 무럭무럭 자라났다. 무척 행복했다. 이다음에 어른이 되면 꼭 우리 아버지랑 결혼할거라고 은근히 엄마를 질투하기도 했었다. 하지만 내 나이 고작 일곱 살이었을 때 아버지께서는 갑자기 돌아가셨다. 뜻밖에 과부가 되어 버린 어머니는 남편 대신 막내딸인 나에게 유독 온 마음을 쏟아가며 설움 많은 거친 세상을 살아 내셨다. "애야 네가 없었으면 어떻게 살았겠냐? 엄마 딸로 태어나 줘서 참으로 고맙고 또 고맙구나." 이렇게 말씀하실 때면 나는 엄마를 위해서 백 년도 더 넘게 살아야만 한다고 다짐 했었다. 이후 이런 저런 이유로 우리 집은 쫄딱 망했다. 어린 나이에 겪는 가난은 대단히 불편하고 싫었다. 오빠와 언니들도 마찬가지여서 입만 열면 낙담과 원망, 한탄을 쏟아 내는 것이 습관처럼 되었다.

그때 연약하게만 보이던 엄마는 눈물을 훔치고 벌떡 일어나 단호하게 명령하셨다. '어떠하던지 감사하라'라는 가훈을 써서 벽에 붙여 놓으신 것이다. 그런데 그 결단을 하자마자 엄마의 왼쪽 다리가 부러지는 사고가 있었다. 난감해 하는 우리를 향해 엄마는 대뜸 "한쪽 다리만 못쓰니 이 얼마나 다행한 일이냐?" 하시며 진짜로 감사해 하시는 것이었다. 이후로는 억울한 일도 감사, 먹을 것이 없는 식탁도 감사, 아파서 누워 있게 되어도 감사, 막말로 엎어져도 감사, 자빠지더라도 감사거리를 찾는 훈련에 집중하셨다. 몇 해가 지났을까 상황은 변한 것이 없는데 우리 가정에 일제히 불평이 사라졌음을 알게 되었다. 그러자 빽빽한 구름 사이의 안개가 걷히듯 가정의 문제들이 소리 없이 해결되고 있음이 신기했다. 마치 엉켜버린 실타래가 술술 풀려 나가듯 각자 가족들이 품고 있던 마음의 소원들이 하나 둘 성취되고 있었다. 엄마의 거룩한 가르침은 최고였다. 그리고 엄마는 또 한 가지를 분명하게 교육하셨다. 어느 때라도 세상과 멋지게 이별하는 연습이었다. 이 땅의 것에 목숨 걸지 말라고 조언하시면서 이곳은 나그네처럼 잠시 캠핑을 온 것이니 많이 베풀면서 살아야 한다고 가르치셨다. 그래서 우린 가진 것이 있든 없든 남에게 퍼주다가 굶은 적도 여러 번이었다. 그때는 실속 없이 양보하고 손해만 보는 엄마가 안타까웠다.

그러나 엄마가 천국으로 이사 가신 지 20여 년이 가까운 지금 나는 엄마의 가르침을 믿고 따른다. 하루를 잘 사는 일이 평생을 성공하는 것이라는 것을 배웠기에 잠시도 아까운 시간들을 낭비할 수가 없다. 엄마 말씀처럼 내 주머니에 얼마가 남겨져 있는가를 셈하며 산다. 남긴 것이 없을수록 하늘의 보물 창고는 가득 채워진다는 실천을 보여주셨기에 나도 이별 연습을 열심히 하며 살고 있다.

엄마의 마지막 날은 참으로 신비하고 멋졌다. 평생 작별하는 연습을 하신 것처럼 그날 잠자리에 들기 전에도 평소대로 깨끗하게 옷을 갈아입으시고 하루의 일에 반성과 회개기도를 하셨다. 그리고 잠자는 가운데 기도하는 모습으로 평안히 천국 행 열차를 갈아 타셨다.

지금도 엄마의 목소리가 생생히 들린다.

"사랑하는 내 아이들아 어떤 환경에 있던지 감사하며 살아라. 그리고 선한 일에 지혜로워야 하며 무엇보다 진심으로 이웃을 사랑하며 살기를 부탁한다."

믿음의 유산을 물려주신 내 어머니 박갑순 씨, 나를 엄마의 딸로 태어나게 해 주셔서 정말 럭키 또 럭키입니다. 그리고 너무 빨리 떠나신 최 진사댁 나의 아버지, 얼굴도 안보고 데려간다는 예쁜 셋째 딸 민애를 사윗감으로 달라고 육 간 대청에 무릎 꿇고 간청했던 칠복이는 허락하고 떠났어야 했었죠. 어머니 아버지 여전히 많이 그립습니다. 사랑합니다.

최민애 1999년 도미. 수필가. 버클리 문학협회 회원. KTVN TV 방송 기자 역임. 샌프란시스코 중앙일보 기자 역임. 현재 I LOVE SF Journal 칼럼니스트.

사랑과 헌신의 두 어머니

탁은숙

내 고향은 평안북도 남부 해안 가까이 있는 곳으로, 외적들의 침입을 물리치고 안정된 고을이 되었다고 정주(定州)라고 불렸던 곳이다. 그곳 돌계단 위에 대문을 크게 짓고 그 위에 현판을 붙인 '효자 정문집'이라고 불리던 우리 집은, 3대에 걸쳐 효도를 뛰어나게 잘했다고 4대 조부님이 순조대왕 때 '효자 정문상'을 받았다고 한다.

어릴 적 나는 사랑채 토방에 걸터앉아 채소밭을 바라보며 어머니가 들려주시는 옛날이야기를 듣는 중이었다. 서당 선생님이셨던 외할아버지의 영향을 받으셨는지 어머니의 재미있는 이야기보따리는 풀어도 끝이 없었다. 그때 지나가던 한 남자가 목이 마르다며 냉수 한 그릇만 달라고 하자 어머니가 부엌에서 물을 떠다주셨다. 당시 아버지는 동경 유학 중이라 어머니는 내 보호자로 나를 끔찍이 아끼셨고 나는 어머니의 유일한 말벗으로 서로 의지하며 잠시도 떨어지지 않는 사이였다.

"이 따님은 장차 크게 성공할 것이나 내년 운수가 몹시 좋지 않습니다." 물을 다 마신 그 분 말씀에 어린 마음에도 참 기쁜 나쁜 소리를 다 하는 별난 사람이라는 생각이 들었다. 당연히 어머니도 불안했을 것이다. 당시 어머니는 심장이 좋지 않아 병원출입이 잦았다. 용하다는 병원은 다 찾아다녀도 별 차도가 없었다. 언덕을 조금만 올라가도 몇 번 씩 서서 숨을 고르며 무척 힘들어 하셨고 평소에 몸이 부으셨는데 지금 생각하면 신부전증도 있었던 것 같다. 놀랍게도 그 분 말대로 그 다음해는 내 일생 중 가장 힘들고 슬픈 해였다. 나를 그토록 사랑하시던 어머니가 세상을 떠나신 것이다. 내가 일곱 살 때였다. 어머님을 살려달라고 하나님께 애원하며 아무리 몸부림치며 불러도 답이 없으시니 하나님이 원망스러웠다. 그토록 사랑하는 외동딸을 두고 가시는 어머님은 아마도 눈을 감지 못하셨을 것이다. 며칠 후 어머님은 연화봉 선산 양지 바른 언덕에 묻히셨다.

기독교를 일찍 받아들였던 어머님은 탁 씨 가문 장손 집안의 장손 며느리로 종씨들 눈초리 때문에 교회에 나가고 싶어도 나가지 못하셨다. 한 달에도 몇 번씩 있는 유교 구습 제사를 치르며 지내는 동안 집안에 변화가 생겼다. 막내 할아버지가 돌아가실 만큼 위중할 때 집을 방문한 선교사의 도움과 기도로 낫게 되자 집안의 태도가 바뀐 것이다.

동생의 병이 완쾌되자 할아버지께서는 동네에 내동교회를 짓고 아버지의 성공을 기원하는 뜻으로 아버지 이름으로 종을 바치셨다. 현촌과 탁촌 마을 신앙의 중심이 되게 하신 이 교회에 할머니께서 나가셨고 나도 이 교회 주일학교에 열심히 다녔다. 그 후 사경회와 교회 행사가 있으면 어머님도 가끔 교회에 나가는 정도로 집안은 기독교를 받아들이게 되었다. 막내 할아버지는 내게 성경말씀을 옛날이야기처럼 들려주곤 하셨다. "주일학교에 열심히 다녀라!" 어머니는 외동딸을 두고 세상을 떠나시면서 내게 유언처럼 말씀하셨다. 나는 어머니 말씀대로 교회에 열심히 다니며 어머니를 다시 만날 수 있기를 하나님께 간절히 기도했다. '너 근심 걱정 말아라 주 너를 지키리' 그때 내가 의지했던 찬송이다.

초등학교 3학년 때 해방이 됐다.

1년을 공산치하에 살다보니 혁명만 부르짖는 공산당의 행태가 싫어 남으로 내려가기로 결정한 삼촌 등 친척오빠들과 함께 1946년 6월 일곱 명이 삼팔선을 넘었다. 내가 어리니 몸수색을 해도 안전하리라 여겨 돈과 중요한 학교 증명서 등은 전대에 넣고 내 몸에 둘렀다. 딸을 잃고 귀한 것만 생기면 챙겨주셨던 외할머니는 기약 없이 떠나보내는 외손녀가 안타까워 눈물을 흘리셨다. 떠나기 전 가족 몇이 예배드릴 때 '우리 다시 만날 때까지….'를 불렀으나 목이 메어 끝을 잇지 못했다. 정주에서 평양, 평양에서 원산, 그리고 원산에서 호열자가 생겨 평원선이 끊기는 바람에 백리씩 3일을 더 걸었다. 원산의 산줄기를 걷고 산을 넘어 철원까지 하루 100리 씩 8일이 더 걸렸다. 짧은 걸음으로 그 길을 어찌 다 걸었는지 중간에 학질이 걸려 여섯 명이 교대로 업고 험한 산을 넘었다. 돌이켜보면 꿈만 같다. 삼촌이 모든 책임을 지고 있었지만 여행에 자유가 없을 때라 닥치는 새로운 상황 매순간마다 모두 공포에 떨었다. 밤이 되면 어떤 인기척만 있어도 풀숲에 엎드려 떨었고 학질에 걸려 고생도 했다. 힘겹고 무서웠던 내 어린 날의 자화상이지만 그 일은 내 인생을 180도 바꾼 인생의 전환점이었다.

우리가 내려올 즈음 아버지는 중앙청 농림부에 다니시며 새엄마를 만났다. 서울에 온 나는 중앙청 옆에 사시는 아버지를 찾아 새로운 농생도 만났나. 내가 수송국민학교를 나와 경기여중에 들어갔을 때 6. 25 전쟁이 났다. 인민군이 싫어서 남으로 그토록 어렵게 넘어왔는데 인민군을 다시 만나다니 억울하고 한심했다. 전쟁의 어려운 시기를 보내고 서울대학교에서 화학공부를 한 후 유학하는 남편을 따라 미국에 왔다. 하지만 아이를 낳고 생활을 해야 하니 남편이 일을 택하고 대신 나에게 공부하도록 양보했다. 박사 공부를 할 때 어려움도 많았지만 그때 어머니의 도움이 없었으면 불가능했을 것이다. 어머니는 아이들을 지극정성으로 돌보아 주셨고 어머니의 헌신적인 도움이 없었다면 내가 30대 중반에 세 아이의 엄마로 박사가 되고 훗날 명예교수로 퇴직하는 일은 불가능했을 것이다.

숙명여고 배구선수였던 어머니는 좀 걸걸하신 성격으로 되던 안 되던 영어 단어를 나열해 소통하는 실력이 대단하셨다. 7-11을 할 때 카운터를 도와주신 적이 있는데, 한 번은 강도가 들었을 때 "little bit change! No business!"라고 하여 강도가 잔돈은 주고 간 적이 있다. 긍정적이시고 농담도 잘해 아이들에게도 인기가 있었다. 아이들은 90이 되신 할아버지 할머니를 일주일에 한 번씩 찾아가고, 자신들이 쉬는 날이면 두 분을 모시고 여행을 가곤 했다. 아이들이 어른을 공경한 것은 조부모님의 인품과 사랑, 기도 덕이다. 딸 루시는 큰 사건을 맡을 때마다 내게 전화를 걸어 기도를 부탁했고, 북가주 연방판사로 삼성과 애플의 큰 사건을 맡았을 때 나는 딸이 솔로몬의 지혜로 어려운 일을 잘 감당하도록 간절히 기도했고 그동안 여러 사건들을 잘 감당해온 것이 감사하다.

나는 두 어머니로부터 믿음을 유산으로 물려받았다. 1970년 대 손원배 목사님과 함께 몇 십 명의 적은 숫자로 시작한 교회가 지금은 3천명이 넘는 큰 교회로 성장하였다. 부모님은 손자손녀 가까이 실리콘벨리에서 사시다가 어머님은 90세에 아버님은 94세에 하나님의 부르심을 받으셨다.

나는 지금도 가끔 "은숙아" 하고 마당에서 다정하게 나를 부르시던 어머니 음성을 듣고, 오늘의 내가 있기까지 사랑과 기도로 몸소 도와주신 또 다른 어머니를 그린다. 내가 두 어머니께 받은 사랑을 갚는 길은 두 분 신앙의 본을 받아 주님 나라 확장을 위해 기도하며 내가 받은 놀라운 주님의 은혜를 나누는 일이라고 생각한다.

탁은숙 1967년 도미. 미 국무성 인간영양연구소 연구원, 알콘 주립대 부교수, 오클라호마 주립대 정교수, 명예교수. 저서 『주 너를 지키리』 『이스라엘 성지순례』

대대로 이어진 믿음의 딸로

한혜숙

세상의 모든 어머니는 각각 다른 향기를 나눠주시며 자녀들에게 모두 특별한 분이다. 하나님께서는 나를 이 세상에 보내시면서 내게 가장 완전한 선물인 나의 어머니를 준비해 두셨다. 나의 어머니는 믿음을 일찍 받아들인 개화된 지식인의 집에서 태어나셨다. 황해도 소래 포구에 사시던 어머니의 증조부는 일찍부터 선교사들과 교류하며 황해노 소래에 우리나라 최초의 교회를 세우신 분으로, 증조모 또한 남녀평등 사상에 눈뜨고 여성 교육의 필요성을 딸들에게 강조하셨다. 딸 김순애는 애국 부인회와 적십자사를 만들고 상해와 조국에서 활약한 독립 운동가로 김규식과 결혼했고, 다른 딸 김필례는 한국 최초의 일본 유학생으로 Y.W.C.A 창립과 서울 여자 대학을 설립한 한국의 교육가로 키우셨다. 또한 아들 김필순은 한국 최초 서양식 병원인 제중원 7명의 의사 중 한 명이셨다. 그중 맏아들의 세 딸 중 둘째 딸이던 나의 외할머니를 비롯해 세 딸 모두 서울 연동 여학교(정신 여학교)에 입학시켜 서양식 교육을 받게 하셨다. 외할머니는 세브란스에 있는 김필순 삼촌의 요청으로 다른 두 자매와 함께 일제가 대한제국 군대를 강제로 해산할 때 생긴 부상 군인들을 간호하며, 나라를 찾아달라고 유언하며 죽어가는 군인들을 보고 애국심을 키우셨다. 졸업 후 정신학교 사감 선생이던 외할머니는 양, 한방을 접목시키며 독립 운동가들을 치료하시던 세브란스 의전을 나온 외할아버지와 결혼하셨다. 외할머니의 동생이던 막내 셋째 딸은 독립 운동가 김마리아로 일본 유학 중 3.1 운동의 도화선이 된 2.8 독립 선언문을 품고 귀국해 3.1 운동에 여성도 참여하도록 이끈 주역이셨다.

나의 어머니는 외할머니의 다섯 딸 중 둘째로 딸들을 일본에 유학 보내 어머니는 동경에서 약학을 전공하셨다. 졸업 후 귀국해 원산에서 요양 중이던 이모 김마리아를 뵈러 갔다 이모의 소개로 그곳에서 약국을 하던 나의 아버지와 중매로 결혼하셨다. 덕분에 내가 태어났다는 생각을 하면 나의 근원이 김마리아 할머니와 연결되었다는 사실만으로도 가슴이 뿌듯해진다. 김마리아 할머니는 3.1 운동 후 대한애국부인회 회장으로 활동하고 임시정부에서 정부 임명 최초의 여성의원이 된 분이다. 그 후 미국으로 유학해 콜롬비아대학, 파크대학, 뉴욕신학대학에서 공부한 후 여성 지도자 양성을 위해 몸 바쳤다. 뉴욕신학대학은 매해 「김마리아 상」을 제정해 수여하니 후손으로서만이 아니라 한국인으로도 자랑스럽다. 나의 외할머니는 그 동생이 3.1 운동과 창씨개명 강요, 신사참배 반대 등으로 잇따른 옥고와 고문으로 얻은 병으로 고통 받다 숨을 거둘 때까지 지극 정성으로 돌보셨다.

아버지는 이북의 정세가 불안해지자 월남을 준비하셨다. 총각 때부터 교회 집사였던 아버지는 찬송가를 들으며 남으로 갈 날을 기다리던 중, 낯선 사람이 아버지를 찾아와 실험실 가운을 입은 채 나간 후 끝내 돌아오시지 못했다. 당시 많은 학자들이 소련으로 납치됐다고 했으니 알 수가 없다. 내가 가진 유일한 사진 속의 아버지는 흰 가운을 입고 현미경을 들여다보고 계신 미남으로 귀공자 같다. 그 후 어머니는 시집살이로, 약국으로, 두 딸로, 불안한 시국을 감당하셨다. 어머니는 공습이 지나간 후 아궁이에 불을 지피다 튀어나온 주사 앰플 유리조각 파편으로 눈을 다치신 후 오래 고생하셨다. 그래도 힘들다, 외롭다, 고생스럽다는 말을 평생 하지 않으셨다. 북한의 정세가 험악해지자 어머니는 나를 업고 언니 손을 잡고 약사 면허증을 가슴속에 숨기고 기도하며 남으로 내려오셨다. 막상 남한에 와보니 아직도 아들을 기다리며 이북에 남아계신 할아버지께서 준비해 놓으셨다는 터전은 간 곳이 없었다.

내가 만 네 살 무렵 6.25 전쟁이 나서 김해의 어떤 할머니 집 문간방에 피난 보따리를 풀었다. 나는 가끔 당시 저녁 예배 후 집으로 돌아오던 달 밝고 차가웠던 황량한 시골의 밤길을 기억한다. 무서움에 어머니 등에 찰싹 엎드려 듣던 낮고 힘 있는 어머니의 찬송가 소리도 듣는다. '천성문 항하여 나가세 ~' 우린 세 식구였지만 어머니는 주님과 함께 한 넷이었을 것이다!

어머니는 서울로 올라오신 후 전쟁미망인이 된 약사 친구들이 자주 집으로 놀러오시면 만나 커피를 마시고, 케세라 세라를 부르며 학창시절로 돌아가 즐겁게 웃으며 담소하셨다. 그러다 슬픈 얘기, 콧물 닦는 소리가 들리면 나는 화장실도 못 가고 계속 자는 척했다. 내가 초등학교 5학년 때쯤 어머니는 직접 약국을 여셨다. 그때부터 학교도 내가 중학교 입학 때와 대학교 졸업식 때만 오실 정도로 어머니의 세상 출입은 제한되었다. 하지만 우리가 필요한 것은 아낌없이 지원해 주시고 상상력을 키워주셨다. 성탄이 가까워져 오면 달걀 꾸러미

를 모으고 상자를 구해 짚을 깔고 구유를 만들었다. 그리고 아기 예수님이 된 강보에 싸인 내 인형을 그 위에 뉘였다. 우린 밤늦도록 조그만 손으로 색종이를 가지고 고리를 만들고 호롱불을 만들어 걸며, 깡충깡충 뛰고 성탄 노래를 부르며 산타 할아버지를 설레며 기다렸다.

언니와 나는 대학까지 늘 같은 학교에 다녔는데 어머니는 언니에게 나를 맡기면 안심하셨다. 아직도 우리 자매의 우애가 돈독한 이유이기도 하다. 어머니는 우리의 자질을 발견하고 늘 후원해 주셨다. 우리 둘을 합창단에 보내 그때 노래를 많이 불렀는데 그때가 어머니를 행복하게 해드린 시간이었던 것 같다. 수줍은 언니에게서 음악성을 발견하고 피아노와 성악을 시켜 언니는 덕분에 음악을 전공했고, 어릴 적 내가 그린 그림을 보시면 "네 그림 속에 사람들 표정이 있구나!" 하시며 내 꿈을 키워주셨다. 나아갈 방향에 대해 늘 지혜로운 조언을 해 주시며, 사람의 도리와 됨됨이, 예의, 자세, 부지런함, 검소함 등에 대해 자주 교훈하셨다. 가끔 어머니 말씀을 떠올리면 내가 낙제생으로 사는 건 아닌지 반문하게 된다.

어머니는 주위에서도 신망 있고 인기가 있으셨다. 약국은 시어머니들에게 받은 화를 삭이고 억울한 마음을 풀고 가는 며느리들의 무료 상담소요 동네 사랑방이고, 근처 친척들에게는 비밀을 보장받는 카페였다. 어머니는 책을 많이 읽으며 늘 공부하셨는데 덕분에 우리도 일찍 세계 명작을 읽는 즐거움에 눈떴다. 특히 학생 때 배운 약전서를 늘 보셔서 그런지 어머니가 짓는 약은 효험이 있다고 먼 곳에서도 찾아왔다. 생각해보면 어머니는 약을 지으면서도 기도하셨던 것 같다. 어머니 유품을 정리하면서 깨알같이 써놓은 영어와 의학 상식

노트들을 대하며 내 자신이 부끄러웠다. 로션만 바른 어머니 얼굴은 보름달처럼 환하고 뽀얘서, 약국 손님들은 어머니가 쓰는 화장품을 사겠다고 했다. 내가 대학을 졸업한 후 어머니는 약국을 그만두셨다. 어머니는 그때 아직도 못 받은 두툼한 외상 장부를 보며 예금 통장이라면 좋겠다고 하시며, 그래도 우리가 많은 사람을 도울 수 있었던 지난날을 감사하자고 하셨다. 약국집 딸들에게 과외공부를 하면 성적이 오른다는 말을 들으면 좋아하신 어머니, 나는 어머니를 기쁘게 해드리려고 어떻게 하면 그들을 더 잘 가르칠까 연구하며 지냈다. 덕분에 용돈은 넉넉했지만 내 대학 생활은 바빴다. 어머니는 손재주도 좋았다. 본을 만들고 각색 털실로 옷을 만드셨는데, 누구와 대화하면서도 손에는 늘 뜨개질이나 레이스 짜기가 들려있어서 덕분에 우리는 어머니가 만드신 예쁜 옷을 입고 자랐다.

어머니는 혼자 약국을 운영하시니 어려움도 많았다. 부당한 세금징수, 고의적 사고, 억울한 누명, 오해, 여성비하 등등. 그때마다 어머니는 찬송하시며 엎드려 기도하셨고 폭풍우가 지난 후에도 기도하셨다. 어머니의 신앙관은 진보적이어서 젊은이들과도 대화가 잘 통했다. '내 주는 강한 성이요' '너 근심 걱정 말아라' '아 하나님의 은혜로' 이 찬송들은 어머니가 즐겨 부르던 찬송으로 어머니를 생각하게 만든다.

어머니의 결혼관은 특이해 주위에서 딸들 혼기가 늦었다고 걱정해도 별로 신경 안 쓰셨다. 목숨처럼 사랑할만한 사람이 있다면 국경도 상관없고, 너희가 뚜렷한 목적이 있고 자신이 있다면 혼자 사는 것도 괜찮다고 하셨다. 그래서 친구들도 너희 어머니는 참 특별하다고 했다. 사윗감의 첫째 조건은 세례 교인이었는데 남편의 절을 받은 후, 믿지 않는 사람이 결혼해 믿고 세례 받으면 더 좋은 일이라고 환영하셨는데 남편은 열심히 교회를 섬기고 있다. 반면 언니나 나나 결혼의 첫째 조건은 어머니를 모시고 사는 것이었다. 내가 결혼을 위해 미국으로 떠날 수 있던 것도 어머니 덕이었다. "정직한 나라, 능력대로 인정해 주는 나라, 노력한 대로 대가를 얻을 수 있는 나라에 가서 살아 보라."며 너는 잘 할 수 있다고 응원해주셨다.

어머니와 살고 싶은 나의 바람은 오랜 절차 끝에 힘겹게 이루어졌지만 어머니는 어디를 가도 도움이 필요한 미국 생활을 불편해하셨다. 자신이 짐이 된다고 생각하셨는지 손녀가 유치원에 들어가자 어머니는 한국으로 가셨다. 한국에서 어머니를 뵙고 올 때마다 어머니를 꼭 안아드리고 싶었지만, 어머니는 빨리 가라고 서두르셨다. 나는 어머니 눈물을 본 기

억이 별로 없지만 아마 내 뒤에서 많이 우셨을 것이다. 아니면 하나님 앞에서만 흘리셨을까? 언제나 강하고 밝으셨지만 어머니도 상처받은 약한 여자로 아버지를 그리워했으리라. 지금 어머니와 함께 늙어갈 수 있다면 어머니의 깊은 아픔을 나눌 수 있을 텐데….

어머니는 자녀를 위해 두 가지를 포기하셨다. 재혼을 안 하셨고 유학을 다녀오면 교수직이 보장되는 기회를 버리셨다. 그 사랑은 내 딸이 대학으로 떠난 후 내가 어머니께 얼마나 큰 불효를 했는지를 깨달으며 절실히 알았다. 어머니는 해마다 때마다 소포를 보내주셨다. 한국에 같이 사는 언니는 어머니가 너만 생각한다지만, 미국에 계실 땐 언니네만 그리워하시는 것 같았다. 나는 미국에 올 때 가져온 어머니가 만든 수예품들로 아직도 집안 여기저기를 장식하고 있다. 나는 요즘도 내가 어릴 때 입던 내 원피스 조각이나 재봉시간에 사용했던 헝겊 조각 등으로 어머니께서 만들어 주신 조각 이불을 보며 그때 그 시절로 돌아가 어머니를 만난다.

나는 어머니 삶을 통해 살아계신 하나님을 믿는다. 어머니 여정 속에 늘 함께하신 하나님의 은혜로 어머니는 감당할 힘을 얻고 감사하며 사셨다. 지금까지 언니와 내 가정이 믿음 안에 평안한 것도 어머니 기도의 힘이다. 하나님께서는 어머님을 나의 본보기로 보내 주셨지만 나는 만분의 일도 못 미치는 어머니로 살고 있다. 그럼에도 할머니의 기도로 잘 자란 딸에게 사랑받는 어머니로, 믿음의 가정을 세워주고 기도해주는 남편이 있어 감사드린다. 어머니가 마지막 날까지 형부와 언니, 손주들의 사랑 속에 편안하고 부족함 없는 삶을 살다 가신 것도 감사하다.

자랑스러운 나의 어머니, 진심으로 존경하고 사랑합니다. 감사합니다.

한혜숙 1973년 도미. Bank of America 15년 근무.

김순희 어머니가 그린 자화상

6부. 엄마 미안해!

물동이와 어머니

권보애

5월 어머니날이 되면 딸들이 꽃을 달아주며 선물을 준다. 그때마다 나는 어머니 생각과 잘 해드리지 못 한 후회로 가슴이 저려온다. 하나님께서는 우리 딸들을 통해 어머니 마음을 깨닫게 하신다. “에미야, 김치 담가놓았으니 가져가거라.” 전화 속에 맑고도 카랑카랑한 목소리는 일흔 여섯 할머니의 목소리는 아니다. 어머님은 여느 때처럼 그런 전화를 주신 후 이틀 만에 뇌출혈로 쓰러지셨다. 그 후 보름을 사경을 헤매다 자녀들에게 아무 말씀도 남기지 않으신 채 하늘나라로 가셨다. 시린 마음만큼 매섭게 추웠던 12월이었다. 이제 나는 그 어머니의 목소리를 들을 수도 그 모습을 뵐 수도 없다.

부모님은 4남 3녀 7남매의 막내로 나를 낳으셨다. 덕분에 나는 자라는 동안 부모님과 언니나 오빠들의 사랑과 귀여움을 독차지 하고 자랐다. 특히 어머님의 사랑은 지극하셔서 세상은 사랑으로 가득 찬 곳인 줄 알고 자랐다. 언니들이 얼마나 잘 챙겨주든지 나는 언니들을 어머니처럼 따랐다. 사업하시는 어머니대신 큰 언니를 붙잡고 늘어져 언니가 학교를 못 갈 지경이었다. 경기여고를 졸업한 어머니는 유학에 뜻이 있으셨지만 무남독녀로 외할머니가 외동딸을 절대 못 보낸다고 발목을 잡아 그 꿈을 포기하셨다고 한다. 외할머님은 어머님이 끝까지 모시다 딸 품에서 눈을 감으셨다. 서울에서 살던 어머님은 공직자였던 아버지를 만나 결혼 후 6.25가 나는 바람에 부산으로 피난을 갔다. 아버님은 샌님 같은 분으로 술 담배도 안 하시고 말수가 적으셨다. 부모님은 호구지책으로 훗날 한국 패션계에 한 획을 그은 노라노 양장점에서 일하셨다. 전쟁 후 서울 직장에서 아버님을 다시 불렀으나 아버님은 부산에 둥지를 틀었다. 부모님은 재단 일을 하며 양복 등 의류제품을 만들어 팔아 돈을 많이 벌었다. 사기를 당해 고통도 받았지만 그런대로 잘 살았다. 당시 대부분의 가부장적인 아버지들과는 달리 우리 아버님은 부엌일을 도우셨고 특히 딸들은 일시키지 않고 공주처럼 아끼셨다.

내가 23살이라는 어린 나이에 장남에게 결혼하려 할 때 온 가족이 반대했다. 사랑만 받던 막내가 시동생 넷에 시누이가 둘이나 있는 7남매 맏며느리로 살 수 있을까 걱정이 되셨던 모양이다. 어머니가 11남매 맏며느리였기에 더욱 안타까우셨던 것 같다. 그래서인지 결혼식장에서 폐백을 받을 때 어찌나 서럽게 우시던지 시집 쪽에서 섭섭해 하셨다. 결혼 후 나는 시집에 정을 붙이지 못 해 애를 먹었다. 사랑만 받다 대식구에 가난한 집이다보니 어머니와 가족 생각이 많이 났다. 전에는 칭찬받던 일이 당연한 일이 되고 실수라도 하면 내 탓인 것 같아 당시 나는 그저 울보였다. 식구들 반대를 무릅쓰고 한 결혼이니 친정에는 말도 꺼낼 수 없었다. 30대에 어찌나 힘들던지 애를 끌고 잠도 안자고 새벽 기도를 다녔다. 철야 기도원을 가며 오직 하나님께 매달렸다. 서러운 마음을 안고 어쩌다 친정에 가면 어머니는 "어서 가라"고 하셨다. 그땐 그 말씀이 많이 서러웠다. 내가 고생하는 모습을 차마 볼 수 없으셨던 것일까? 어머님은 내가 사는 시집에 한 번도 오신 적이 없다.

5년 전에 시집이 있는 미국으로 이민을 결정했을 때, 어머니는 못 만날까 두려워하시면서 나 죽으면 가라며 슬피 우셨다. 어느 여름날 막내아들을 하늘나라로 먼저 보내고 장남도 먼저 보내신 후 나마저 보내실 수 없으셨던 거다. 어머니는 그 후 쓰러지신 지 보름 만에 돌아가셨고 나는 그 다음해 3월 이민을 떠났다. 하루는 언니가 말했다. 8살이나 차이가 나다보니 보호자 같은 언니다. "엄마와 내가 너희 집으로 가다가 네가 물동이 이고 가는 걸 엄마가 보셨어." 우리 애 돌날 두 분이 우리 집으로 오시다 발길을 돌리셨다는 어머니, 그 말을 듣는 순간 가슴이 콱 막혔다. 물도 나오지 않는 산동네에서 물동이를 이고 아랫동네 물을 나르던 내 모습, 그때 엄마 심정이 어떠셨을까? 하지만 어머니는 내게 한 마디 내색도 없이 가셨다.

어머님은 장점이 많으셨다. 첫째 늘 긍정적이어서 내가 결혼 후에는 남편이 모태신앙이고 믿는 집으로 갔으니 복 받을 거라고 늘 말씀해주셨다. '좋은 나무가 좋은 열매를 맺고 선한 마음이 선을 남긴다.'는 믿음의 말을 해주시며, 네 고생은 자식들 효도로 되받을 거라며 위로해 주셨다. 힘들어도 내가 잘 견딘 것은 어머님을 닮아 밝은 성격이기도 했지만 어머님의 위로는 큰 힘이 됐다. 나의 사위가 목사고 아들 딸 모두 전도사로 하나님을 공경하니 그것이 내가 받는 효도라 생각한다. 어머님은 노래를 잘 하시고 끼도 많으셨다. 아버지는 통장, 어머님은 반장이셨는데 우리 집에서 열린 반상회가 끝나면 오락시간을 가지셨다. 그때마다 아버지는 '나그네 설움' 노래로 부산 타향살이를 달래셨고, 어머니는 '찔레꽃 붉게 피는….' 으로 시작하는 '찔레꽃' 노래를 부르셨다. 그럴 때 어머니는 진정한 가수셨다. 어머님은 연극을 보러 다니고 주인공에 매료되어 무대 뒤로 만나러 가시는 등 연극에도 관심이 많으셨다. 2015년 내가 복음성가가수로 1집 음반을 내고 올 10월 2집을 내며 늦깎이로 꿈을 이룰 수 있었던 것도, 어머니에게 물려받은 끼와 무관하지 않다.

어머니는 늘 자녀들이 우선이고 자녀들을 존중했다. 절대 욕을 안 하시고 오빠들에게도 절대 함부로 하지 않고 며느리들에게도 예의 바르게 늘 높임말을 쓰셨다. 어머니는 친화성이 있어서 친구들이 참 많으셨다. 항상 집에 상주한 사람들이 꽤 있었던 것을 보면 사회생활도 활발하셨던 것 같다. 무엇보다 성당에서 성도들을 대표하는 성모회장을 30년이나 했다는 것만 봐도 어머니의 리더십과 모나지 않은 성격을 엿볼 수 있다. 어머니는 인품이 좋으셨다. 어머니 사후 문상객을 보고 어머니 인품을 더욱 확인했다. 어르신들은 물론 성당의 유치부 학생부터 중고등부 청년부까지 많은 사람들이 문상 와서 어머님을 추모했다. 돌아가신 후 어머님은 더욱 빛났다. 어머니는 예쁘셨고 손주들에게도 인기가 있었다. 우리 아이들 말이 "엄마가 할머니를 제일 닮았지만 눈도 엄마보다 더 동그랗고 더 귀여우셨어."라고 한다. 아쉬운 것은 어머니 젊을 때 사진이 한 장도 없다는 것이다. 공산군에게 해코지나 당할까 두려웠던 외할머님이 딸 사위 손주들 어릴 때 사진까지 모두 아궁이에 넣고 불태우셨다. 나는 막내딸을 시집보내며 나야말로 어머님 마음을 제대로 헤아리지 못 한 나쁜 딸이었다는 것을 알게 됐다. 생각만으로도 위로가 되고 기쁨이 되며 눈물 나게 하시는 어머니, 내게는 끼와 외모까지 어머니의 사랑이 누룩처럼 퍼져있지만 어머님 살아계실 때는 친정을 돌아볼 여유가 없어 뭐 하나 해드린 것조차 없다. 불효한 것을 생각하면 어머니의 딸이라는 말조차 꺼내기 부끄럽고 딸은 시집가고 나면 소용없다는 생각도 든다. 다만 나는 그 후회와 한을 어머니처럼 나의 딸들에게 자녀 사랑과 돌보는 본으로 갚으리라 다짐한다.

권보애 1994 도미. 복음성가 가수. 1집 『아무도 도울 자 없는』(2015), 2집 『또 다른 생명』(2018)

거울공주 울 어머니

김순희

어머니는 지금 한국 요양병원에 계신다.

멀리 있다는 이유로 맏딸 노릇을 못하니 송구할 뿐이다. 2008년 막내 동생이 어머니의 책을 내드렸을 때 성당에 다니며 영성이 깊으신 어머니는 서문에 이렇게 말씀하셨다. '나의 춥고 힘든 세월은 지나갔고, 꽃피고 새 우는 봄이 왔으며, 무화과 열매와 포도 꽃향기 풍겨주는 행복한 나의 앞길을 제시하고 있다. 하나님은 나를 사랑하는 나의 열매인 자손의 번영을 말씀하시면서 힘을 내어라, 용기를 내어라 하시며 내가 너를 너무나 사랑하니 행복하여라 하고. 성경의 아가서를 통해 나를 사랑하시는 하느님의 마음과 항상 내 옆에 천사를 보내주심을 거듭 거듭 감사 찬미 드린다.' 어머니 마음은 '사랑하는 나의 열매인 자손의 번영'에 있으시건만, 우리 자손들 마음도 그리할까? 어머님의 시 「민들레꽃」 이다.

민들레꽃

나는 민들레
길가의 민들레
누군가 나를 밟고 지나가도
나는 굽히지 않고
노란 꽃을 피운다

엄동설한 몰아쳐도
나는 죽지 않고
따스한 봄이 오면 소생하여
황금 꽃을 피운다

내 꽃잎 떨어진 뒤
열매를 맺어
하얀 날개 달아 띄워 보낸다
또 하나의 나를 심기위해

여러 면에 재능이 많으시고 감수성이 예민하신 어머님은 글 쓰고 그림 그리는 일이 취미다. 바느질도 잘 하시고 그림을 그린 멋진 스카프도 만들어 친지에게 나누어 주셨다. 하지만 시대를 잘못 만나 그 능력을 펼치지 못했으나 민들레 홀씨처럼 자손들에게 재능을 아낌없이 물려주셨다. 평생 몸이 약하셨던 어머니는 이런 글을 쓰신 적이 있다. '아이들이 어렸을 때 죽음의 문턱에 들어갔을 때 당신은 저에게 모든 욕망을 버리라고 하셨지요. 저는 욕심이 없는 줄 알았는데 그 당시 어린아이를 두고 이 세상을 뜬다는 것이 너무나 마음이 아팠습니다.' 어머니는 덤으로 50년 넘게 사시며 어느덧 90을 넘기셨다. 어머니는 이런 글도 쓰셨다. '이제는 당신 품에 안길 날을 고대하며 당신께 기도하면서 거룩한 죽음을 맞이하게 하소서 하고 기도하는데 제 육신이 죽고 싶지 않다고 부들부들 떠는 거예요. 그러니 영혼 따로 육신 따로 라는 느낌이 듭니다. 이제는 정말 너무 오래 살았습니다. 더 이상 이 세상에서 육신의 고통을 면해주시고 사랑하는 먼저 간 가족 품으로 하루속히 데려가 주세요. 제가 더 이상 비참한 삶을 살지 않도록 자비를 베풀어 주시옵소서.'

1981년 봄 어머니는 한국에 사는 아들들의 반대에도 불구하고 내 아이들을 돌봐주시러 캐나다로 오셨다. 어머님은 도착하자마자 할머니께 당신의 무사한 도착과 어머니에 대한 애틋한 염려와 간절한 기도가 담긴 편지를 쓰셨다. 그 후 '어머니 보세요.'라고 시작하는 수많은 편지들이 태평양을 건넜다. 꽃이 피는 대로 낙엽이 지는 대로, 구경을 가면 그곳 풍경을 자세히 어머니와 함께 하지 못 하는 그리움과 함께 전했다.

'내가 와서 애들은 좋아하지만 나는 밤에는 집 생각, 어머니 생각에 잠이 안와요.'

애들 때문에 꼼짝 못하는 삶이지만 마음은 어머니께 늘 가 있었다.

'밤마다 어머니 꿈꾸어요. 모두 만난 꿈을 꾸었는데 깨고 보니 섭섭하네요.'

'어머니 잡수시는 것 잘 잡수시고, 마당도 걸어 다니시고 방에만 있지 마시구요. 저는 밤마다 어머니 꿈을 꾸고 있어서 어머니와 함께 있는 것 같아요. 주님의 은총으로 어머니 허리가 펴지시고, 아프신데 없으시기를 기도드려요.'

어머니는 우리와 20년을 사시다 한국으로 나가셨다. 어머님이 인생을 가장 즐길 수 있는 시기를 묶어놓고 빈껍데기만 보내드렸다. 평생 몸무게가 40킬로 언저리 깡마른 체구로 4남매 키우느라 온갖 고생 하시며 늘 아프셨던 어머니, 시동생들과 친정 식구들까지 거두면서도 불평 한 번 없으셨던 인자한 어머니시다.

어머니와의 관계가 각별한 막내는 지난 몇 년간을 하루도 빼지 않고 매일 아침 전화로 문안하며 어머니와 대화를 나눈다. 그때마다 어머님은 그날의 말씀을 주시며 아들의 하루가 평안하기를 기도하신다. 어머니가 돌아가실 때까지 어디로든 떠나 둘이 살고 싶다던 막내, 집에서 모시지 못 해 많이 괴로워한다.

김순희 어머니 그림

김순희 어머니 그림

어머니는 가까운 이들과 이별하며 슬픈 일들을 많이 겪으셨다. 사랑하는 동생이 32세에, 다음 해에는 아버지가 세상을 떠나셨다. 또 그 다음 해에는 동생이 하늘나라로 갔다. 세상에서 가장 힘든 고통은 사랑하는 사람을 앞세우는 일, 그때 어머님께서는 날마다 하나님께 보내는 편지와 슬픈 시를 쓰셨다고 한다. 그때 쓰신 글이다.

'그러던 어느 날 비가 많이 왔다. 마루에 앉아서 비오는 마당을 하염없이 내려다보았다. 마당에 물이 고였다. 빗방울이 떨어지니 물거품이 수없이 생기더니 꺼지고, 또 생기고 꺼지고, 또 생기고, 인생도 저 물거품과 다름이 없음을 깨달았다. 너희는 흙에서 났으니 흙으로 돌아갈 것을 생각하여라. 물이 하느님이라면 우리는 물거품이다. 생겼다 사라지는 물거품! 물거품이 사라지면 도로 물이 된다. 인간도 마찬가지 하느님께 돌아가면 하느님과 하나 되는 거겠지. 그 날로 나는 슬픈 글과 시를 아궁이에 넣었다. 그리고 거울을 보았다. 슬픈 내 모습은 너무나 애처롭고 초라하다. 그때부터 나는 거울과 대화를 시작했다. 내 표정을 밝고 행복한 모습으로 바꾸기로 굳게 마음먹었다. 그리고 수시로 거울을 보았다. 지금도 거울을 본다. 거울 속에 나와의 대화는 일상이다. 힘을 내어라, 용기를 내어라, 거울 속에 나는 항상 나를 격려한다.'

오늘도 병상에 누워 자식 오기만을 기다리시는 어머니!

'어머니도 예수님 안에서 사세요. 그러면 마음이 편해요. 항상 기도 하시면서 하나님 안에서 마음의 평화를 구하세요. 하나님의 사랑을 느끼도록 노력하세요. 거기에는 사는 것도 죽는 것도 없어요. 영원의 삶이 거기 있어요.'

어머니가 당신 어머니에게 보여주신 효심의 근처에도 못 가는 내 자신이 부끄럽다. 어머니 미안해요!

김순희 공무원 은퇴

내 삶의 근원 되시는 어머니

김영일

올해 구순이 되신 나의 어머님은 Sacramento에 사신다.

거리 탓에 자주 찾아뵙지는 못하지만 찾아뵐 때면 그리움과 기다림으로 지치셨던 얼굴이 순식간에 환해지신다. 종종 몸이 편치 않다고 하시거나 "사람 숨소리라도 좀 들었으면…." 이런 말씀을 하실 때면 마음이 아파오고 나의 게으름이 죄스러워진다. 인생의 시작과 끝이 어머니와 내 삶에 이렇게 깃들어 있다니…. 인생의 외로움과 생사의 기로는 진정 피할 수 없는가? 어머니를 뵈면 인간 실존에 대한 생각으로 깊이 빠져들며, 좀 더 자주 어머니를 찾아뵙지 못하는 나 자신을 꾸짖게 된다.

"경준이 잘 있지? 혜정이 잘 있지?"

찾아뵐 때마다 첫 말씀은 오직 자식 염려뿐, 미국 공무원으로 한국에 나가있는 손자와 며느리에 대한 안부다. 한 인간이나 여인이 아닌 오직 부족한 이 자식의 어머니로 일생을 사셨고 마감하시려는 어머니의 그 큰 사랑을 어찌 다 말로 할 수 있을까? 나는 어머니에게 언제나 자랑이요, 기쁨이요, 행복이다. 어머님을 방문했을 때 지인이나 아시는 분을 만나면 나를 행복한 눈길로 바라보시며, 누가 묻지 않아도 무슨 보물 내놓듯 부족한 나를 자부심과 자랑스러운 말투로 "내 아들이야!"라고 소개하신다. 외국인들에게 "My Son!"이라고 하실 때 어머니 얼굴은 어느 때보다 환해지신다.

어머니께서 내게 해주신 일을 다 열거할 수 없지만 내가 가장 고맙게 생각하는 것은 교육이다. 어머니의 물질에 대한 소신은 확고하시고 돈은 흔적 있게 써야한다는 신념을 가지고 계시다. 생활력이 강했던 어머니는 교육을 중요시 여기셨는데 내가 미국에서 대학원을 나오도록 학비를 대주시며 편하게 공부하도록 도와주셨다. 내 삶의 근원을 마련해 주시고

돈을 흔적 있게 쓰도록 돕는 세무 회계 일을 하는 것도 일찍이 경제관념을 가르쳐주신 어머니와 무관하지 않다. 이화여전 국문과를 나오신 어머니에게 물려받은 재능으로 나도 글쓰기에 취미와 소질을 갖고 문학에 관심이 있다. 나를 가장 공감해 주시고 이해해 주시는 어머니는 내 정서의 가장 깊은 곳에 자리한 아늑한 보금자리로 어머니와 교감 힐 수 있다는 것이 감사하다. "세상은 혼자 사는 것이 아니다. 사회에 봉사하고 그런 일은 정직하고 진실 되게 해라."

그 말씀은 내가 한 때 한인회 일을 할 때나 단체 일을 할 때 내 좌우명이 된다.

지칠 줄 모르는 에너지로 2남 1녀 자녀들을 잘 키워주신 어머니, 내가 나의 역량을 작으나마 발휘할 수 있는 것도 적극적이고 긍정적인 어머니를 닮은 덕이고, 도전의 삶을 살도록 늘 세워주신 어머니의 지지 때문이다. 어머님은 물질이건 인생의 교훈이건 평생 늘 무엇인가를 내게 주고 싶어 하셨다. 이제 시간이 가까웠다 생각하시는 걸까? 전에는 하시지 않던 말씀도 하시고 이런 저런 비밀도 나누고 싶어 하신다. 유언 같은 말씀을 하실 때면 난 몸 둘 바를 모르고 돌아서는 발걸음은 더욱 무겁다.

"뭐라구? 응, 응?"

어머니는 최근 부쩍 청각이 더 나빠지셔서 대화를 하려면 점점 아들 옆으로 가까이 다가오신다. 구부러진 등 위로 내린 새 하얀 서리가 마음을 시리게 한다. 얼마 전 넘어지시는 바람에 휠체어에 앉아 계신 어머니, 내가 떠나려고 인사드리면 굳이 휠체어를 끌고 요양원 문 앞까지 나오신다. 내 앞에서는 결코 울지 않으셨던 어머니, 길 건너는 아들의 뒷모습을 보고 계시는 어머니의 울음을 본다. 이래서 하나님은 영생을 강조하시는 구나! 은퇴 권사님이신 어머님의 신앙심은 날이 갈수록 깊어지신다. 하느님의 자비와 위대하심과 전능하심을 아들 마음에 늘 심어주신다.

얼마 전 생신이어서 무엇이 드시고 싶으냐고 여쭤보니 "fish & chip"이라고 하신다. 이제는 뭐 그리 드시고 싶은 것도 없으신 것 같다. 힘겹게 넘기시는 모습에 목은 내가 더 멘다.

마지막 여정을 향해 천천히 그러나 빠르게 가고 계시는 어머니!

나의 정신적, 육체적 근원이자 뿌리가 되시는 나의 어머니는 오늘도 나를 위해 간절히 기도하고 계시다. 미국 16대 대통령 링컨의 '어머니의 눈물은 과학적으로 분석할 수 없는 진실을 담고 있다.'는 말을 생각하며, 나를 위해 흘리셨던 어머니의 눈물을 기억해 본다. 자존감(Self Confidence)과 건강을 인간에게 허락하신 나의 하나님의 위대함을 찬양하며, 자랑스러운 '나의 어머님께' 마음속 깊이 나의 사랑과 감사를 전해드린다.

김영일 1969년 도미. 공인 세무/회계사. 전 22대 Sacramento, CA 한인회장 역임
현 북가주 Contra Costa County 한미상공회의소 회장

고맙다. 미안하다.

김진수

한국에 계신 어머니와 통화를 하면 하시는 말씀은 한결 같으시다.

“고맙다. 미안하다. 난 괜찮다.”

무엇이 그렇게 고맙고 미안하시다는 것인지.

어머니를 생각하면 초등학교 4~5학년 때쯤 어느 추운 겨울날을 잊을 수 없다. 포근하고 따스했던 어머니 품안에 안겨 세상에서 가장 행복했던 나의 모습을. 학교가 끝나고 그날도 병원에 계신 엄마가 보고 싶어 부지런히 병원으로 가는 도중 나는 그만 옷에 실수를 하고 말았다. 그것이 너무 부끄러워 나는 차마 병실로 들어가지 못 하고 엄마가 계신 병실 뒤쪽 창문 밑에 쪼그리고 앉아 엄마를 서럽게 부르며 울었다.

“3호실 엄마! 3호실 엄마!”

그때 우리 엄마 이름은 남궁병원 ‘3호실 엄마’였다.

그즈음 어머니는 대수술을 하시고 병원에 계셨고 몸도 제대로 가누시지 못하셨다. 한참을 그렇게 부르자 내 목소리를 알아들은 엄마가 아픈 몸을 끌고 나오셔서 떨고 있는 나를 데리고 들어가 정성껏 씻겨주시고 품안에 오래오래 안아주셨다. 그리고 어머니는 한참을 우셨다. 그때는 철이 없어 엄마가 흘리신 눈물의 의미를 몰랐다. 엄마! 미안해요!

내가 기억하는 엄마는 늘 몸이 약하고 아프셨다. 척추와 콩팥에 문제가 있어서 세 번의 대수술을 하셨다. 한때는 혼자 발톱도 못 깎으시고 양말도 혼자 신지 못하실 정도였다. 그런 가운데도 가끔 나를 데리고 대중목욕탕에 가셨다. 건강치도 않은 몸으로 때도 밀어주고 내 긴 머리도 감겨주셨다. 어느 날 보니 엄마 배꼽이 둘이나 됐다. 깜작 놀랐다. 남들이 볼까봐 창피한 생각이 들어 그 후론 엄마와 목욕탕 가기를 꺼려했다. 나중에 하나는 수술자국

이라는 것을 알고 부끄럽고 죄송해 마음이 더욱 아팠다. 엄마가 아프신 대신 우리들에겐 사랑 많고 정 넘치시는 아버지가 계셨다. 상대적으로 우리는 아버지의 사랑을 크게 느끼며 자랐다. 학교를 데려다 주시고 도시락도 가져다주시고 학교 방문하는 것까지 아버지 몫이었다. 자식들 일이라면 만사를 제쳐놓고 뒤치다꺼리를 마다 않으셨다.

고등학교 시절 생활관 실습을 마치면 마지막 날엔 어머니를 초대하는 날이 있었다. 나는 오늘도 아버지가 오시겠지 하면서 풀이 죽어 있을 때, 뜻밖에 노랑 땡땡이 한복을 곱게 차려입으신 어머니께서 나타나셨다. 얼마나 기쁜지 이리저리 다니며 우리 엄마라고 자랑하며 다녔던 행복한 기억도 있다. 그때는 반 애들조차 나를 엄마가 안 계신 아이로 생각했으니까. 그때 엄마가 너무 예뻤다. 엄마! 예뻐요!

미국으로 이민 온 후 엄마는 못난 자식에 대한 그리움과 보고픔 때문에 몸도 마음도 무너지기 시작했다. 특히 콩팥에 문제가 생겼다. 부모님의 맏이인 나에 대한 사랑은 지극하셨고 아버님은 표현조차 어려울 만큼 대단하셨다. 2000년 갑작스레 발견한 암으로 돌아가시기 전까지 옷, 신발, 양말, 속옷, 고추장, 멸치와 나물에 이르기까지 보내주시며 극진한 사랑을 보여주셨다. 심지어 여자는 항상 비상금이 있어야 한다며 귀걸이, 목걸이, 반지 등도 잘해주셨다. 미국에 살면서 부모형제가 있는 고국이 그리울 때 그 향수를 편지와 전화로 달랬는데, 아버지는 내가 보낸 편지를 차곡차곡 궤에 넣어 놓으시고 내가 보고 싶을 때마다 눈물을 흘리시며 읽곤 하셨단다. 돌아가시기 얼마 전엔 약주를 드시고 전화를 하셨다.

"이 놈아, 너는 죽은 자식 불알 만지는 자식이야" 하면서 엉엉 우셨다. 아버지! 저는 불효자식입니다!

미국으로 오기 전까지 나는 엄마와 교류가 많지 않았다. 몸이 약하시니 늘 말이 없고 조용하셨다. 내가 미국에 오는 날 숨어서 서럽게 우시는 우리 엄마!

나를 멀리 보내시고 가슴 조이며 우신 우리 엄마!

애지중지 하던 늦둥이 아들을 장가보내시고 허전한 마음을 채울 길 없어 우시던 우리 엄마!

힘이고 삶의 전부였던 아버지가 세상을 떠나시자 연약했던 몸이 마음과 함께 완전히 무너져 심한 우울증의 늪에서 폐인이 되어 버렸던 불쌍한 우리 엄마! 그럴 때마다 아무 도움이 될 수 없었던 나는 불효자였다. 환경이 바뀌면 회복될 수 있을까 싶어 동생들과 상의 끝에 어머니를 미국으로 초청했을 때, 공항에서 휠체어를 탄 어머니를 뵙고 나는 그만 땅바닥에 주저 안고 말았다. 어머니의 미국생활은 그런 모습으로 시작되어 환경을 바꿔보려 어머니를 모시고 유난히 좋아하시는 산과 바다, 꽃을 보러 여기저기 모시고 다녔다. 특히 노을 지는 모습을 바라보며 아버지를 그리워했던 어머니 모습이 가슴 아팠지만, 차츰차츰 회복되어 6개월 쯤 후엔 휠체어 없이 아들 며느리 품으로 돌아가시게 되어 기뻤다.

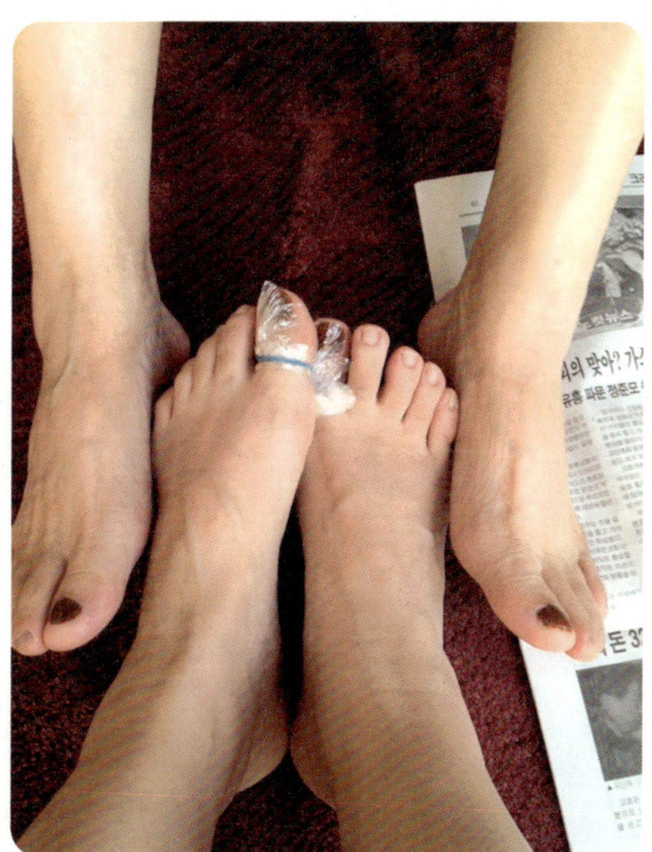

엄마와 봉숭아 물들이며

엄마! 살아계셔서 고마워요!

나는 어머니께서 머무셨던 방을 아직 그대로 보존하고 있다. 그곳에서 나는 엄마를 만나고 엄마를 그린다. 삶의 긴 여정의 안목은 없으셨지만 남을 탓하거나 흉 본 적이 없으셨던 착한 엄마! 집에 누가 오면 빈 손으로 보내는 법이 없으셨던 마음 고우신 엄마다. 하지만 몸이 약하다보니 자식들이나 아버지께 소홀할 수밖에 없는 것을 힘들어 하시며 지금도 늘 미안해하며 자책하신다. 하지만 우리 4남매가 화목하고 모두 평안한 것은 일 년이면 성경을 10독 이상 하시며 눈물의 기도, 무릎의 기도로 항상 기도하시는 기도의 어머니가 계셨기 때문이다. 엄마! 감사해요!

20년 이상 어머님을 지극정성으로 모시는 고마운 막내 기현이와 예쁜 올케가 없었다면 멀리서 마음만 보내야 하는 나는 더 많이 힘들었을 것이다. 하나님 잘 믿고 부모님도 공경하니 고맙고 미안하다.

10%의 신장이 가까스로 지탱하고 있으니 오늘도 많이 아프신 엄마!

말씀, 찬양, 기도가 삶의 전부이던 중 '사랑하는 내 딸아 두려워 말라'는 하나님의 음성을 듣고 일어섰던 엄마! 지금도 성경을 읽고 계실 엄마가 가슴 저미게 보고 싶다. 나는 오늘도 어머니 방에서 기도의 동역자인 어머니와 교감을 나누며 함께 하지 못 하는 엄마께 엄마가 내게 했던 말씀을 다시 돌려드린다.

"엄마! 고마워요! 엄마! 미안해요!"

김진수 1982년 도미. 에바다 크로마하프 찬양단 단장

가슴에 피어난 꽃

임남희

공항에서 두 분의 어머니를 기다리면서, 나는 착잡한 마음으로 어딘가로 떠나려는 사람들을 멀거니 바라보고 있었다. 머릿속이 어수선해서, 나의 빈 눈은 아무 것도 담아내지 못한 채, 빛을 통해 들어오는 시각 정보들을 여과 없이 다시 허공으로 배출하고 있었다. 두 분을 만나면 어떤 표정을 지어야 할까? 어떤 인사를 건네야 할까? 생때같은 자식을 잃은 엄마들에게 세상의 어떤 말이 위로가 될까? 이런 저런 인사말을 마음속으로 되뇌며 자꾸만 차오르는 눈물을 애써 감추었다. 마음을 다잡고 울지 않기로 결심했다. 웃으며 반갑게 맞아드리자. 비행기가 도착한 후 얼마 지나지 않아 출구를 통해 두 분이 나오시는 모습이 보였다. '세사모(세월호를 잊지 않는 사람들의 모임)' 회원들이 준비한 피켓과 꽃다발을 보시더니 쑥스러운 듯 웃으시며, 반갑게 인사를 받아 주셨다. 두 분 모두 시차와 빡빡한 일정으로 피곤해 보였지만, 예상했던 것보다 훨씬 밝고 씩씩한 모습이어서 회원들 모두 안도의 한숨을 내쉬었다. 마음이 여린 회원 한 사람은 결국 울음을 터뜨렸다. 모두가 같은 마음으로 속으로는 울고 있었을지 모르지만, 공항 환영 행사는 따뜻하고 밝은 분위기 속에서 조촐하게 끝났다.

두 분은 세월호 희생자인 단원고 학생 이재욱 군의 어머니 홍영미 씨와 최윤민 양의 어머니 박혜영 씨다. 지극히 평범했던 이 엄마들은 어느 날 갑자기 사랑하는 자식을 잃고 유가족이 되었고, 불의에 맞서 진실을 밝혀내기 위해 외롭게 싸우는 투사가 되었다. 세월호 참사 1주기를 앞두고, 명확한 진상 규명도, 책임지는 사람도 없이 점차 잊혀져가는 세월호 사건을 제대로 알리기 위해, 미주 전역의 세사모와 교민단체들이 연대하여 세월호 유가족을 초청해 간담회를 개최하기로 했다. 이 행사에 참석하기 위해 두 분은 먼 길을 마다 않고 와 주셨다. LA에 이어 북가주 지역 간담회는 두 번째로 열렸지만, 이미 몸과 마음이 많이 지친 상태에서 오신 터라 두 분의 건강을 많이 걱정했었다. 다행히 300여명의 교민, 학생들이 참석한 가운데 스탠포드 대학과 버클리 대학에서의 강연회를 무사히 마칠 수 있었다. 오히려 두 어머니는 우리를 배려해서 힘든 내색도 하지 않고 라디오 방송 출연, 미국 노동조합과의 만남 등 하루에도 2~3개씩 고된 일정을 꿋꿋하게 해내시며 강인한 어머니의 모습을 보여주셨다.

출처 : 한겨레 신문(2015년 4월 2일 자) http://www.hani.co.kr/arti/society/society_general/685247.html

윤민 어머니는 사랑하는 막내딸 윤민이를 그렇게 허망하게 잃고 나서 딸의 흔적을 찾다가 윤민이가 집에서와는 달리 학교에서는 아주 조용하고 얌전해서 튀지 않는 아이라는 것을 알게 되었다고 하셨다. 사고가 나고 얼마 후 언론에서는 앞 다투어 재능이 있거나 친구들 사이에서 인기가 많았던 아이들의 못다 핀 꿈에 대해 보도했다. 다른 아이들의 이름이 세상에 알려지며 사람들이 그들의 죽음을 안타까워할 때, 별다른 특기도 크게 내세울 업적도 없었던 윤민이가 아무도 모른 채 잊혀져 버릴까봐 두렵고 속상하셨다고 한다. 그래서 윤민이를 알리기 위해 엄마가 나서기로 하셨던 것이다.

윤민이처럼 내성적이고 남들 앞에 나서는 것을 싫어했던 윤민 어머니는 윤민이를 위해 세월호 사건을 알리기 위한 자리라면 어디든 달려가서 사람들과 얘기하고 소통하는 일을 자처하셨다. 윤민 어머님의 그런 노력이 아니었다면, 닭강정, 아이스크림, 마늘햄 등을 좋아하고 갈비를 좋아했던 윤민이, 160cm, 40kg의 자그마한 체구에 조용하고 성실하고 사랑스러운 아이였던 윤민이는 사람들의 기억 속에서 사라졌을 지도 모른다. “내 자식이 죽었을 때, 나도 절반은 함께 죽었다는 것을 깨달았어요. 이제는 아무 것도 두렵지도, 무섭지도 않아요." 간담회에서 윤민 어머니가 하신 말씀이다. 죽은 자식은 가슴에 묻는다고 하는데, 이렇게 전국민을 집단 우울증에 빠뜨릴 만큼 충격적인 사건으로 자식을 잃은 부모는 자식을 묻을 가슴조차도 다 타버려서 없어진 것은 아닐지…. 간담회 내내 차분하고 담담하게 말을 이어가는 그녀의 모습에서 처연함을 넘어 비장함이 느껴졌다.

재욱 어머니는 아들을 둔 엄마다운 씩씩함이 돋보이는 여장부셨다. 재욱이는 집안의 활력소였고, 해보고 싶은 것도, 꿈도 많은 아이였다고 한다. 재욱이는 머리가 좋고 재능도 많아서, 중학교 때부터 친했던 '독수리 5인방' 친구들과 함께 학교 폭력과 청소년 자살 방지를 주제로 한 동영상을 만들어 유튜브에 올리기도 했다. LA의 ICS(Incident Command System)를 방문하여 미국의 재난관리체계를 돌아보는 자리에서, 재욱 어머니는 재욱이와 친구들이 찍은 독수리 오형제 사진을 레이먼드 고메즈 소방대장에게 선물하며 재욱이가 키웠던 소방관의 꿈을 소개하기도 하셨다. 재욱 어머니는 나중에 한국에 돌아가신 후에도 세월호 진상 규명을 위해 치열한 싸움을 계속하셨다. 사실상 세월호 특별조사위원회를 무력화시키는 시행령 안을 내놓은 상태에서 정부가 배보상 기준을 발표하자, '특조위 시행령안 완전 폐기' 등을 촉구하며 유가족 50여분이 삭발식을 거행했는데, 재욱 어머니도 여기에 동참하여 삭발을 하셨다. 뉴스에 나온 재욱 어머니의 삭발 장면을 보며 얼마나 울었는지 모른다.

미국을 방문하는 동안 두 분의 어머니는 첫날부터 라디오 생방송, 녹화 방송, 간담회, 강연회 등 빽빽한 스케줄을 빠짐없이 소화해 내셨는데, 하나의 일정이라도 놓치지 않기 위해 병원 신세를 지면서도 강행군을 하시는 모습에 절로 고개가 숙여졌다. 그들의 아픔과 분노, 슬픔에 공감하면서도 TV나 신문을 통해서만 보던 유가족들은 그저 머나먼 뉴스의 등장인물로 여겨졌었는데, 직접 유가족을 만나 그들의 손을 잡고 얘기를 나누어 보니 이분들이 더 이상 멀게 느껴지지 않았다. 고향 사람이나 먼 친척이라도 된 것처럼 그분들의 아픔이 더욱 절절하게 전해져 왔다. 윤민이와 재욱이는 더이상 희생자 304명 중의 한 사람이 아니라, 최윤민, 이재욱이라는 살아있는 인격으로 다가왔다. 어머니들이 눈을 반짝이며 아이들 얘기를 하실 때면, 이 아이들이 더 궁금해졌고, 살아있다면 한번 만나보고 싶다는 생각이 간절하게 들었다. 아니 이 아이들을 이제는 만나 볼 수 없다는 사실이 깊은 슬픔으로 다가왔다.

2016년 6월, 세월호 참사 2주기가 지났지만 진상 규명의 길은 더욱 요원해 보이고, 모든 것이 신속하고 바쁘게 돌아가는 한국 사회에서 사람들의 관심은 이미 또 다른 최신 이슈나 자극적인 뉴스로 옮아가 있을 즈음, 안산에 가서 윤민 어머니를 다시 만났다. 재욱 어머니는 회의 참석 차 서울에 가셔서 만나지 못했다. 진실이 밝혀지는 그날까지, 끝까지 싸우겠다던 두 분은 여전히 치열하게 투쟁하며 살고 계셨다. 하지만, 길고 지루한 싸움으로 윤민 어머니는 많이 지치고 힘들어 보이셔서 마음이 좋지 않았다. 미국에서 신세를 졌다며 맛있는 점심을 사주시고, 단원고에 가서 곧 이전하게 될 아이들의 교실을 보여 주셨다. 교실은 아이들이 수학여행을 떠나기 직전의 모습 그대로 보존되어 있었다. 금방이라도 뛰어들어와 재잘재잘 떠들 것 같은 아이들을 애타게 기다리는 것처럼…. 엄마들은 돌아가며 교실 청소를 하신다고 했다. 책상이며 사물함, 칠판, 휴지통, 그리고 아직도 2014년 4월에 머물러 있는 달력까지, 아이들이 손길이 닿았던 물건들이 주인을 잃고 덩그러니 교실을 지키고 있었다. 윤민 어머니는 떠나간 윤민이를 대하듯, 윤민이가 쓰던 책상과 학용품을 어루만지셨다. 모든 2학년 교실의 물품들은 이제 고스란히 '416 기억교실'로 옮겨져 영구 보존될 것이다.

윤민 어머니, 재욱 어머니뿐만 아니라, 세월호 침몰 참사로 자식을 잃은 부모들은 모두 같은 심정일 것이다. 그들은 모두 자식들을 가슴에 묻었을 것이다. 하지만, 거기에 머물지 않고, 아이들의 희생이 헛되지 않도록 정의로운 사회, 안전한 사회를 만들기 위해 차가운 길 위에서 노숙을 하고, 땡볕 아래에서 탈진을 하면서 끝이 보이지 않는 싸움을 하고 있다. 그 싸움을 통해 이 세상이 좀 더 살기 좋은 세상이 된다면, 하늘의 별이 된 아이들은 어머니들의 가슴에서 다시 꽃으로 피어날 것이다. 그 꽃은 희망이다. 윤민이와 재욱이는 그 어머니들을 만난 사람들의 기억 속에 영원히 살게 될 것이다. 희망이라는 이름으로, 엄마의 가슴에 피어난 아름다운 꽃으로….

임남희 2003년 도미, <한국일보> 여성의 창 필진, 버클리문학협회 회원.

엄마 미안해!

정 엔젤라

오늘은 월요일, 어머니가 계신 아파트로 가서 식사를 챙겨드리는 정해진 내 몫의 날입니다. 어머니는 구남매를 낳으셨는데 딸이 다섯이고 아들이 넷입니다. 그리고 어느 날 서울 아들 집에 다녀오시는 중에 비에 젖어 쭈그리고 앉아있는 갈 곳 없는 경자라는 여자애를 집에 데려오시고 막내딸로 삼으셔서 10남매를 두셨습니다. 큰 오라버니가 서 세상으로 가신 이래 9남매가 샌프란시스코 베이 지역에 살고 있습니다.

어머니는 올해 96세입니다. 연세에 비해 기억력이 좋으시고 음식도 잘 드십니다. 단지 관절로 인해 걸음걸이가 힘드신 것 외에는 별 탈 없이 지내십니다. 다만 자식과 함께 살지 못하는 서로의 안타까움이 있습니다. 어머니는 자신의 공간에서 조용하게 생활하는 것에 만족하고 계십니다. 왜 함께 살지 못하는가를 놓고 마음이 안타깝지만 함께 살지 못하는 각자들의 마음 또한 어떻게 표현해야 할지 자식으로 부끄럽기까지 합니다. 많이 외로우시고 음식을 챙겨 잡숫는 일이 여간 힘든 일이 아니지요. 그러나 선뜻 누구 하나 나서서 모시겠다는 자식이 없습니다. 때문에 각자 알맞은 날을 일주일에 하루를 정해 어머니 식사를 챙겨 드리자는 의견이 일치되어, 아들과 딸 그리고 며느리가 각자 요일을 정해 음식을 준비해 어머니를 방문하고 있습니다.

오늘은 어머니가 사시는 아파트 엘리베이터를 타고 5층에서 내려 어머니 방으로 향하려 할 때, 발코니 옆 창가에 앉아 무언가 읽고 계시는 어머니를 발견합니다. 나는 아무 기척 없이 어머니 맞은편 의자에 앉았습니다. 어머니가 읽고 있는 A4용지 2장 은 빼곡한 교회 설교지였습니다. 나는 어머니가 읽고 계시는 것을 바라보며 조용히 기다리고 있었습니다. 어머니는 나의 기척을 알아채지 못하고 계속 읽으시는데, 불경을 읽듯 소리를 내며 읽고

계셨습니다. 절에 다니시던 옛날처럼 신문이나 성경도 똑같은 소리를 내며 읽으십니다.

나는 조용히 깊게 패인 주름진 얼굴을 바라봅니다. 그 옛날 9남매 키울 적에 얼마나 바쁘셨으면 자식 졸업식 날도, 생일날에도, 챙겨주지 못했던 어머니를 나는 참 많이도 원망했었지요. 나는 물끄러미 어머니를 바라봅니다. 전주 이 씨 양반집 막내딸로 1923년생이신 어머니는, 일본에서 유학한 두 명의 오빠와 부모의 사랑을 만끽했지만 정 씨 집안으로 시집온 이래 덫에 갇힌 짐승처럼 일에만 몰두해야 했습니다.

어머니께 미안합니다. 자식을 위해서 얼마나 많은 일을 하셔야 했는지 자식으로 죄송할 따름입니다. 나는 40이 되도록 결혼을 거부하며 어머니 마음을 태웠을 때도 미안했습니다. 이제야 나는 어머니를 이해하며 용서도 빕니다. 나의 결혼식 날 한없이 눈물 흘리시던 어머니의 기쁜 안도의 심정도 알고 있지요. 이집 저집 부부관계, 고부 관계에도 늘 너그럽게 관망하며 집안을 단속하시는 어머니가 좋습니다.

가끔씩 집안일로 전화를 걸어 번호를 물으면 단숨에 교환원처럼 대답해 주시는 어머니 기억력도 나는 부러워했지요. 어머니는 노인 아파트에서도 영리한 할머니로 불립니다. 지혜롭게 평생 남편을 지지하고 당신 몸이 아프시면 자식에게 괴롬을 준다고 스스로 몸을 챙기십니다. 바쁘게 사는 자식들에게 짐이 되지 않도록 염려하시는 노모가 고맙습니다. 그러나 나는 무척 괴롭습니다. 돌 볼 수 없는 이유야 어떻든 희생하려는 자식 또한 없는 현실을 어디에 하소연해야 할까요. 자식 볼보는 부모는 있어도 부모 돌보는 자식이 어려워지는 현실이 안타깝습니다.

정말 미안해 엄마! 정원에 배나무를 보며 어머니를 생각하며 지은 시를 다시 한 번 읽어봅니다.

배나무

울 어머니
구남매 키울 적에
비바람불고 천둥치던 날
가녀린 여인 허리 꺾이고
휘어진 어깨에 매달린 아홉 새끼들
간밤에 불던 바람에게

배나무 가지 꺾이고
풋내 나는 배들이
올망졸망 가지에 매달려있다
어머니 얼굴 보이네
가지에 매달린
아홉새끼 얼굴 보이네

정 엔젤라 1979년 도미. 시인. 버클리 문학협회 편집위원. 시집『룰루가 뿔났다』

멍빛

하종순

채송화꽃 한창이던 그 한날
내 어머니는
비행기 타고 하얀 상자로 우리 곁으로 오셨다

아무것도 걸친 것 없이
조개껍질 갈아 놓은 듯
까실한 흰 가루의 몸
엄마의 뼛가루 속에
언뜻 언뜻 보이는
저 푸른빛
품고 있던 여섯 남매 두고 떠날 때
너무 아파 생긴 파란 멍 빛
버팀목 잃은 자식들이
이리 저리 부딪치며 생긴 멍빛과
마침내 하나로 만났다

세월도 나이 들어
엄마보다 지긋해진 자식들
지금은 고이 간직하는
아릿한 멍빛
아픈 추억 위로 떠오르는 오로라

어머니는 사십 오세에 육남매를 남겨두고 위암으로 돌아가셨다.

그 후 망우리 가족묘지에 계신 어머니를 두고 식구들은 하나 둘 모두 미국으로 떠나오게 되었다. 한국에 홀로 계시던 어머니는 돌아가신지 삼십년 만에 마침내 미국에 있는 가족들 품으로 오셨다. 지금은 캘리포니아 모란공원에서 아버지 오른편에 계시며 아버지 왼편에 계신 새어머니와 함께 세분이 다정히 계신다.

하종순 1976년 도미. 화가

할머니는 위대하다

홍인숙
(Grace Hong)

아기가 우주를 움직인다. 아주 작은 아기가 온몸으로 부지런히 우주를 움직이고 있다. 론다 번은 <시크릿>에서 '끌어당김의 법칙'을 소개하며 '좋은 기운이 우주를 움직인다.'라고 하였다.

우리 부부는 손녀딸을 키우기 위하여 사십 년 넘게 산 캘리포니아를 떠나 텍사스로 이사를 왔다. 하루가 다르게 성장하는 아기를 보면 생명의 신비함에 숙연해진다. 사랑스러운 숨결, 손가락, 발가락의 작은 움직임, 머리카락 한 올, 한 올까지…. 그 소중한 생명의 기운이 힘차게 우주를 끌어당기는 것을 알 수 있다.

나는 지금 황혼 육아를 하고 있다. 아기와 함께 하는 것은 참으로 행복한 일이지만, 노년에 아기 보는 일은 쉬운 일이 아니다. 즐거움 가운데에도 힘에 부치는 건 사실이다. 처음에는, 지인 한 사람 없는 타 주까지 와서 아기만 보고 있으려니, 이상적인 삶의 상실감이 공허함으로 다가오곤 했다. 반복되는 일상생활로 정신적 문화가 낯선 곳에서 멈추어 버린 것 같은 고립감까지 엄습하기도 했다.

어느 날, 기도 중이었다. 어디선가 내면을 흔드는 음성이 들려왔다.

'한 생명을 양육하는 일보다 더 귀하고 가치 있는 일이 어디 있는가. 너는 지금 위대한 일을 하고 있는 것이다.' 순식간에 들려온 그 울림은 신기하게도 복잡했던 감정을 한순간에 잠재웠다. 마음 깊은 곳에서부터 자부심이 솟아올랐다.

'그래. 소중한 생명을 양육하는 일처럼 귀한 일이 어디 있겠는가. 비록 생활에 많은 부분을 잃고 힘이 든다 해도, 나의 도움으로 아들, 며느리가 마음 놓고 일하고, 손녀딸도 건강하게 자라면 그보다 더 보람된 일이 어디 있겠는가. 그게 바로 이상적인 삶이 아닌가.'

그날 이후 나는 마음의 동요 없이 행복한 할머니가 되어 기쁨으로 손녀딸을 키우고 있다.

나의 어머니께서도 위대하셨다. 서울에 가족을 두고, 잠시 딸과 첫 돌맞이 손자를 보시려고 미국방문을 하셨다가, 병약한 딸을 대신해 손자 둘을 키워주신 어머니... 훗날 온가족이 모여 살게 되었지만, 그동안의 긴 세월을 멀리 있는 남편과 자식들에게로 향한, 그리움과 염려, 기다림을 안고 얼마나 마음고생, 몸 고생이 심하셨으랴.

어머니는 그 당시의 심한 스트레스와 힘든 육아 때문인지 미국 오신지 칠 년 만에 암으로 세상을 떠나셨다. 딸자식 집이 얼마나 어려우셨으면, 말기 암으로 진행될 때까지 그 심한 고통을 혼자 끌어안으시고 아픈 내색 한번 안 하셨던 어머니….

어머니께 속죄하는 마음으로 나도 정든 곳을 떠나와 손녀딸을 키우다보니 어머니의 노고가 더욱 귀하게 생각되고, 무심한 딸이 맞벌이 이민 생활로 내 몸 힘든 것만 알았지 어머니의 고통을 헤아려드리지 못한 게 너무나도 회한과 자책으로 남는다.

저기 저 바람 / 그리움 가득 안고 오는 바람 /
봄 내내 꽃망울 피우지 못한 / 정원의 그늘진 한숨 뒤로 /
수국 송이송이 / 소담스레 피워 올리시고 / 하얗게 웃고 계신 어머니.//

– <어머니의 미소> –

나는 집을 옮겨 다닐 때마다 정원에 수국을 심는다. 어머니께서 생전에 좋아하시던 꽃이 수국이었다.

"저 꽃은 참 신기하단다. 토양이나 햇빛에 따라 꽃의 색을 다르게 피우기도 하지. 한 송이씩 따로 피는 꽃도 아름답지만, 난 왠지 저렇게 서로 옹기종이 이마를 맞대고 의지하며 꽃을 피우는 수국이 참 좋구나."

언제나 수국 앞에 서면 어릴 때 들려주시던 잔잔한 그 음성이 햇살로, 바람으로 내 안을 맴돌곤 한다.

어머니는 큰 키에, 서구적인 용모를 지닌 이지적인 분이셨다. 집안에서도 항상 몸단장을 곱게 하시고, 언행이나 자세에 흐트러짐이 없으셨다. 누구나 사모의 정으로 어머니에 대해 조금은 과장된 기억을 가질 수 있겠지만, 내 기억에 어머니는 평생 조용하시고, 온화하신 모습만 보여주셨다. 자식 삼 남매를 키우시면서도 항상 존중해주시며, 꾸짖는 일이 없으셨다.

첫새벽마다 / 정한수 한 사발 올리시고 / 기원 드리시던 어머니 //
이제야 알 것 같다 / 엄동설한에도 / 단 하루 빠짐없이 /
언 손 마주 빌던 / 그 질긴 염원들을 //
추억이 얼비친 / 하얀 그릇 속으로 / 툭 -/ 떨어지는 눈물.//

-<어머니의 염원>-

어머니에게는 가족이 전부셨다. 매일 새벽, 가족을 위해 두 손 모아 기원을 드리셨다. 추운 날, 비 오는 날, 따뜻한 침상에 좀 더 누워계시고 싶으시련만 장독대에 정한수를 올리시고 긴 시간 간절한 기원을 드리셨다. 그 당시 어머니에게는 그 의식이 절대적이며 거룩한 종교의식이었다.

하나뿐인 딸을 출가시켜 미국으로 떠나보낸 후, 딸의 흔적이 남아있는 동네 길을 눈물로 다니셨다는 어머니…. 그 딸이 좋아했던 반찬은 밥상에 올리지도 않으셨다는 어머니... 미국에 와서 낯선 문화에 적응하느라 부모님께 소식 한 자 못 드리고 살다가 미국을 방문했던 친지로부터 그 이야기를 전해 듣고는 얼마나 애통의 눈물을 흘렸는지 모른다.

자식을 키워보고, 또 그 자식이 자식을 낳아 손주를 키워보니, 세상의 모든 어머니는 참으로 자식을 위해 애면글면 기도할 일이 많다는 것을 알게 되었다. 어머니의 간절한 염원,

절대적인 사랑을 어찌 다 헤아릴 수 있으리오.

> 그대여 // 지금 어디서 / 하늘의 방(房)을 / 가꾸고 계신지요 //
> 천사의 노래 속에 / 이승의 기억일랑 / 빗물로 내리고 //
> 일어나 거닐며 / 속삭이며 / 미소도 짓고 계신지요 //
> 달빛 아래 아직도 / 눈뜨고 있는 / 한 줌 꽃으로 / 그대 남긴 자리 기웃대는 /
> 내 부끄러움 / 용서받고 싶은 날들 // 어머니.//
>
> -<하늘의 방房>-

'어머니보다 더 훌륭한 하늘로부터 받은 선물은 없다.'고 한다.

나이 들수록 사무치게 그리운 어머니... 어머님이 키워주신 나의 아들이 어느새 장성하여 낳은 자식을, 이제 내가 열심히 키우고 있는 것을 분명 어머니께서도 기뻐하시리라.

그때 어머니의 손에서 건강하게 자란 우리 아이들은 삼십이 훌쩍 넘은 나이에도 할머니의 사랑을 잊지 못하고 그리워한다. 나와 내 자식으로 뿌리내리며 위대한 어머니로, 할머니로, 우리 곁에 존재하는 그 큰 사랑과 희생에 감사하며, 노년에 손주를 키우는 세상의 모든 할머니에게 응원을 보낸다.

홍인숙 1975년 도미. 시인. 시집 『사랑이라 부르는 고운 이름 하나』, 『내 안의 바다』, 『행복한 울림』
홈페이지: http://mijumunhak.net/gracehong

어머니는 내 삶의 이유

황왕자

내가 미국에 온 지도 어언 42년이 지났다.

1975년 7월 4일, 독립기념일이라고 시가 온통 축제분위기에 들떠있던 날 나는 단돈 50불을 들고 미국 샌프란시스코에 도착했다. 지긋지긋한 가난을 벗어날 수만 있다면, 내 꼬인 운명을 바로 잡을 수만 있다면, 계약결혼이라도 해서 나는 슬픈 기억밖에 없는 한국을 하루라도 빨리 떠나고 싶었다. 그리고 나는 미국서 나온 생전 처음 본 22살 많은 중국계 미국인이랑 대사관에 제출할 증명서류를 위해 일가친척을 불러놓고 가짜 결혼식을 올렸다. 그날 사진 속 엄마의 표정이 착잡하다.

하지만 아메리칸 드림은 현실과 달랐다. 미국에 오면 갈퀴로 돈을 긁어모으는 줄 알았던 내 기대는 두려움과 불안으로 변했다. 이민국에서 불법체류 단속이 심해, 오자마자 스트레스를 받아 온 지 3일 만에 체해 얼굴에 콩알만 한 반점이 생기는 등 3일을 죽다 살았다. 영어를 못 하니 직장을 구할 수 없고 돈이 없으니 살길이 막막해 사는 게 지옥이었다. 말 한마디 할 사람 없는 외톨이가 되어 미국도 별 수 없다는 절망의 나락에 떨어졌다. 근처 3개 공원을 떠돌며 공원벤치에 앉아 죽을 연구만 하다 금문교로 가기로 했다. 한낮의 뜨거운 햇빛이 어찌나 눈부시든지 그것이 서러워 뜨거운 눈물이 절로 흘렀다. 그러다 정신이 번쩍 들었다. 지금까지 버티고 살았는데 미국까지 와서 죽을 생각을 하다니, 더구나 온지 몇 달이 되었지만 금문교에 가본 적도 없고 어디있는지도 모른다. 엄마와 동생들 얼굴이 떠올라 나는 그날 공원에서 돌아섰다.

어머니는 13살 차이나는 아버지를 만나 5남 4녀를 낳았다. 매일 패면서 어찌 그리 애는….

9남매 중 셋째지만 딸로는 맏이였던 나는 일본에서 태어나 4살 때 한국으로 들어왔다.

내 유년의 기억에는 매 맞는 엄마가 있다. 술고래에다 무서운 아버지에게 머리채 흔들리며 손으로 몽둥이로 북소리 나도록 맞는 슬픈 엄마! 남산만한 배가 둔탁한 발길에 차이는 엄마! 아버지를 보며 동네 사람들은 발을 굴렀지만 누구도 말리지 못 했다. 뚝방에서 내려다보면 이리저리 엄마를 끌고 다니며 작대기를 휘두르는 아버지 모습이 훤히 보였다. 그때 나는 배 안의 동생이 걱정됐고, 한편으론 무슨 일이 생겨야 아버지가 정신 차리지 않을까 두마음을 품었다. 동네에 집안 꼴이 부끄러웠고 엄마가 불쌍해서 엄마를 구하고 싶었다. 술만 드시면 내게도 수시로 폭력을 휘둘렀고 자식들을 타작하듯 때려 3일 씩 학교에 못 가기도 했다.

아버지는 내 나이 9살부터 집안 형편을 핑계로 나를 학교에 보내지 않고 살림을 시키셨다. 학교라고는 국민학교 1년 반 다닌 것이 전부, 아버지 사랑은커녕 맏딸의 책임만 짊어진 채 뭣하나 졸라본 적 없이 일찍 철들어야 했다. 집일을 하다보면 하루는 눈 깜짝할 새 지나갔고 먹을 것 걱정하는 애어른으로 자랐다. 장사 갔다 돌아오는 어머니를 기다리며 마당에 쭈그리고 앉아, 보리방아를 찧고 껍데기를 벗겨 돌멩이로 갈아 밥을 지었다. 찬물에 빨래하고, 줄줄이 태어나 제비처럼 입을 쫑긋대는 다섯 동생을 거두었다. 집안일은 내게 맡기고 보따리 장사로 떠돌다 지친 몸을 끌고 돌아오는 엄마를 맞으며, 집안일을 더 잘하리라, 이다음에 엄마한테 효도하리라 굳게 다짐했다. 6.25가 나자 하루는 아버지가 밖에서 많이 맞고 오셨는데 그때 나는 아버지가 엄마의 심정이 되어보길 간절히 바랐다. 나이 들수록 아버지를 견디는 엄마를 보는 일은 가슴 찢기는 고통이었다.

나물을 캐러 산에 오르면 가난과 폭력에서 나를 구할 구원열차가 달리는 것이 보였다. 탈출을 꿈꾸다 빨간 치마에 하얀 적삼을 입고 옷 한 벌 싸서 16살에 서울 가는 급행열차에 몸을 실었다. 전라남도 승주군 촌구석에서 서울로 올라가 이발소에서 일하는 오빠를 찾아 나섰다. 그나마 도움과 위로가 됐던 맏딸의 임무를 팽개치고 줄행랑을 놓았으니 엄마의 심정은 어떠셨을까? 내 바통을 이어받았던 10살짜리 동생의 고생은 또 얼마나 심했을까?

서울로 온 후 무허가 단칸방에서 자다 지붕이 날아가 비를 맞으며 깨기도 했다. 나는 온갖 궂은일을 하면서 엄마에게 돈을 부쳐드렸고, 엄마는 돈이 필요하면 나에게 SOS를 치셨다. 오빠의 주선으로 일하다 18살에 결혼했지만 결혼 초부터 위장병을 앓던 남편이 결혼 4년 만인 25살에 4살짜리 아들을 남겨둔 채 세상을 떠났다. 내 나이 22살이었다. 홀로 고단한 운명과 대적하며 아무리 악착같이 살아도 내 삶은 그랬다. 그때 내 청춘의 시간을 견디게 한 삶의 원동력이 있었으니 바로 엄마였다. 엄마는 내 삶이 고달플수록 내 삶의 의지를 다지게 했고 세상에 원망을 쌓지 않는 힘이 됐다.

미국 온 지 7달 만에 시간당 2불 20전을 받고 하루 9시간씩 일식집 접시닦이로 취직했다. 산더미 같은 설거지를 쉼 없이 하다보면 발이 퉁퉁 붓고 다리는 천근만근이 됐다. 세금 떼고 350불을 받아 150불은 방세와 생활비로 쓰고 100불은 은행에 넣고 100불은 그때부터 엄마에게 보냈다. 몸이 아파도 참고 양말 사는 것도 아까워 추워도 맨발로 살았다. 엄마는 내가 보낸 100불로 가족을 살렸고 동생이 학교에 갔다. 그 사실이 감격스러워 동생에게 교복 입고 사진 찍어 보내라 하고 그 사진을 보며 밤새 슬피 울었다. 나도 학교에 가고 싶어서.

직장은 늘 두 군데, 길거리 장사, 플리마켓 장사, 일식집 등에서 일해 미국 온 지 이년 만에 한국에 있던 아들과 막내 동생을 데려왔다. 친할머니 밑에서 자란 아들은 나를 원망하며 행패를 부렸다. 얼마 후 엄마도 초청했다. 그때 구리반지 한 번 끼어본 적 없는 엄마에게 그동안 모은 돈을 모두 털어 다이아몬드 반지와 시계, 금팔찌와 금목걸이 등 패물을 샀다.
"이거 너무 비싼 거 아니냐?"

엄마에게 채우고 끼우고 걸어드릴 때 엄마의 놀라며 행복해 하시던 모습, 내가 어찌 잊을까? 어쩐지 먹고 입는 그런 거 말고 뭔가 얼토당토 할 만큼 사치스러운 것을 엄마에게 해드리고 싶었다. 그럴 자격이 있던 내 엄마니까.

엄마가 집으로 돌아갔을 때 고양군의 작은 동네가 난리가 났었다고 한다. 내가 그때 끊어 보낸 옷감으로 엄마는 한복을 지어입고 사진을 찍어 보내셨다.

엄마를 떠올리면 슬프지만 나도 가슴이 아프다.

홍수가 나서 소가 떠내려가며 동네가 난리였던 날, 엄마는 그릇 밑에 감춰둔 돈이 없어졌다며 아니라고 해도 나를 개 패듯 팼다. 팔에 물어뜯긴 자국을 보면 그 일이 어제처럼 생생하다. 엄마는 독했다. 얼마나 독한가 하면 애를 낳고 다른 애들 먹이기도 바쁘니 자신은 3일을 굶고 3일 만에 그 아이를 안고 장사에 나가셨다. 아니 어머니는 강했다.

엄마 칠순 때였다. 온갖 색실로 엄마 세타를 짜며 한국에 나가 엄마 칠순 잔치를 동네에서 크게 할 계획이었다. 미국에 와있다며 엄마가 내가 데려왔던 막내 동생 집에서 전화를 했다. 알고 보니 그동안 동생 집에 다녀가신 것이 한두 번도 아닌 네 번이나 됐다. 같은 샌프란시스코에서. 내가 막내와 불화한다고 그런 모양인데 나라고 왜 할 말이 없었을까? 그때 내 마음은 갈기갈기 찢겼고 그때 받은 상처가 얼마나 크던지 내 나이 46살에 또 다시 죽음을 생각했다. 그러다 차라리 악착같이 벌어 보란 듯 떵떵거리며 살아야겠다고 마음을 돌렸다. 그때 어머니는 나를 슬프게도, 살게 하는 이유도, 죽고 싶게도 만드는 애증의 모습으로 내 안에 변화무쌍하게 살아계셨다. 내 삶과 죽음도 넘나들게 하고.

미국 온 지 3개월 만에 어렵게 마련한 400불을 아버지께 보냈다. 일주일이 걸려야 돈이 당도하는데 일주일을 기다리지 못 하고 아버지는 3일 만에 눈을 감으셨다. "왕자는 우리 집의 왕이야."라며 가끔은 나를 추켜세우기도 하셨던 아버지, 갑작스러운 아버지와의 이별은 주사와 주벽의 미운 아버지만큼이나 또 하나의 깊은 한의 아버지로 내게 남았다.

엄마 임종이 가까웠을 때 엄마와 나 오빠 이렇게 셋은 한국 이곳저곳을 여행했다. 10일을 여행하며 미국에서 결혼한 중국 한의사에게 배운 침 솜씨로 엄마의 마지막 가는 길에 하루 두 번 침을 놓아 마음을 안정시켜드렸다. 사람인지라 섭섭한 마음을 떠올리며 엄마가 돌아가실 때 결코 울지 않으리라 다짐했지만 쉽지 않았다.

1994년 73세로 돌아가셨으니 엄마와 헤어진지도 25년이 가까워온다.

살아 계시다면 미운 정 고운 정 다 접고 여기 저기 모시고 다니며 맛있는 것 사드리고 효도 좀 해보련만 엄마는 가고 없다. 9남매 키우느라 배부르게 편한 식사 한 번 못 하고 사신 우리 엄마, 먹는 게 뭐 그리 대단하다고 엄마가 좋아하시던 음식만 보면 가슴이 뭉클해진다. 엄마는 이런 내 마음을 아실까? 아실 것이다.

지나온 내 인생을 돌아보니 꿈만 같다. 기초가 없으니 남보다 열배는 더 노력해야 했고, 배운 것이 없으니 사람들은 나를 이용하려들어 사는 게 쉽지 않았다. 하지만 몸이 부서지도록 쉬지 않고 일한 덕에 이제는 집세만 받아도 배부르고 등 따습게 골프 즐기며 산다. 먹을 걱정, 잠잘 걱정, 입을 걱정 안 하니 때로는 꿈만 같다. 한국의 조카들 결혼에 다이아반지도 사주고 부주도 넉넉히 할 수 있으니 '고생 끝에 낙' 이라는 말은 나를 두고 하는 말이다. 지독히 배고팠고 외로웠고 창피했던 내 우울하고 칙칙한 과거에도 불구하고 아직 내 얼굴에 미소가 환하게 남아있는 것은 큰 복이고 기적이다. 한인회 임원으로 일하고 샌프란시스코 장학재단에 작으나마 힘을 보태고 있으니 인생은 반전이요 흥미진진하다.

홀로 잠자리에 누우면 어깨가 축 늘어진 채 어스름에 돌아오시는 어머니의 타박타박 발자국 소리가 들린다. 보리 까불리던 찬밥 신세였던 지친 어린 내 모습도 떠올라 주르르 눈물이 베개를 적신다. 가난 때문에 내가 겪은 일들은 부끄러운 게 아니고 이유 없이 맞았으니 어머니와 나는 무죄다.

"왕자야, 잘 있지? 너 사느라 또 식구들 돕느라 고생 참 많았다."

내 가슴을 헤집는 엄마 목소리가 기어이 나를 울린다.

황왕자 1975년 도미

사진으로 보는 미주 이민사

1903년－1953년

샌프란시스코를 중심으로

북산책 출판사

고종 황제(26대)
1863년 12세에 왕위

한미수호조약 장면
1882년 5월 22일
(인천 화도진 전시관 밀랍)

1882년 5월
이응준 태극기

1882년 9월
박영효 태극기

1949년 10월
이후 태극기

미국으로 파견한 조선 외교 사절단
(1883년 7월 16일-9월 2일 샌프란시스코 Palace 호텔에 숙박)

1884년의 갑신정변 후 샌프란시스코에 망명한
박영효, 서광범, 서재필 그리고 김옥균 (1885년)

필라델피아에서 벌인
한국의 독립을 바라는 행진(1919년)

아서 대통령에게 절하는 보빙사절단(좌)
아서 대통령과 보빙사절단(우)

1883년 9월 보스턴 밴덤 호텔에 게양된 태극기

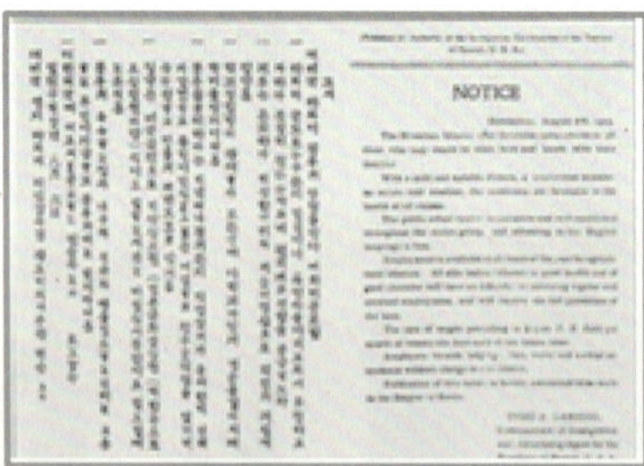

NOTICE

하와이 이민 모집 광고(1902)

미국인 선교사 죤스(G. H. Jones)목사

한인 이민을 권장한 인천 내리교회 죤스 목사와 교인(1902)

첫 하와이 이민선 갤릭호

첫 이민이 일했던 하와이 사탕수수 농장

고종 황제 생신 축하 행사 후 하와이의 한인들(1907년)

이민 초기의 샌프란시스코 엔젤 아일랜드 이민국

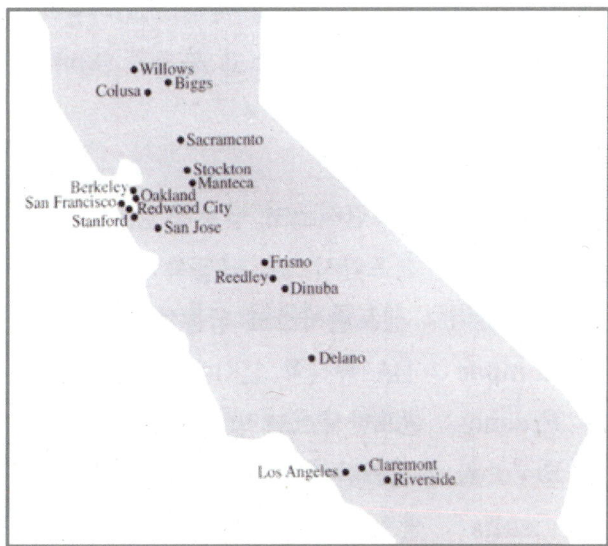

캘리포니아의 초기 이민 정착지

도산 안창호와 USC 한국학 센터가 된 그의 집

미주 본토의 첫 교회 상항한인감리교회(1903년)
위치: 2350 California St. SF.

상항 한인 감리교회 교인들(1915.8.1)

UNITED KOREAN ASSOCIATION

請願書

貴會의同種相保ᄒᆞᆯ目的을仰慕ᄒᆞ고國民ㅣ團體
成立ᄒᆞᆯ義務로入會ᄒᆞ기를玆에志願ᄒᆞ오니
照亮 許施ᄒᆞ심을伏望
隆熙 年 月 日

請願人 △△△ ●

貫鄕	年齡	現在地名
本 道		港 郡
		坊 面
		洞 里
		第 統 戶

薦保人 △△△ ● △△ 會員
△△△ ● △△ 會員

△△國△△△地方
大韓人共立協會長 △△△ 閣下

최초의 한인 단체 공립협회(1905년)
앞줄 좌: 송석준, 이강, 안창호,
뒷줄 좌: 임준기, 정재관

共立新報

共立新報

The United Korean

FOR THE KOREANS AND BY THE KOREANS

Vol. II. No. 1

미주 최초의 한인 신문 공립신보(1907년)

San Francisco Chronicle.

YOUTHS ATTEMPT THE ASSASSINATION OF D. W.

STANFORD TO-DAY

RAILWAYS MAY CUT ADVERTISING

RECORD PAY FOR TENOR CARUSO

COREANS REGARD HIM AS THE AGENT OF JAPAN

AGED WOMAN

장인환이 친일파이던 고종의 외무대신 스티븐스 저격 후 1908년 3월 23일

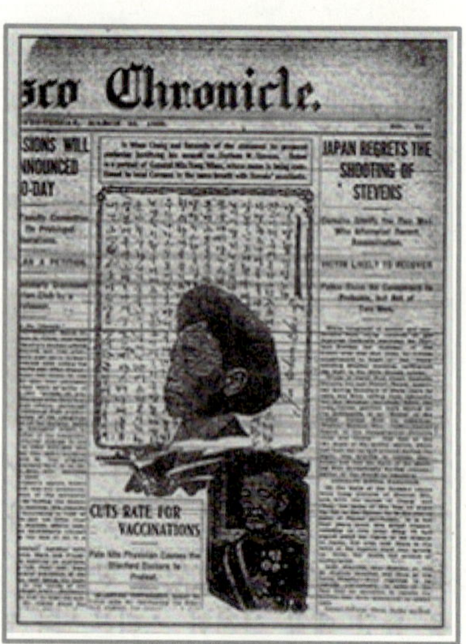
sco Chronicle.

SIONS WILL NNOUNCED O-DAY

JAPAN REGRETS THE SHOOTING OF STEVENS

CUTS RATE FOR VACCINATIONS

장인환의 스티븐스 저격 동기가 되었던
자결한 민영환(아래)

(1908.3.25. 샌프란시스코 크로니클)

네브라스카 해이스팅스 소년병 학교(1909년)

.한인들의 정부역할을 했던 대한인국민회(1910~1945년) 헌장과 회원증서

노동 이민의 능률을 올리기 위해 미 정부에서 허가한 사진 신부 제도

사진 신부와 유학생들 합동 결혼식 (1920년)

1913년 흥사단 창립대회

1913년 샌프란시스코에서 창설된 흥사단 창립 멤버들

대조선독립군단 사관학교생과 교관
하와이 대조선독립군단 군인수첩
대조선독립군단 병영이 있던 지역 (아후이마누 마을)

하와이의 대조선 독립군단 사관학교생과 교관(1914년)

1912년 서니베일의 한인들

1914년 오클랜드 감리교회 교인들

1916년 세워진 맨티카 한인감리교회

미국 독립기념일에 뱃놀이 하는 오클랜드 한인들(1922년)

1915년 애국지사 이대위가 만든 인터타이프 식 주조 식자기

1924년 6월에 시카고에서 열린 제 2회'미주한인유학생총회'

미주 교포들의 모금으로 마련한 상해 임시정부(1919년)

도산 안창호(가운데)와 상해 대한민국임시정부(1919년)

초대단장 김혜원

여성애국운동단체 '대한여자애국단'

1920년 5월 1일 한인들의 일본을 비행기로 공격해 보려는 계획으로
비행을 배웠던 북 캘리포니아 레드우드 시 비행학교 전경

비행기 앞에 뚜렷한 태극마크

레드우드 비행학교 훈련생과 교관(1920년)
첫줄 좌 브라이언트(Frank Bryant), 미상, 미상, 장병훈, 한장호, 이용선
뒷줄 좌: 미상, 오림하, 우측 4번째 이초

김종림(1884 ~1973)과 비행학교가 있던 윌로우스 신문에 난 한인 비행학교 기사

노백린

한장호

이초

Korean Aviation Corp

노백린 장군(가운데)과 비행사들(윌로우스, 1920년 2월 20일 군단과 비행학교 창립)

농사로 성공해 쌀의 왕으로 불리며 비행학교 설립자금 2만 불과 한 달에 3천불 씩 운영자금을 냈던 김종림, 그의 아들을 찾은 저자

비행학교 교관이던 로스앤젤레스에 위치한 한 장호의 묘

LA 대한인국민회 총 회관에서 개최한 재미한족연합위원회
제1차 전체위원회(1942.4.3~7)에 참가한 대표자들

한인경위대 1941년 12월 22일

상항(샌프란시스코)한인경위대

미주 한인들의 군입대(안창호의 자녀들)

승전을 기원하는 샌프란시스코 시가행진(1942년 5월 10일)

샌프란시스코 전쟁 기념 오페라 하우스
(War Memorial Opera House)에서 1945년 4월 25일 46개국 참가 유엔평화회의 창설대회

로스앤젤레스 시청 앞 현기식 장면

1952.8.15 광복절
샌프란시스코 시청에 태극기 게양하는 주영한 총영사
와 미국을 방문중인 해군들과 함께

1952년 8.15 광복절 샌프란시스코 태극기 게양

1953.6.5 샌프란시스코 총영사관 구입한 후, 8월 8일에는 교포들이 한자리에 모여 기념촬영을 했다(주영한총영사부부, 양주은옹, 김동우 초대교민회장의 모습도 보인다)

샌프란시스코 총영사관 개관 기념 사진

리들리의 한인들 한미수호조약 기념

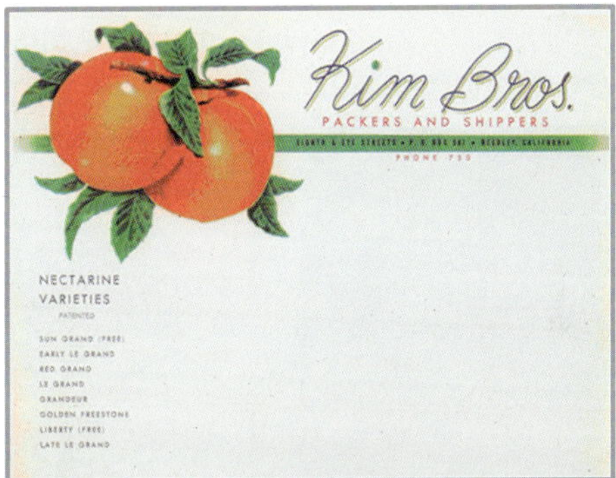

김호와 김형순의 김형제 상회(넥타린을 처음 만든 한인들)

로스앤젤레스에 세워진 김호 초등학교(2007년)

한미수교 100주년 기념물 '태동(움직임)' (1993)

한미수교 100주년 기념물 (인천)
Monument for 100th Anniversary of Korea-US Diplomatic Relations (Incheon, Korea)

한인 이민역사 기념각 (리들리, 2010)
Korean Heritage Pavilion (Reedley, 2010)

도산 안창호 교차점
LA 10번과 110번 프리웨이

도산 안창호 우체국
LA 6가와 하버드

발행일 : 2018년 10월 1일
발행인 : 김영란
집필자 : 미국 교포 강학희 외 57인
발행처 : 북산책
북산책 미주 대표 : 김영란
주 소 : 경기도 파주시 교하읍 문발리 513-5
이메일 : 4mybook@gmail.com
한국전화 : 010-2016-7113
미국전화 : 1-408-515-5628

ISBN : 978-89-94728-36-0 03810